W0075933

SEBASTIAN
PRINZIP LEBENSFREUDE

Ulla Sebastian

PRINZIP LEBENSFREUDE

Anleitung zur Entwicklung
eines positiven Selbst

Walter Verlag

Die Deutsche Bibliothek – CIP-Einheitsaufnahme

Sebastian, Ulla:
Prinzip Lebensfreude : eine Anleitung zur Entwicklung
eines positiven Selbst / Ulla Sebastian. –
Düsseldorf: Walter 2000
ISBN 3-530-40104-8

© 2000 Patmos Verlag GmbH & Co. KG
Walter Verlag, Düsseldorf und Zürich
Alle Rechte, einschließlich derjenigen des auszugsweisen Abdrucks sowie der
fotomechanischen und elektronischen Wiedergabe, vorbehalten
Umschlagmotiv: Franz Marc: Kleine Komposition III
Foto: Bildagentur Mauritius
Umschlaggestaltung: Atelier Bachmann & Seidel, Reischach
Satz: Josefine Urban – KompetenzCenter, Düsseldorf
Druck und Bindung: Wiener Verlag, A–Himberg
ISBN 3-530-40104-8

WIDMUNG

Ich widme das Buch der Findhorn Foundation

dem Garten

der mir den fruchtbaren Boden gab

für schnelles und rapides Wachstum

dem Spiegelsaal

in dessen Reflexionen ich mein Wesen erkannte

der globalen Gemeinschaft

die mir die Gelegenheit gab

meine Liebe und Weisheit zu teilen

und dem Kern zu dienen

INHALT

Danksagung 11
Einleitung 15

DER WEG VOM LEIDEN ZUR FREUDE

Die Suche nach dem Schlüssel 19
Leidenssucht 25
Vom Mangel zur Fülle 29

VOM KOLLEKTIVEN ERBE
ZUR KOLLEKTIVEN ZUKUNFT

Das schuldhafte Universum 31
   Gestorben für unsere Schuld 31
   Und sollt ihr büßen bis ins siebte Glied 33
   Himmel und Hölle 34

Das bewußte Universum 36
   Der universelle Geist 36
   Der bewußte und unbewußte Geist 38
   Das Gesetz der Anziehung 40
   Die Macht der Gedanken 40
   Karma und Verantwortung 42
   Die „Reise rückwärts" 43
   Die Kontrolle über das Denken 44

Das Holographische Universum 46
   Die Kraft innerer Bilder 47
   Die Wirklichkeit als Hologramm 49
   Enthüllte und verhüllte Wirklichkeiten 52
   Das Netz 54
   Die Gestaltung der Zukunft 54

PRINZIPIEN DER FREUDE

Verantwortung   59
   Verantwortung als Schuld oder Freiheit   59
   Selbstdisziplin   60
   Die Falle der ‚eigenen Geschichte‘   61
   Schritte zur Verantwortung   63

Vergebung   67
   Vergebung, Urteil und Schuld   67
   Vergebung und Freiheit   68
   Selbstvergebung   70

Dankbarkeit   72
   Zähle deine Gaben   72
   Mehre deine Gaben   74

Dienen   77
   Helfen oder Dienen?   77
   Teilen und Dienen   80
   Das Füllhorn des Gebens   81
   Geben und Nehmen   82

SELBSTVERWIRKLICHUNG

Selbstfindung   85
   Wer bin ich?   85
   Die vier Bewußtseinsfunktionen   87
   Das innere Wissen   92
   Die Reise zum inneren Wissen   93
   Die Entfaltung des Selbst   97

Wachstum   98
   Wachstum als Lebensprinzip   98
   Entscheidungen 100
   Liebe als Wachstumsprozeß 105
   Herausforderungen 110

Die Wendeltreppe 126
    Unsere Lebensmuster als Wegweiser 126
    Der Zyklus der Manifestation 129
    Fallstricke 137

Der Punkt der Wahl: Drama oder Freude 146

TRANSFORMATION

Die Grundpulsation des Lebens 151
    Im Rhythmus des Atems 151
    Aus dem Takt 154
    In-Takt 158

Holographische Analyse: Die Kraft innerer Bilder . . . 160
    Intuition 161
    Entspannung 162
    Schutz 164
    Der innere Begleiter 165
    Die Gestaltung des Problems 168
    Die Umwandlung vom Monster
    zum Bündnispartner 169
    Die Rückkehr in die Kindheit 175
    Die Ablösung von Spannungsmustern 180
    Abschied 181
    Das entfaltete Selbst 183
    Die Verbindung zum inneren Kern:
    ein Fallbeispiel 186
    Der Umgang mit traumatischen Situationen 195

Holographisches Neustrukturieren:
Das Gesetz der Resonanz 198
    Körper, Geist und Seele als Schwingungsfeld 198
    Der Sechs-Schritte-Prozeß 200
    Integration 205
    Muskelprüfung als Biofeedback-System 205

Von der Vision zur Manifestation:
Die Verwirklichung Ihrer Lebensziele 209
    Die Macht der Elefantendame 209
    Erkennen Sie Ihre Lebensbestimmung 210
    Engagieren Sie Ihren inneren Begleiter 211
    Visualisieren Sie Ihre Zielsetzung 213
    Bestimmen Sie die nächsten Schritte 218

PERSPEKTIVEN 223

Anmerkungen 225
Ausgewählte Literatur 227
Hinweise auf Veranstaltungen 228
Register 229

Abbildungen   Abb. 1: Das Hologramm 49
                                   Abb. 2: Jungs vier Funktionen
                                   des Bewußtseins 88
                                   Abb. 3: Der Zyklus
                                   der Manifestation 131

Schaubilder   Schaubild 1:
                                   Entwicklungsebenen 101
                                   Schaubild 2:
                                   Bedürftige und reife Liebe . . . 106

Arbeitsanleitungen   Arbeitsanleitung 1: Vision und
                                   gegenwärtige Wirklichkeit . . . 214
                                   Arbeitsanleitung 2:
                                   Nächste Schritte 219

DANKSAGUNG

So viele Menschen haben meinen Lebensweg gekreuzt und sind ein Stück des Weges mit mir gegangen, daß es schwerfällt, eine einzelne Person herauszuheben. Viele unter ihnen waren mir wichtige Lehrer: meine Klienten und Workshop-Teilnehmer, die ein Stück ihres Lebens mit mir geteilt haben und die mir halfen, den Weg vom Leiden zur Freude zu verstehen und zu würdigen; meine Ausbildungskandidaten, die über die Jahre mit mir gewachsen sind und Freunde und Kollegen wurden; die vielen Gäste aus aller Welt, die in meiner Frühstückspension in Findhorn weilten und mich auf die Erweiterung des Bewußtseinshorizonts in vielen Teilen der Welt aufmerksam machten; die Freunde, die sich zu mir gesellten, mich in den dunklen Zeiten der Übergänge stützten und mich darin stärkten, mutig auf dem eigenen Lebensweg voranzuschreiten.

Unter den vielen fühle ich mich besonders meinen beiden Freundinnen Carmella Sutherland und Jill Brierley verbunden, deren kontinuierliche Ermutigung mir half, von einer Stufe zur anderen zu wachsen. Mit ihnen gemeinsam konnte ich immer wieder in ein homerisches Gelächter ausbrechen angesichts unseres Talents, uns unsere eigenen Fallen zu stellen. Ihre Intuition und das tiefe Verständnis der universellen Gesetze sind eine konstante Inspiration und unschätzbare Hilfe. Ich schätze ihre Freundschaft, Liebe und Unterstützung, die mich begleiten, wo immer ich hingehe.

In meinen Dank und meine Wertschätzung beziehe ich auch Dianne Falasco ein, mit der ich viele Jahre innerhalb des Bildungsbereichs der Findhorn Foundation zusammengearbeitet habe. Sie begleitete mich durch alle meine Zweifel und Tränen

11

in der Auseinandersetzung mit meiner eigenen Lebensbestimmung, während wir gleichzeitig anderen halfen, ihr Potential zu erkennen und zu verwirklichen.

Viele Männer haben mein Leben begleitet. Sie lehrten mich, all die Schmerzen der Mißverständnisse und Verletzungen letztlich in einem milderen Licht zu sehen. Sie stärkten meinen Willen und meine Fähigkeit, Verantwortung für mich zu übernehmen, mir Kraft anzueignen und das Leben in seiner Fülle auszukosten. Ihnen allen danke ich. Meine besondere Achtung geht an Crawford Kemp, Freund und Lehrer, Gefährte, Partner und spiritueller Begleiter auf meinem Weg. Er befähigte mich, das Leben aus einem anderen Blickwinkel zu betrachten. Er erweiterte und bereicherte damit meine Möglichkeiten, die Unterschiede zu würdigen, mit denen wir uns dem Leben annähern.

Besonderer Dank geht an Sigrid Fontana, die mich auf meinem Weg seit vielen Jahren begleitet und mich immer wieder darin bestärkt, in die Öffentlichkeit zu treten und meine Erfahrungen und mein Wissen weiterzugeben. Mit Geduld und Ausdauer hat sie die vielen Entwürfe dieses Manuskripts gelesen und korrigiert. Ihre Vorschläge waren eine große Hilfe, um das Buch in seine gegenwärtige Form zu bringen.

Immer wieder haben sich viele Freunde in verschiedenen Stadien meines Lebens zu mir gesellt. Wir haben die Gewohnheit, intensive Zeiten miteinander zu verbringen und dann wieder getrennt unserer Wege zu gehen. Unter ihnen gilt mein besonderer Dank Marlies Luethi und Dieter Erbe, Christa Fritze, Barbara Mettler von Meibom, Brigitte Groß, Susanne Winkler und Wolfgang Körner, deren Gegenwart und Freundschaft mich stützen und nähren.

Ich habe von vielen Menschen gelernt, deren Engagement für die Menschheit und unseren Planeten Erde das menschliche Bewußtsein weitergebracht und die mein eigenes Denken bereichert und inspiriert haben. Ich danke insbesondere Chloe Wordsworth, deren ungebrochenes Engagement für ihre Arbeit und Lebensbestimmung eine kontinuierliche Inspiration für meine eigene Arbeit ist, insbesondere ihre neue Methode: das Holographische Neustrukturieren (HR™).

Die Findhorn-Gemeinschaft im Nordosten Schottlands war eine rauhe Schule des Lernens, die mich ziemlich schnell vor die Wahl zwischen Leiden und Freude stellte. Es gibt nicht viele Orte, die uns veranlassen, die Tiefen unseres Wesens zu erkunden, besonders wenn der Weg unbequem ist.

Meine besondere Ehrerbietung gilt jenen Kräften, die wir mit unseren physischen Sinnen nicht wahrnehmen können, von deren Existenz ich jedoch überzeugt bin. Ich habe sie in meinem Leben als eine ‚innere Begleitung‘ erfahren, als eine Quelle der Kraft und Stärke, die mich immer wieder auf meinen Pfad zurückgebracht hat, wenn ich daran dachte, ihn aufzugeben. Diese Kräfte haben mich während der letzten dreißig Jahre meiner Arbeit begleitet und gelehrt, und ich verdanke ihnen viele Einsichten und Erkenntnisse.

Ich freue mich, daß dieses Buch zunächst von Findhorn Press in der englischen Ausgabe publiziert wurde. Ich danke Karin und Thierry Bogliolo für ihre Unterstützung, Ermutigung, für die Leichtigkeit und Freude bei der Zusammenarbeit. In verschiedenen Phasen des gemeinsamen Weges durch die Findhorn-Gemeinschaft waren wir Kollegen. Es freut mich, diese Kooperation auch jenseits der Gemeinschaft in Schottland fortzusetzen.

Ein Dankeswort gebührt auch Tony Mitton, meinem englischen Redakteur, der sich der Aufgabe unterzog, mein deutsches Englisch in eine lesbare Form zu bringen. Seine Kommentare und Vorschläge haben das Buch in wesentlichen Teilen verändert und verbessert.

Dem Walter Verlag sage ich für die zügige Veröffentlichung der deutschsprachigen Ausgabe meinen Dank.

Die größte Anerkennung und Wertschätzung schulde ich meinen Eltern. Sie hatten den Mut und die Kraft, dieses dunkle Jahrhundert und zwei Weltkriege zu bewältigten. Sie lehrten mich, nicht aufzugeben, meinen Weg fortzusetzen und darauf zu vertrauen, daß in unseren dunkelsten Stunden ein Licht zu unserer Hilfe erscheint. Die tiefe Weisheit und ruhige Einfachheit meines Vaters und der scharfe, schnelle und neugierige Verstand meiner Mutter forderten mich heraus, eine Synthese zu finden zwischen diesen beiden Polen. Sie schärften zugleich mein Bewußtsein für die vielen Möglichkeiten, in denen Menschen wahrnehmen und sich mitteilen. Sie motivierten mich, die Tiefe der menschlichen Psyche und des menschlichen Bewußtsein zu erkunden. In diesen Dank schließe ich meinen Bruder Helmuth und seine Frau Marita ein für die gemeinsame liebevolle Unterstützung und Präsenz bei der Versorgung meiner Eltern im Alter.

EINLEITUNG

Die Wege, die uns im Leben voranbringen und in neues unbekanntes Gelände führen, sind oft seltsam. Sie kommen aus ganz verschiedenen Richtungen, kreuzen sich an Orten, wo wir es am wenigsten vermuteten, und eröffnen uns unerwartete Ausblicke in unbekanntes Gelände. Oft erkennen wir die Wege in ihrer Bedeutung erst im Rückblick, wenn sie sich zu Fäden im Gewebe unseres Lebens verknüpft haben.

Der kundige Reisende erkennt die Wegweiser, die uns leiten, wenn wir die Orientierung verlieren, an wichtigen Kreuzungen nicht weiterwissen oder uns verrennen: Ereignisse, Begegnungen, Worte, die wie Antworten auf unsere Fragen scheinen, Gedanken, Ideen, die aus dem Nichts auftauchen, Erinnerungen, die ein plötzliches Licht darauf werfen, wo wir uns gerade befinden.

Mein eigener Lebensweg ist voll von solchen „Zufälligkeiten", Knotenpunkten, Begegnungen, aber auch von gezielter Suche nach Antworten auf die immer wiederkehrenden Fragen. Ich habe einen Teil dieser Reise in meinem Buch *Erfahrungen bei Sai Baba in Indien*[1] beschrieben. Heute, zwölf Jahre nach dem Beginn meiner Arbeit an jenem Buch, erscheinen manche der damaligen Ereignisse in neuem Licht, und ich habe Antworten auf Fragen gefunden, vor denen ich damals noch ratlos war.

Vor zwölf Jahren waren Worte wie Gott und Spiritualität noch verpönt. Über jemanden wie Sai Baba zu schreiben, zudem noch autobiographisch zu schreiben war ein Risiko; das ließen mich meine Freunde auch spüren. Eine Professur an einer Fachhochschule aufzugeben und sich einer spirituellen Gemeinschaft anzuschließen war nicht nur ein Schock für meine Eltern,

15

auch viele meiner Freunde glaubten mich verloren im Sumpf der spirituellen Abhängigkeiten.

Heute sieht die Situation schon anders aus. Bücher über spirituelles Persönlichkeitswachstum überschwemmen den Markt. Angesichts drohender ökologischer Katastrophen, ökonomischer Ungleichheiten in der Welt und des epidemischen Ausmaßes chronischer Krankheiten wie Krebs und AIDS fragen sich viele, wie sie das Schicksal zugunsten der Erhaltung und Verbesserung des Lebens wenden können.

Wir sind alle miteinander verknüpft. Wie in einem riesigen Spinnengewebe setzt jeder Impuls eine Schwingung in Bewegung, die durch das ganze Netz vibriert. Jeder Gedanke, jede Absicht und jede Handlung sind Impulse. Was wir denken und tun, hat Wirkung. Es liegt an uns, welche das ist.

Wir haben die Wahl zwischen Impulsen, die das Leben erhalten sowie fördern und Denk- und Verhaltensweisen, die Leben begrenzen und zerstören. Diese Wahl mag Ihnen nicht bewußt sein. Viele Menschen handeln nach ihren unbewußten Programmen.

Der erste Schritt liegt also darin, sich darüber klar zu werden, *daß* jeder etwas bewirkt. Dann können Sie wählen, *was* Sie bewirken wollen und *wie* Sie es tun.

Bewußtsein schließt beides ein: das *Verstehen*, welche Wirkung wir als Mensch haben und welchen Gesetzmäßigkeiten diese Wirkung unterliegt, sowie die *Anwendung* dieses Wissens im alltäglichen Leben. Es ist mir ein Anliegen in diesem Buch, zu beiden Aspekten dieses Bewußtseins beizutragen.

Carl Gustav Jung, der große Schweizer Psychoanalytiker, hat uns darauf aufmerksam gemacht, wie unterschiedlich Menschen wahrnehmen. Er unterschied vier Arten: Empfindung, Intuition, Denken und Gefühl. Empfindung und Intuition dienen uns dazu, Informationen aufzunehmen, und Denken und Gefühl, um sie einzuordnen. Je nach der individuellen Grundausrichtung konzentrieren wir uns auf das Detail, das wir über die Sinne empfangen, oder das große Ganze, das wir über die Intuition erfassen. Wir bewerten es nach unseren Vorstellungen und Konzepten oder danach, ob es sich angenehm oder unangenehm anfühlt.[2]

Im Leben brauchen wir alle vier Bewußtseinsfunktionen. Ein oder zwei sind uns natürlicherweise gegeben. Die anderen erkunden wir im Laufe des Lebens.

Wie sehr uns eine Methode oder ein bestimmtes Wissen ansprechen, hängt von dieser Grundausrichtung ab. Mir persönlich ist das intuitive Denken am vertrautesten, das visionäre, der große Geist. Ich liebe Philosophie. Ich möchte den Dingen auf den Grund gehen und verstehen, was diese Welt im Innersten zusammenhält.

Die letzten zwölf Jahre verbrachte ich in einer Lebensgemeinschaft im Nordosten Schottlands, in Findhorn.[3] Die meisten Mitglieder sind Gefühlsmenschen. Ihr Zugang zu den Dingen des Lebens erfolgt über den persönlichen Kontakt. Sie sind an dem einzelnen und seinem Schicksal interessiert, nicht an Konzepten oder allgemeinen Prinzipien.

Die Bedeutung dieser Tatsache wurde mir bewußt, als mich eines Tages ein Vertreter des Londoner Instituts für Psychosynthese[4] fragte, ob ich mir vorstellen könne, das Seminar über die Theorien der menschlichen Natur für die Ausbildungsgruppe in Findhorn zu leiten. Ich zögerte und erbat mir Bedenkzeit. Durch meine Lehrtätigkeit war mir das Gebiet wohl vertraut. Doch wie sollte ich Gefühlsmenschen Theorie beibringen? Sie „hassen" Kategorien und Verallgemeinerungen.

Ich hatte eine Idee. Wie wäre es, wenn ich ihnen die theoretischen Konzepte als Antworten zu den Fragen erschließen könnte, die bedeutende Erforscher des menschlichen Bewußtseins bewegt haben? Auf diese Weise würden die Theorien lebendig werden und nicht nur als trockene, abstrakte Systeme erscheinen. Dieser Zugang war mir selber neu. Ich las fasziniert die Lebensgeschichten von Sigmund Freud, C. G. Jung und Wilhelm Reich und spürte ihren Fragen nach. Je lebendiger sie in dem Kurs als Menschen wurden, desto besser konnten sich meine Studenten mit ihrem Wissen über das menschliche Bewußtsein auseinandersetzen.

Diese Erfahrung bestätigte eine Beobachtung in meiner therapeutischen Praxis der letzten dreißig Jahre. Manche Menschen müssen erst das Konzept verstehen, bevor sie bereit sind, an sich zu arbeiten. Für andere ist es wichtig zu spüren, wie sie sich mit einer Methode fühlen. Manche erfassen Prinzipien der Arbeit intuitiv, während andere detaillierte Erklärungen brauchen.

Diese unterschiedlichen Herangehensweisen an das Leben konfrontierten mich mit der Frage, wie ich am besten das Wissen darstellen konnte, das uns im Westen in den letzten Jahren zugänglich geworden ist. Es umfaßt ebenso moderne wissenschaftliche Theorien wie jahrtausendealte Überlieferungen. Es schließt praktische Handlungsanweisungen ein und Erfahrungen, die Menschen mit diesen Methoden gewonnen haben. Die Herausforderung war, all diese verschiedenen Aspekte in einer leicht lesbaren und praktisch verwertbaren Gebrauchsanweisung für ein besseres Leben zusammenzuführen. Ich lade Sie ein, meine Fragen und Antworten als Anregung und praktische Handlungsanweisungen für Ihr Leben zu nutzen.

Ein Wort der Warnung. Sie brauchen die theoretischen Überlegungen nicht zu verstehen, um aus den Übungen und Arbeitsanleitungen dieses Buches Gewinn zu ziehen. Die Prinzipien der angesprochenen Verfahren sind einfach, und die meisten Anleitungen können Sie ohne Vorkenntnisse verwenden. Nutzen Sie, was Ihnen einleuchtet, vergessen Sie, was Sie nicht anspricht, entwickeln Sie die Anregungen in Ihrer Weise weiter. Jeder hat seinen individuellen Weg.

DER WEG VOM LEIDEN ZUR FREUDE

DIE SUCHE NACH DEM SCHLÜSSEL

Ich erinnere mich so lebhaft und genau an jene Stunde auf der Empore meines Schlafzimmers in meinem neuerbauten Haus, als wäre es gestern gewesen. Schwere Monate lagen hinter mir. Ich hatte den irrwitzigen Versuch unternommen, ein ökologisches Haus zu bauen, ohne die dafür notwendigen Geldmittel zu besitzen. Ich vertraute darauf, daß die ,Gesetze der Manifestation', die David Spangler in seinem Buch *The Laws of Manifestation* 1975 formuliert hatte und auf denen die Findhorn-Gemeinschaft gründet, auch in meinem Fall wirken würden. Dabei geht es darum zu zeigen, wie wir durch positives Denken, Dankbarkeit und Glauben das in unserem Leben verwirklichen können, was wir wirklich wollen. Die Gesetze der Manifestation beschreiben den Prozeß der Umwandlung von Bewußtsein in Form.

Auf unsere persönliche Situation angewandt, geben Sie uns Anleitungen, wie wir einen Gedanken, eine Idee oder ein Konzept in die materielle Wirklichkeit umsetzen können. Wie das im einzelnen geschieht, werden Sie im Verlaufe des Buches genauer erfahren.

Wie ich rasch herausfand, hatte die praktische Anwendung ihre Tücken. Trotz aller Anstrengungen waren gegen Ende des Bauprojekts alle möglichen Geldquellen erschöpft. Sie reichten nicht, um mein Bauteam länger zu beschäftigen. Ich mußte einen Teil der Innenarbeiten selber übernehmen. Binnen kürzester Zeit lernte ich, Holzrahmen und Holzböden zu streichen, Fliesen zu legen oder Wände zu versiegeln. Die Zeit drängte. Der Sommer nahte, und ich hoffte auf viele Gäste in meiner Frühstückspension. Pünktlich zum vorgenommenen Termin, zu meinem 45. Geburtstag, konnte ich das Haus dann wirklich eröffnen.

Die zurückliegenden Monate waren erfüllt von innerer Unsicherheit und meinen Zweifeln, ob ich das Geld für die Materialien und Löhne rechtzeitig erhalten würde. Zusätzlich zu rein körperlichen Anstrengungen hatten sie ihren Preis gefordert. Neben der Arbeit am Haus hatte ich Seminare geleitet, Modelle für die Neuintegration der Findhorn-Gemeinschaft entwickelt und zwischen verschiedenen Teilen der Gemeinschaft vermittelt. Ich war es gewohnt, mehrere Dinge auf einmal zu tun, doch diese Kombination hatte meine Kräfte bei weitem überstiegen.

Ich hatte noch einmal wiederholt, was ich mein Leben lang getan hatte: Ich hatte mich bis zur völligen Erschöpfung verausgabt, dieses Mal so gründlich, daß ich an einem Endpunkt angelangt war – Nutzen und Schaden hielten sich die Waage.

Wenn wir eine solche Talsohle erreicht haben, kommen wir zu einem Punkt der Wahl. Wir können unser Verhalten bis zur Selbstzerstörung fortsetzen oder uns auf einen Weg begeben, der aufwärts führt. Die Entscheidung liegt an diesem Punkt bei jedem einzelnen.

„Es reicht", sagte ich mir. „Genug des Kampfes und der Anstrengung. Es muß doch eine andere Möglichkeit geben zu wachsen als durch Leid und Tränen. Von nun an werde ich durch Freude wachsen."

Gesagt, getan?

Gezielt erforschte ich, was den Keim der Freude nähren und gedeihen lassen könnte. Ich stellte fest, daß ich mich immer dann, wenn mir die Arbeit mit den vielen Menschen zu schwer wurde, nur daran erinnern mußte, daß ich mich selbst für das Haus, die Frühstückspension und die Beratungspraxis entschieden hatte. *Ich* hatte diese Umstände gewählt. Daher konnte *ich* die Situation jederzeit ändern. Diese Überlegung ließ mich mit neuem Mut und Freude weitermachen.

Ich bemerkte, daß mein Energieniveau stieg, wenn ich dankbar auf das blickte, was ich geschaffen hatte, anstatt auf das zu schauen, was mir noch fehlte. Ich teilte gerne mein Haus, meine Erfahrungen und mein Wissen mit anderen. Je freudiger ich dies tat, desto mehr Menschen fühlten sich zu mir hingezogen.

Ich entdeckte die heilsame Wirkung der Verantwortung, der Dankbarkeit und des Dienens in meinem alltäglichen Leben und ihre nährende Kraft für die Erweiterung des Herzens, für die Liebe und die Freude.

Doch zugleich gab es immer wieder das Zurückfallen in alte Gewohnheiten, die den aufkeimenden Samen der Freude gefährdeten. Sie erwiesen sich oft stärker als die Einsicht und das Wissen, wie man den Samen der Freude hegen und pflegen sollte.

Ich verstand, daß es darum ging, das Alte loszulassen und Frieden zu finden. Doch je mehr ich losließ, um so tiefere Schichten des Alten brachen hervor. Der Prozeß schien endlos wie eine Wendeltreppe, die an den immergleichen Mustern entlangführt.

Ich entdeckte, daß ich die Wahl hatte, die Wendeltreppe hinunter oder hinaufzugehen, hinunter ins Leiden oder hinauf zur Freude. Das Leiden hatte seinen Sog. Es war ein nicht zu unterschätzender Gegner, wohletabliert in den kulturellen Prägungen und dem Milieu, in dem ich zu Hause war.

Und nicht nur mir ging es so. Bei der Arbeit mit den Menschen, die zu mir kamen, fiel mir auf, daß auch sie trotz bester Vorsätze und ihres Wissens nicht imstande waren, der Spur der Freude zu folgen.

Ich fragte mich, was Menschen gegen ihre erklärte Absicht in alten Bahnen des Leidens hält. Der Grund dafür mußte tiefer liegen als das, was mir bislang aus den Therapien bekannt war.

Ich stieß auf zwei Bücher, die für mich wegweisend wurden: Vernon Woolfs *Holodynamics* und Michael Talbots *Holographisches Universum*. Sie untersuchen die Wirkung von „Hologrammen", inneren Bildern, die wie eigenständige „Wesenheiten" unser Leben beeinflussen oder gar bestimmen. Dazu mehr im Kapitel über das Holographische Universum.

In den Sitzungen mit Klienten bekam ich ein Gespür für die Rolle, die innere Bilder im menschlichen Leben spielen. Sie steuern vom Unbewußten her den Lebensweg entgegen allen guten Vorsätzen und Absichten. Ich begab mich auf die Abenteuerreise durch den inneren Dschungel, um sie aufzuspüren, zu verstehen und für das Leben zu nutzen.

Ich bemerkte, daß das Leben von Menschen eine Wende nahm, wenn es ihnen gelang, ein Problem in dieser Weise zu bearbeiten und als Geschenk zu betrachten. Auf diese Weise wurde das ,Problem' zu einem Bündnispartner. Konflikte, die aus dem Widerstreit unserer inneren Anteile stammen, lösten sich auf, und Harmonie und innerer Frieden kehrten ein.

Dieser Prozeß entspricht einer doppelten Strategie. Es geht darum, auf der einen Seite den alten Strukturen des Leidens ihre Energie zu entziehen und auf der anderen Seite diese Energie zur Nahrung des Keimlings Freude einzusetzen. Je kräftiger die Freude gedeiht, desto tiefer können wir in die alten Reaktionsweisen eindringen und deren Kraft in positive Strategien umwandeln. Dieser Prozeß verläuft stufenweise. Im Verlaufe meiner Arbeit schälten sich einige grundlegende Schritte heraus, die ich im Abschnitt über die Grundpulsation des Lebens und die Holographische Analyse darstellen werde.

Insgesamt war ich erstaunt über die Macht, die in der Umgestaltung und Reifung innerer Bilder liegt. Obgleich ich sie tagtäglich in den Sitzungen mit meinen Klienten erfuhr, konnte ich mir dennoch nicht erklären, was die Arbeit so wirkungsvoll machte – bis ich auf das Werk von Chloe Wordsworth stieß, auf das Holographische Neustrukturieren (HR™). Trotz ihrer unterschiedlichen Verfahrensweise war die Wirkung frappierend ähnlich. Ich war fasziniert.

Je mehr ich mit beiden Methoden arbeitete, um so mehr eröffnete sich mir die Welt der Resonanz. Ich begriff, daß jeder Vorgang, ja alles Leben eine Schwingung ist, durch die das Universum sich ausdrückt. Jeder Gedanke, jedes Gefühl und jedes Verhalten hat eine Frequenz. Gleiche Frequenzen ziehen sich an und bilden größere Resonanzfelder, die unsere Wirklichkeit ausmachen. Dieses Wissen finden wir schon in der Bibel. „Am Anfang war das Wort." Dieses Wort ist nach östlicher Weisheit der Laut ‚Aum', und ‚Aum' ist eine Schwingung.

Gefühle des Zorns, der Angst, der Schuld, des Zweifels und der Scham haben eine niedrigere Frequenz als Freude, bedingungslose Liebe oder Mitgefühl mit allem Lebendigen. Wenn wir unsere Resonanz mit begrenzenden und Leben zersetzenden Gefühlen verändern wollen, genügt es, sich auf Freude, Liebe und Mitgefühl zu konzentrieren und sie zu kultivieren.

Die Energie geht in das hinein, worauf wir uns konzentrieren. Richten wir unsere Aufmerksamkeit auf die höhere Frequenz der Liebe, bewegen wir uns aus der niedrigeren Frequenz von Angst, Schuld und Zweifel heraus. Das ist kein neues Gesetz. Alle großen Weisen haben uns über die Jahrtausende hinweg auf die verändernde Kraft der Liebe hingewiesen.

Wenn es so einfach ist, warum tun wir es dann nicht? Was hindert uns, diese einfachen Gesetze in unserem Leben anzuwenden und ein gesundes, erfülltes und glückliches Leben zu führen?

Die Antwort ist einfach – und komplex zugleich.

Wir sind Teil eines großen Stroms, der sich seit Millionen von Jahren fortbewegt, der Strom der Evolution des Bewußtseins. Jeder Mensch ist Teil davon. Jeder trägt in seiner Weise zu diesem Strom bei, doch befinden wir uns an verschiedenen Stellen.

Bei manchen Menschen fallen die Erkenntnisse über die universellen Gesetze auf fruchtbaren Boden. Sie hören sie und setzen sie um. Andere müssen diesen Boden erst bereiten. Sie sind den kulturell vorgegebenen Denkschablonen verhaftet und bestimmt von Ängsten und Unsicherheiten. Sie brauchen Schritte, die das Vertrauen in die eigene Kraft aufbauen und den Mut fördern, das Bekannte loszulassen und neues Territorium zu erkunden. Das letzte Kapitel dieses Buches über Transformation ist eine Gebrauchsanweisung für diese kleinen Schritte, mit denen wir unser Leben in unsere Hand nehmen können.

Einer meiner Helden ist Beppo, der Straßenkehrer aus Michael Endes Roman: *Momo*.[5] Er fegt die unendliche Straße. Doch blickt er nicht auf das Ende, sondern fegt Strich für Strich. Eines Tages schaut er zurück und die ganze endlose Straße ist gefegt.

Wenn ich auf mein Leben blicke, kann ich mich gut in Beppo wiedererkennen. In vielen kleinen Schritten bewahrheitete sich immer wieder das Sprichwort: Wie man in den Wald hineinruft, so schallt es heraus. Wir beeinflussen unser Leben zum Guten oder zum Schlechten.

Verfallen Sie dabei nicht dem Irrtum zu meinen, das Leben würde erst noch beginnen wie in der folgenden Aussage: „Lange Zeit schien es mir, als wenn das Leben gerade beginnen würde – das wirkliche Leben. Es gab nur noch ein paar Hindernisse, die aus dem Weg geräumt werden mußten; eine Kleinigkeit, die getan werden mußte, unerledigte Geschäfte, eine zu tilgende Schuld, Zeit für etwas anderes ... dann würde das Leben beginnen. Schließlich dämmerte es mir, daß diese Hindernisse mein Leben waren." (Alfred D'Souza)

Sie können Hindernisse als Probleme betrachten oder als Chancen zum Wachstum. Von Ihrer inneren Haltung hängt es ab, ob Sie die Straße leidend oder freudig fegen.

Das Leben besteht aus einzelnen Schritten. Leben ist Wachstum. Wachstum ist wie eine Spirale oder eine Wendeltreppe, wie eine Pendelbewegung, die in höhere oder tiefere Ebenen schwingen kann. Sie entscheiden darüber, ob der Weg nach oben, in die Schwingung der Freude und der Liebe führt, oder nach unten, in die Angst und Enge.

Wie entscheiden Sie darüber? Mit der Nahrung, die Sie sich selber zuführen. Nahrung sind Informationen, die Sie sich einverleiben, Menschen, mit denen Sie sich umgeben, und Gedanken, die Sie den ganzen Tag denken. Wenn Ihre Nahrung vorwiegend aus leidvollen Informationen, Gedanken und Beziehungen besteht, sind Sie in Gefahr, innerlich zu verkrüppeln. Wenn Ihre Nahrung belebend und erheiternd ist, wachsen Sie innerlich und werden zufrieden.

Wachstum ist unvermeidlich. Wenn Sie sich weigern, Schritte freiwillig zu gehen, präsentiert Ihnen das Leben Umstände, die Sie zwingen, sich zu bewegen. So war und ist es in meinem Leben und dem Leben von Menschen, die mit mir ein Stück ihres Weges gemeinsam gegangen sind.

Wenn also Wachstum unvermeidbar ist, warum dann nicht durch Freude wachsen, durch jene stille Freude, die sich jenseits der Umstände des täglichen Lebens in uns entfaltet?

Ich spreche hier nicht von der Freude, die Ihnen von den Werbeplakaten für Waschlotion oder Zahnpasta entgegenschreit. Ich rede von einem inneren Wissen, das aus der Erkenntnis und dem Vertrauen erwächst, daß eine größere Kraft als wir selbst unser Leben leitet. Auf der physischen Ebene können wir zum Beispiel Gefühle der Trauer nicht vermeiden, die uns bei dem Verlust eines Elternteils oder Partners befallen. Doch jenseits des Schmerzes oder selbst jenseits jener Glücksmomente, die uns mit Ehrfurcht und Staunen vor dem Reichtum des Lebens erfüllen, ruht die Freude in der ruhigen Gewißheit der inneren Göttlichkeit, die unser ganzes Wesen mit Heiterkeit und Frieden durchdringt.

Freude ist die Qualität des Herzens, die wir kultivieren, wenn wir Verantwortung für unser Leben übernehmen, wenn wir dankbar das annehmen, was uns gegeben ist, und uns von dem verabschieden, was wir nicht länger brauchen – kurz: wenn wir unsere Fähigkeit entwickeln, zu lieben und anderen zu dienen.

LEIDENSSUCHT

Im Verlaufe meiner Arbeit mit Menschen begegnete mir häufig ein Verhalten, das ich Leidenssucht nenne. Thomas ist ein Beispiel dafür.

Alles begann damit, daß er in ein anderes Haus zog. Dieser Umzug war der Auslöser einer langen Kette von Ereignissen, die sein bisheriges Leben zusammenbrechen ließen. Er steigerte sich immer mehr in Scham und Schuld und das Gefühl hinein, ein Versager zu sein. Er hatte bei verschiedenen Therapeuten

Hilfe gesucht und offene und mitfühlende Herzen gefunden, doch änderte dies nichts an seinem seelischen Zustand. Im Gegenteil, es wurde schlimmer.

Bei genauerer Auseinandersetzung mit seinen Problemen stellte sich heraus, daß sie keine existentielle Gefährdung darstellten. Im Gegenteil, mit dem Verkauf des Hauses hatte er seine finanzielle Situation verbessert, nicht aber seine Ehe oder sein persönliches Wohlbefinden.

Während ich ihm zuhörte, sah ich einen kleinen, neugierigen Jungen, der sich hinter diesem Wust von Selbstanklagen versteckte. Ich zeigte ihm an seiner Körperhaltung und Atmung, wie er diesen Zustand aufrechterhielt und wie er durch eine Veränderung seiner Atmung und durch Erdung eine realistische Einschätzung der Situation gewinnen konnte. Auf dieser Grundlage konnten wir uns gemeinsam ansehen, welches Geschenk die Selbstanklagen enthielten. Sie stellten sich symbolisch dar als ein riesiger Feuerstein mit scharfen, verletzenden Kanten, am dem er sich festhalten konnte und der ihm Sicherheit und Bestand gab. Dieser Stein war im Laufe des Jahres immer größer geworden und drohte die Flamme, als die Thomas sich sah, zu überwältigen und zu ersticken.

Im Laufe der Arbeit konnte Thomas erkennen, wie sein Jammern und Klagen ihn immer tiefer auf einer Spirale nach unten gezogen hatten, mit einer Kraft, gegen die es keinen Widerstand zu geben schien. Er war der Sucht des Leidens verfallen.

Er erinnerte mich an Phasen in der Findhorn-Gemeinschaft, wo die ‚Wundologie‘[6] im Mittelpunkt der Kommunikation stand. In endlosen Sitzungen wurden Verletzungen verhandelt, doch löste das Mitteilen der ‚Wunden‘ diese nicht auf, im Gegenteil. Die eigene Misere bewährte sich hervorragend, um etwas Mitgefühl und Liebe einzuheimsen, ohne daß man an der Situation etwas ändern mußte. Das Herstellen einer gemeinsamen Identität über Wunden wurde zum hauseigenen Stil, bis deren zerstörerische Seite unübersehbar wurde.

Ich erlebte noch einmal im Kollektiv, was ich Jahre zuvor in meinem therapeutischen Prozeß erfahren hatte. Zu Beginn der

Ausbildung in Bioenergetischer Analyse hatte ich die Vorstellung, daß ich das Leiden überwinden würde, wenn ich immer tiefer darin eindringen und es letztlich durchdringen würde. Die Freude schien wie eine Trophäe als Belohnung für das erfolgreiche Leiden. Aber je tiefer ich ging, je mehr ich mich in mein Leiden vergrub, desto schlimmer wurde es. Meine Therapeuten unterstützten mich in diesem Prozeß, indem sie nach immer mehr Details Ausschau hielten. Es dauerte viele Jahre, bis ich erkannte, daß mich dieser Weg in eine Sackgasse geführt hatte. Am Ende des Schlingpfades durch das Leiden lagen nicht Freude oder Zufriedenheit, sondern ein Leben, das ich mir im Leiden häuslich einrichtete.

Es ist wichtig, zwischen Schmerz und Leiden zu unterscheiden. Schmerz ist ein Zeichen dafür, daß etwas in uns verwundet oder aus dem Gleichgewicht geraten ist. Leiden ist eine Fixierung auf den Schmerz, eine Haltung der Unwissenheit oder der Versuch einer Identitätsfindung. Leiden kann auch als Abwehr dienen, sich dem Schmerz zu stellen und damit die Wunde zu heilen.

Eine der schwierigsten Aufgaben liegt darin, in der ‚Wunde‘ zu stehen, besonders in der ‚Wunde der Liebe‘, um die es letztendlich immer wieder geht. Statt dessen spielen wir lieber die Rollen, die uns über die Medien vorgegeben werden und die uns sagen, wie ‚Mann‘ und ‚Frau‘ sich zueinander verhalten und miteinander umgehen sollen.

Viele Menschen überkommt auch Hilflosigkeit und Ohnmacht angesichts menschlicher Gewalt und Destruktivität. Es ist schwer, diese Hilflosigkeit und Ohnmacht so lange auszuhalten, bis aus ihr der Keim des Neuen wachsen kann. Wir neigen dazu, sie über Aktivität oder die Kollusion des Leidens abzuwehren. Kollusion verwende ich im Sinne von Jürg Willi[7] als das unbewußte Zusammenspiel zweier Partner. Nehmen Sie ein persönliches Gespräch zwischen zwei Freundinnen; ein großer Teil des Gesprächs dreht sich um ‚Probleme‘. Vordergründig sieht es so aus, als ginge es um die Lösung der anstehenden Konflikte oder Nöte. Bei näherem Hinsehen dient das mitgeteilte

Leid jedoch dazu, Aufmerksamkeit und Zuwendung zu erlangen. Keine der beiden ist aufrichtig daran interessiert, Entscheidendes in ihrem Leben zu verändern. Dieses Verhalten nenne ich ‚Kollusion'.

Oft werden bei solchen Gesprächen die Meinungen von anderen Bekannten oder die Aussagen der Astrologin oder der letzten Tarot-Lesung zum Beweis angeführt. Sie sollen belegen, daß ‚man/frau' nichts für das Geschehen kann, daß die Welt schrecklich ist und es jedermanns Schuld ist außer der eigenen. „Es steht schon so in den Sternen..." und „die anderen sagen ja auch...", heißt es dann.

Um Mißverständnisse zu vermeiden: Ich sage nicht, daß Tarot oder Astrologie schädlich sind. Ich nutze sie selber, um mich auf größere Zusammenhänge einzustimmen. Wenn sie allerdings dazu verwendet werden, die eigene Geschichte zu einem kleinen Opferpäckchen zu verschnüren und damit die persönliche Verantwortung abzugeben, verfehlen sie ihren Nutzen.

Ein Leitbild für meine Arbeit ist die Sitte eines indianischen Stammes, von der mir berichtet wurde. In diesem Stamm darf keiner dieselbe Geschichte mehr als zweimal berichten, ohne konkrete Schritte zu ihrer Veränderung unternommen zu haben. Wagt er es ein drittes Mal, verschließen sich die Türen, da dies als Ausbeutung der Zeit und des guten Willens der anderen Stammesmitglieder angesehen wird.

Stellen Sie sich das einmal in der Subkultur der ‚Wundologie' vor. Schnell wären wir völlig isoliert.

Die Verbreitung der Psychotherapie in den letzten drei Jahrzehnten hat einen guten Teil zu dieser Entwicklung beigetragen, indem sie das seelische Leiden gesellschaftsfähig gemacht hat.

Die Kampfansage der sechziger Jahre an die auf Intellekt und Technologie eingeschworene Gesellschaft und der Versuch, sich wieder auf die Gefühle und das Herz zu besinnen, ist für viele Menschen dieser Generation inzwischen zu einer Sackgasse geworden. Die Frage stellt sich: Wie kommen wir da raus?

VOM MANGEL ZUR FÜLLE

Leiden ist in unserer Kultur eng verbunden mit dem Konzept des Mangels. Die Bewältigung des Mangels hat die Geschichte der Menschheit gekennzeichnet. Mangel, die Meinung, daß unsere Ressourcen begrenzt sind, bestimmt bis heute unsere politischen, sozialen und psychologischen Systeme. Der Satz: „Es gibt nicht genug" ist eng verbunden mit dem Satz: „Ich habe nicht genug" und „Ich bin nicht genug", oder in der populäreren Variante: „Ich bin nicht gut genug". Mit diesem Grundgefühl strebt der Mensch danach, nicht zu verlieren.

Wie anders sieht ein Leben aus, das unter dem Motto steht: Ich kann gewinnen. Im folgenden möchte ich einzelne Übungen dazu anführen.

ÜBUNG

● Schließen Sie für einen Moment die Augen und lassen Sie beide Standpunkte nacheinander auf sich wirken.

○ Nehmen Sie einfach wahr, welche Energien in Ihnen mobilisiert werden, wenn Sie sich auf den Satz einstellen: „Ich kann gewinnen. Ich muß mich nur dazu entschließen."

○ Und dann schauen Sie, wie sich der Satz auf Ihren Körper auswirkt: „Ich muß aufpassen, daß ich nicht verliere."

○ Spüren Sie, wie sich im ersten Fall Ihre Energien ausweiten und ausdehnen und im zweiten Fall zusammenziehen und es Ihnen bei dem Gedanken zu verlieren immer enger ums Herz wird?

Gewinnen heißt hier nicht, daß dabei ein anderer verlieren soll. Gewinn-Verlust-Spiele gehören zum Repertoire des Mangels. Können Sie sich Situationen oder gar ein Universum vorstellen, in dem alle gewinnen, in dem Gewinn bedeutet, daß Ihre Absichten und Handlungen anderen genauso dienen wie Ihnen selber?

Dazu müssen Sie Ihren Blickwinkel verändern und das Prinzip des Mangels durch das der Fülle ersetzen. Freude ist ein

Prinzip der Fülle, der Ausdehnung und der Ausweitung. Und Fülle ist das Wachstumsprinzip des Universums.

Wenn Sie die Natur anschauen, stellen Sie fest, daß sie nur so strotzt vor Reichtum. In jedem Frühjahr ergießt sich das Leben in einer verschwenderischen Vielfalt von Formen. Jeder Same bringt hundert neue hervor. Jede Spezies erzeugt neue Nuancen und Varianten. Zellen teilen und vervielfältigen sich. Alte Formen vergehen und neue entstehen. Das Leben hält das Leben in Gang und erweitert es.

Im Universum finden Sie Abermillionen von Sonnen und Galaxien. Der Raum birgt ein unendliches Potential, er hat keine Grenzen, er ist expansiv.

Das Universum folgt dem Gesetz der Evolution. Es entfaltet sich von einfachen zu immer komplexeren Formen. Die Natur sprudelt vor Vielfalt und Fülle.

Die Grenzen der Fülle setzen wir in unserem Gehirn. Unser Denken ist historisch auf Mangel programmiert, auf Haben oder Nicht-haben. Haben oder Nicht-haben entscheidet darüber, wer im Überlebenskampf den Sieg davonträgt. Im Modell des Entweder-oder verlieren oder gewinnen wir, sind wir Opfer oder Täter. Wenn wir auf die Verlustseite, auf die Opferseite geraten, qualifizieren wir uns für das Prinzip des Leidens.

Erst in den letzten zwei Jahrzehnten rückt die Möglichkeit in unser Bewußtsein, daß wir gemeinsam gewinnen, gemeinsam wachsen und gemeinsam lernen können. Dabei geht es um Kooperation statt Konkurrenz. Es geht darum, Fülle für alle zu schaffen, statt den Mangel ‚gerechter' zu verteilen.

VOM KOLLEKTIVEN ERBE
ZUR KOLLEKTIVEN ZUKUNFT

DAS SCHULDHAFTE UNIVERSUM

Gestorben für unsere Schuld

Haben Sie sich jemals gewundert, wenn Sie in eine Kirche kamen, warum Christus immer nur leidend am Kreuz abgebildet wird?

Ich habe darüber zeit meines Leben gestaunt. Es wollte mir nicht einleuchten, warum dem Akt des Leidens, der Kreuzigung und dem Tod so viel mehr Bedeutung beigemessen wird als dem viel erfreulicheren Tatbestand der Auferstehung. Wenn ich an meinen Religionsunterricht zurückdenke, habe ich von der Auferstehung wenig gehört und noch weniger verstanden. Was in meiner Erinnerung zurückblieb, ist, daß ich schuldig war und daß Jesus für meine Schuld gestorben war.

Ich konnte mir als Kind überhaupt keinen Reim darauf machen, warum jemand vor 2000 Jahren wegen meiner kleinen Fehltritte hätte sterben sollen. Dennoch, die Schuldgefühle waren wirksam, tief und rätselhaft. Es sollten viele Jahre ins Land ziehen, bevor ich überhaupt beginnen konnte zu verstehen, was es mit den Schuldgefühlen, dem Leiden und der Auferstehung auf sich hatte.

Der Gott meiner Kindheit war ein mächtiger Gott. Nichts blieb ihm verborgen. Er hatte seine Augen überall. Er war ein äußerer Gott, und doch saß er zugleich in meinem Inneren wie eine Riesenspinne, die alles in ihren Fängen hielt. Er war ein unausweichlicher Gott, manchmal erbarmungslos, wenn ich gegen die Gesetze des ‚Man tut' verstoßen hatte, manchmal ein tröstlicher Gott, wenn das Leben gar zu schwierig schien.

Er war ein Gott der Sünde, der Schuld, der Schande und der Scham. Damit war er ein Gott der persönlichen Entmachtung und Kontrolle.

Schuld hält Menschen in Knechtschaft, besonders eine Schuld, die in keinem Bezug zu einer eigenen, konkreten Handlung steht und von daher gar nicht auflösbar ist. Die Kirche hat auf der Sünde und der damit einhergehenden Schuld ein ganzes System von Macht und Kontrolle aufgebaut. Wir täuschen uns, wenn wir in unserer technisierten Gesellschaft annehmen, daß wir damit nichts mehr zu tun haben. Die Wurzeln liegen tief in unserer kollektiven Psyche.

Menschsein bedeutet, fehlbar zu sein. Menschsein heißt in meinem Verständnis, daß jeder das Recht und Privileg hat, Fehler zu machen und daraus zu lernen. Ohne diese Erlaubnis kann sich keiner entwickeln. Der Anspruch, immer perfekt zu sein, macht uns unmenschlich und ist Ursache vieler Depressionen.

Ein Unterschied zwischen Menschen, die ihre Lebensziele realisieren und über Freude wachsen, und jenen, die dem Leiden verhaftet sind, liegt in der Betrachtungsweise von Problemen, mit denen sie im Alltag konfrontiert sind.

Für die einen sind Schwierigkeiten spannende Herausforderungen, an denen man lernen und wachsen kann, für die anderen ein erneuter Beweis der eigenen Unfähigkeit.

Nicht die Fakten des Lebens selber, sondern unsere Sichtweise und das, was wir aus diesen Fakten machen, bestimmen unsere Wirklichkeit.

Die Kultur, in der wir aufwachsen, beeinflußt die individuelle Sichtweise. Wenn die Hölle oder das Fegefeuer Sie am Ende des Lebens erwarten – je nachdem wie oft Sie die kirchlichen Gesetze übertreten haben – wird Angst Ihr Leben bestimmen.

Dies um so mehr, je ausgeprägter der universelle Geist die Züge eines allmächtigen und strafenden Gottes trägt.

Angst bedeutet Enge, und Enge erlaubt uns nicht, aus Fehlern zu lernen und unser Potential zu entfalten. Angst und

Schuld sind enge Verwandte. Durch sie geraten wir in eine Lebensspirale, die uns immer tiefer in die Ausweglosigkeit hineinzieht.

Und sollt ihr büßen bis ins siebte Glied

Schuldgefühle sind Energien, die wir als Kinder von den Erwachsenen übernehmen. Bis zur Pubertät sind wir Teil des Energiefeldes der Eltern oder der Erwachsenen und von daher dem ausgesetzt, was von ihnen oder über sie vermittelt wird. In der Therapie finden Klienten oft heraus, daß sie die Schuldgefühle ihrer Eltern, Großeltern und deren Ahnen tragen. Ganze Familiengeschichten pflanzen sich so fort, eingebettet in die christliche Sichtweise vom sündigen und damit schuldhaften Menschen, der nur von außen, durch Gottes Gnade, erlöst werden kann.

Wenn wir uns dessen bewußt werden, daß die Schuld, die wir tragen, gar nicht unsere ist, ist es sehr viel leichter, sie abzugeben oder loszulassen. Manchmal ist die Schuld ein solch großer Bestandteil der eigenen Identität oder der inneren Wirklichkeit, daß sie sich nicht ohne weiteres auflösen läßt. Wir müssen die Lücke, die ihr Wegfall hinterläßt, mit einer positiven Energie füllen. In meinen therapeutischen Sitzungen nutze ich dafür Symbole oder Farben. Dazu folgende Übung:

- Wie wäre es für Sie, wenn Sie diese Last, die Sie mit sich herumtragen, einfach abgeben könnten? An wen? An die Quelle, der sie entstammt, an Gott, Christus oder den universellen Geist. Können Sie sich das vorstellen? Wie würde es sich anfühlen?

Vielleicht sagen Sie, natürlich wäre das eine Befreiung. Aber dies ist nur ein Aspekt. Es ist zugleich der Verlust eines alten und vertrauten Bekannten. Alle Anteile Ihrer Persönlichkeit, ganz gleich, als wie belastend Sie diese empfinden, dienen Ihnen auch. Es sind Mechanismen, die Ihnen geholfen haben, schwierige Situationen in Ihrem Leben, meist der Kindheit, zu bewältigen. Sie verabschieden sich nur, wenn Sie diesen inneren Überlebensstrategien Ihre Anerkennung und Wertschätzung zollen. Indem Sie dies tun, kehrt die darin gebundene Energie an Sie zurück. Sie sind dann frei, diese Kraft für die positive Gestaltung Ihres Lebens einzusetzen.

In dem späteren Abschnitt dieses Buches über die Holographische Analyse verdeutliche ich diese Schritte anhand von Beispielen.

Himmel und Hölle

Wenn Sie sich den Lebensweg Jesu aus der Perspektive der Auferstehung ansehen, bekommt das Kreuz eine neue Bedeutung.[8] Das Kreuz ist aus dieser Sicht ein Symbol für die Möglichkeit, den Tod zu überwinden. Jesus überwindet ihn durch die Erkenntnis, daß der Vater und er eins sind. Mit der Erkenntnis der Einheit des Menschen mit dem universellen Geist wird der Tod zu einer Illusion. Tod ist hier kein Ende oder Abbruch des Lebens, sondern der Übergang von einer Dimension in die nächste.

Zwischen dem Kreuz und dem Leiden besteht ein enger Zusammenhang. Er drückt sich in Sätzen aus wie: „Das Leben ist ein Kreuz", oder: „Jeder hat sein Kreuz zu tragen". So wie die Kreuzigung ein Schritt zur Überwindung des Todes ist, kann uns das Leiden zu der Erkenntnis führen, daß wir genausogut durch Freude wachsen können. Das Kreuz symbolisiert, daß Leben nicht Anstrengung und Bürde sein muß, sondern Erfüllung und Liebe.

Für die meisten Menschen, die auf Mangel programmiert sind, ist diese Perspektive schwierig zu verstehen. Die Fixierung auf das Kreuz als Symbol des Leidens hat in ihnen die Todesfurcht tief verwurzelt. Mit der Todesfurcht geht die Angst vor dem Jüngsten Gericht einher, das den Menschen die himmlische Glückseligkeit oder die ewige Verdammnis beschert. Dieses Gericht ist in der christlichen Auffassung eine äußere Instanz, die sie am Ende für all ihre Sünden bestrafen wird.

Aus den Berichten über Nahtoderfahrungen[9] wissen wir,

daß Menschen mit einem Lebensrückblick konfrontiert werden, der große Ähnlichkeiten mit dem ‚Jüngsten Gericht' aufweist. Allerdings werden sie darin nicht von Lichtwesen verurteilt, sondern sie fällen ihre Urteile selber aus ihren Schuld- und Reuegefühlen heraus. Ob und wie Menschen das Jüngste Gericht erleben, hängt also von den Glaubensüberzeugungen ab, die sie schon zu ihren Lebzeiten hatten.

Menschen mit Nahtoderfahrungen empfinden nach ihren Berichten in der Gegenwart der Lichtwesen nichts als Liebe und Verständnis. Die Lichterscheinungen belehren sie über die Bedeutung der Liebe und der Selbsterkenntnis sowie darüber, wie wichtig es ist, die Arbeit in den Dienst anderer Menschen zu stellen.

Der Dienst am Menschen ist auch in der christlichen Auffassung ein zentrales Motiv für die eigene Glückseligkeit. Doch ist dieser Dienst mit moralischen Verpflichtungen und Verzicht auf eigene Bedürfnisbefriedigung verbunden. Der christliche Leitsatz: „Liebe Deinen Nächsten wie Dich selbst" vergißt allzu leicht den zweiten Teil: „...wie Dich selbst". Damit wird das Dienen leicht zum Helfen. Helfen entspringt anderen Motiven als dem der Liebe oder dem Wissen, daß wir uns als Menschheit weiterentwickeln müssen. Davon mehr im Abschnitt über das Dienen.

Wie Sie sehen, hat die einseitige Ausrichtung auf das Leiden am Kreuz weitreichende Konsequenzen, die alle Aspekte des Lebens durchziehen. Die Verkürzung der Lehren Christi auf Sünde, Schuld und Leiden veranlaßt Menschen, die Verantwortung für ihr Leben an äußere Instanzen abzugeben. Mit der Verantwortung geben sie ihre Macht und das eigenständige Denken ab. Damit werden sie zum leichten Opfer der Machtinteressen und der Meinungsmanipulation anderer.

Die christliche Sichtweise der Welt und unserer selbst ist in der kollektiven Psyche und damit tief in unseren inneren Strukturen verankert. Auch diejenigen, die nicht Mitglied einer christlichen Kirche sind, Menschen, die an Fortschritt und Technologie glauben, waren oder sind damit konfrontiert.

Diese Sichtweise ist nicht die einzig mögliche, schon gar nicht die dem Menschen würdigste Weltanschauung und Lebensform. Dies ist der Grund, daß sich jetzt immer mehr Menschen in den westlichen Industriegesellschaften den östlichen Religionen zuwenden.

DAS BEWUSSTE UNIVERSUM

Der universelle Geist

Der Buddhismus, der das Denken der Menschen in ganzen Teilen Asiens geprägt hat, entwirft ein anderes Verhältnis des Menschen zum Universum als das Christentum.[10] Nicht ein äußerer Gott lenkt unsere Geschicke, sondern das Bewußtsein, von dem wir alle Teil sind. Gott existiert in dieser Anschauung nicht außerhalb von uns, sondern ist unsere Essenz, unser Wesen. Als Teil des universellen Geistes nehmen wir Anteil an der Schöpfung. In Übereinstimmung und Harmonie mit diesem Geist erschaffen wir unsere Wirklichkeit. Damit sind wir für unser Leben in anderer Weise verantwortlich als in der katholisch-christlichen Weltanschauung.

Als Teil des universellen Geistes brauchen wir nicht einer äußeren Organisation Rechenschaft abzulegen für unser Sein und Tun, sondern sind uns selber gegenüber, unserem inneren Wesen verpflichtet. Die protestantische Weltanschauung liegt mit der inneren Gewissensinstanz diesem Verständnis näher als die katholische. Was sie von der buddhistischen Anschauung unterscheidet, ist die Auffassung von Gut und Schlecht sowie der Glaube an Gott.

Wie die katholische ist auch die protestantische Ethik gekennzeichnet von einem Begriff der Sünde, einem Richtig oder Falsch. Wenn Handlungen sich gegen die christlichen Gebote richten, strafen Gewissensbisse anstelle des Priesters. Die Strafinstanz ist anders, der Tatbestand der Sünde und Strafe ist derselbe.

Ich erinnere mich noch sehr gut an den Satz meiner Kindheit: Der liebe Gott sieht alles. Sein Blick war unausweichlich und auch gegenüber den kleinen Notlügen und Fehltritten unbarmherzig. Angesichts der Not der Gewissensbisse mußte ich es mir gut überlegen, welches Übel kleiner war: die Strafe der Eltern oder die des „lieben" Gottes in der Gestalt des gnadenlosen und verfolgenden Gewissens.

In der buddhistischen Auffassung des Geistes gibt es keine moralische Instanz des Richtig oder Falsch. Der Geist bewertet oder (ver)urteilt nicht. Urteilen heißt, den Urgrund zu teilen. Jede Teilung erzeugt Polarität. Der Mensch hat die Tendenz, die Polarität in unvereinbare Gegensätze aufzuspalten. Damit trägt jede Polarität den Keim des Konfliktes in sich.

Ein Gegensatz bedeutet, daß etwas entweder nur so oder so sein kann. Wenn Ihr Partner recht hat, bedeutet dies automatisch, daß Sie unrecht haben. Und da Sie nicht unrecht haben wollen, entsteht ein Konflikt. Auf einer höheren Ebene des Bewußtseins lösen sich die Gegensätze auf. Auf dieser Ebene haben Sie unterschiedliche Standpunkte, die beide berechtigt sind. Aus dem Entweder-oder wird ein Sowohl-als-auch.

Auf der höchsten Ebene des Bewußtseins, der Ebene des universellen Geistes, gibt es keine Trennung. Der universelle Geist ist EINS, ein Urgrund, ein ungeteilter Grund, eine absolute Wahrheit. Wir Menschen, wie jedes andere Lebewesen auch, nehmen Teil an dieser Wahrheit mit unserem individuellen Blickwinkel oder unserer relativen Wahrheit.

Ihre relative Wahrheit ist nicht besser oder schlechter als meine. Wenn wir aufhören zu vergleichen, hören wir auf, einander zu bekämpfen. Wenn wir aufhören, einander zu bekämpfen, sehen und schätzen wir, welchen Beitrag jede relative Wahrheit zum Verständnis der Lebensgesetze leistet. Damit fügen wir das Getrennte zusammen, statt das EINE zu trennen.

Ein Kernprinzip des Lebens ist Karma, das Gesetz von Ursache und Wirkung. Jeder Gedanke, jedes Wort und jede Handlung setzt Dinge in Bewegung. Jeder Gedanke, jedes Wort und jede Handlung hat einen Effekt. Wenn Ihre Gedanken erfüllt sind von Zorn und Haß, so hat dies Wirkung. Es bringt Ereignisse in Ihr Leben, die Sie darin bestätigen, daß Sie zu Recht zornig sind. Wenn Ihre Gedanken erfüllt sind von Angst, ziehen Sie genau das an, was Sie befürchten.

Was im Negativen gilt, zählt genauso im Positiven. Wenn Sie ihr Herz mit Freude und Liebe füllen und diese Qualitäten kultivieren, ziehen Sie Freude und Liebe an. Sie bestimmen, was Sie kultivieren. Sie kultivieren, was Sie denken. Es liegt in Ihrer Hand, welche Qualitäten oder Ereignisse Sie bewirken wollen.

Ursache und Wirkung sind hier nicht dasselbe wie in der wissenschaftlich-kausalen Betrachtung der äußeren Welt. Die traditionelle Wissenschaft versucht, die Welt der Erscheinungen zu ergründen und innerhalb dieser Erscheinungsebene die Ursachen für Wirkungen zu finden.

Ein Beispiel ist das Modell der Medizin. Innerhalb dieses Verständnisses suchen wir beispielsweise den Grund für Infektionen in den sie verursachenden Bakterien, Viren oder Pilzen. Ein weitergehendes psychosomatisches Verständnis bezieht auch die emotionale Befindlichkeit und das Denken als Ursachen mit ein. Aus der spirituellen Perspektive jedoch liegt hinter allen Erscheinungen der eine Geist, der das Leben hinter dem Physischen ist. Er schafft sowohl das körperliche als auch das emotionale und mentale Wohlbefinden. Die Außenwelt, die Welt der Erscheinungen, ist in diesem Verständnis ein Spiegel der Innenwelt.

Der bewußte und unbewußte Geist

Bewußt und unbewußt ablaufende Prozesse gestalten die Innenwelt. Beide sind Aktivitäten des individuellen Geistes.

Unser bewußter Geist handelt wie ein Informationssammler, der Informationen durch die fünf Sinne des Sehens, Hörens, Schmeckens, Riechens und Berührens bezieht. Er prüft diese Informationen mit dem Verstand und wählt diejenigen aus, die die eigenen Überzeugungen bestätigen.

Unbewußt laufen Prozesse auf der physischen, emotional-mentalen und geistigen Ebene ab. Auf der physischen Ebene steuern unbewußte vegetative Körpervorgänge die vitalen Prozesse des Lebens. Dazu zählen die Arterhaltung, Atmung und Kreislauf.

Auf der emotional-mentalen Ebene umfaßt das Unbewußte all die Erfahrungen, die über Generationen weiter vermittelt wurden oder die wir als Reaktionen auf Ereignisse unseres Lebens abgespeichert haben. Diese Reaktionen sind oft mit intensiven Gefühlen verknüpft. Sie halten die Erinnerungen an ihrem Platz und legen unser Verhalten heute fest. Das Unbewußte ist der Sitz der Gewohnheit und der Routine, die uns das Nachdenken über die alltäglichen Abläufe abnehmen. Unser Leben wird viel mehr von Programmen bestimmt, als wir es im allgemeinen wahrhaben wollen.

Auf der spirituellen Ebene liegt im Unbewußten auch die Quelle unserer schöpferischen Kraft. Sie gestaltet aus der Einheit mit dem universellen Geist. In Geistesblitzen oder spontanen Einsichten leuchten momenthaft neuartige Zusammenhänge auf. Dieser ‚göttliche Funke‘[11] stand am Anfang bahnbrechender wissenschaftlicher Erkenntnisse wie Einsteins Relativitätstheorie oder Jonas Salks Entdeckung des Impfstoffes gegen Polio.

Diese Quelle können wir bewußt anzapfen und für die Gestaltung unseres Lebens und unserer Zukunft einsetzen. Dabei werden wir uns der Fähigkeiten bewußt, mit denen der Geist ausgestattet ist, und wir wenden Gesetze an, die dem universellen Geist zu eigen sind.

Der Geist versorgt uns über die fünf Sinne mit Informationen aus der Außenwelt und über Innenschau sowie Intuition mit Daten aus der Innenwelt. Es geht darum, diese Informationen bewußt auszuwählen, zu bündeln und zu lenken.

Dazu muß der Geist in der Lage sein zu unterscheiden, welche Informationen wichtig und welche bedeutungslos sind. Was wichtig ist, entscheiden Sie nach Ihren Prioritäten. Die meisten Menschen treffen ihre Entscheidungen unbedacht, da sie sich ihrer Wahlmöglichkeiten nicht bewußt sind. Sie werden von den ‚eingefleischten' Programmen gesteuert und interpretieren die aufgenommenen Informationen so, daß sie die alten Denk- und Verhaltensweisen bestätigen und verstärken.

Das Gesetz der Anziehung

Der Kosmos funktioniert nach dem Gesetz der Anziehung. Dieses Gesetz besagt, daß Gleiches Gleiches anzieht. Der Geist ist Energie, und Energie hat bestimmte Schwingungsfrequenzen. Alles, was auf der gleichen Wellenlänge liegt, zieht sich an.

Alle Gedanken, Einstellungen, Gefühle und Verhaltensweisen haben eine Schwingungsfrequenz. Nach dem Gesetz der Anziehung ziehen Sie die Menschen, Ereignisse und Dinge an, die auf Ihrer Wellenlänge liegen.

Nehmen Sie als Beispiel das Gefühl Ärger. Haben Sie schon mal die Erfahrung gemacht, daß dann, wenn Sie wütend sind, Ihnen jemand den Parkplatz vor der Nase wegschnappt, Sie jemand ‚ungerechtfertigterweise' beschimpft oder Sie in einen Unfall verwickelt werden? Kennen Sie Situationen, in denen Sie sich als Opfer fühlen, und Ihnen begegnen tatsächlich Menschen, die Sie ausnutzen oder überrumpeln?

Da es so erscheint, als passierten diese Dinge aufgrund äußerer Umstände, sind wir uns dessen nicht bewußt, daß wir diese Situationen schaffen. Genauer gesagt: Unsere im Unbewußten abgespeicherten Einstellungen ziehen solche Ereignisse und Situationen an und gestalten unser Leben.

Die Macht der Gedanken

Nun hat unser Geist eine Fähigkeit, die es uns erlaubt, das Gesetz der Anziehungskraft zu unseren Gunsten zu nutzen. Diese Fähigkeit ist die Kraft der Schöpfung. Das Mittel dazu ist der Gedanke.

Edgar Cayce kennzeichnete Gedanken als greifbare Gebilde, als Wesenheiten einer subtilen Form von Materie, die unser

Schicksal bestimmen. Buddha sagte: „Wir sind, was wir denken. Alles, was wir sind, entsteht aus unseren Gedanken. Mit unseren Gedanken erschaffen wir die Welt." In der Bibel heißt es: „Der Glaube kann Berge versetzen". Und Paramahamsa Yogananda empfahl den Menschen, die Zukunft bildhaft zu gestalten. „Die richtige Visualisierung durch Konzentrations- und Willenskraftübungen befähigt uns, die Gedanken zu materialisieren, nicht nur als Träume oder Visionen auf dem geistigen Gebiet, sondern auch als Erfahrungen im materiellen Bereich."[12]

So wie wir über unbewußte Programme das Negative in unser Leben holen, können wir über eine bewußte Kontrolle und Steuerung unserer Gedanken das Positive erzeugen. Das Prinzip dazu ist einfach: Schaffen Sie in sich die Schwingungsfrequenz, die all das in Ihr Leben bringt, was Sie sich wünschen. Wenn Sie Gesundheit wollen, visualisieren Sie Ihren Körper als vollkommen gesund. Wenn Sie mehr Liebe wollen, geben Sie mehr Liebe. Wenn Sie Wohlstand wollen, erweitern Sie Ihren inneren Raum so, daß Sie die Fülle halten können.

Indem Sie sich auf das Positive konzentrieren, drücken Sie Ihre Bereitschaft aus, Schritte zu tun, die Sie Ihrem Ziel näher bringen. Wenn Sie vollkommene Gesundheit anstreben, kann dies bedeuten, daß Sie sich über Ernährung, Fitnessprogramme oder Entspannungstechniken informieren und Ihr Verhalten ändern. Um mehr Liebe zu erhalten, mag Ihr erster Schritt sein, gut zu sich selbst zu sein. Wenn Ihr Bedürfnis nach Liebe ‚unersättlich' ist, ist das, was Sie von einem anderen Menschen bekommen, nie genug. Sie müssen in diesem Fall zunächst einen Boden in sich bereiten, der die Liebe anderer aufnehmen kann. Dies tun Sie, indem Sie gut für sich selber sorgen und sich für die nährende Kraft der Liebe in ihren vielen Erscheinungsformen öffnen. Manche Menschen finden diese Liebe in der Natur, andere in der Beziehung zu geliebten Haustieren und wieder andere in der Verbindung zu Gott, weisen Menschen oder geistigen Kräften, die ihnen inneren Halt und Liebe geben.

Der Mensch hat im Rahmen und in den Grenzen seiner

Lebensbestimmung einen freien Willen. Er kann sich protestierend gegen den Strom des Lebens stemmen oder leicht und anmutig mit dem Leben fließen, wenn er das akzeptiert, was ist. Er kann wählen, wie er sein Leben gestaltet, mit welchen Menschen er sich umgibt und welche Samen Früchte tragen.

Es liegt an uns, wie wir unsere gegenwärtige Wirklichkeit deuten, was wir anziehen und was wir in unserem Leben erreichen. Wenn es an uns liegt, welches Leben wir erschaffen, warum erschaffen so viele ein Leben in seelischem oder materiellem Elend?

Karma und Verantwortung

Aus buddhistischer Sicht ist unser Leben eine Abfolge von vielen Inkarnationen, in denen unsere Seele Erfahrungen unterschiedlicher Art durchläuft. Prozesse, die wir in Gang setzen, enden nicht mit dem Tod, sondern sie setzen sich gemäß dem Gesetz von Ursache und Wirkung im nächsten Leben fort. Wenn wir in diese Welt eintreten, sind wir also kein leeres Blatt, sondern wir bringen Prägungen mit, die den Verlauf dieses Lebens mitbestimmen.

Ich habe mich früher immer darüber gewundert, daß mir dieselben Ereignisse wiederholt zustießen, trotz aller Vorsichtsmaßnahmen, Einsichten und Veränderungen. In meiner Geschichte war dies eine Kette scheiternder Beziehungen mit Männern.[13]

Im Laufe der Zeit wurde mir bewußt, daß wir mit bestimmten Lernaufgaben konfrontiert werden, die uns in immer neuem Gewand begegnen. Es sind Schlüsselereignisse, die uns den Weg zu uns selbst, zu unserem inneren Kern weisen. Da diese Ereignisse oft sehr schmerzhaft und mit viel Leid verbunden sind, fand ich es zuerst unmöglich und später schwierig, solche Ereignisse positiv zu sehen. Ich weiß aus meiner Arbeit mit vielen Menschen, wie sehr auch sie sich dagegen sträuben, das eigene materielle oder seelische Elend als eine Spiegelung ihrer inneren Verhältnisse oder als einen Wegweiser zu ihrem wahren

Selbst zu begreifen. Es ist ungleich einfacher, die Schuld dafür anderen zuzuschieben.

Doch Schuldzuweisungen erlösen uns nicht aus dem Elend. Wenn wir die Verantwortung für das Leid und das Elend übernehmen, in dem wir stecken, wenn wir erkennen, daß wir der Schöpfer dieser Zustände sind, bedeutet das, daß wir uns ebenso ein gutes und erfülltes Leben einrichten können. Wir können dies leicht und freudig tun oder mit Mühsal und Qual.

Viele Menschen in unserer Kultur glauben, daß etwas nur dann wertvoll ist, wenn es durch Mühe und Arbeit geschaffen wurde. Sie brauchen genügend Leidensmarken, bevor sie sich das Gute gönnen.

Machen Sie sich klar, daß dieses Denken Teil unseres christlichen Erbes ist und nicht das Gesetz des universellen Geistes. Im bewußten Universum ist die Verantwortung in Ihre Hände gegeben.

Verantwortung in diesem Zusammenhang bedeutet Freiheit, die Freiheit der Wahl. Wie ich im Abschnitt über die Entscheidungen zeige, werden Sie auf jeder Stufe Ihrer Entwicklung mit einer Wahl konfrontiert. Wenn Sie die Wahl nicht bewußt treffen, wählen Sie in der Regel die Einschränkung oder das Leiden. Es mag Jahre dauern, bis Sie an den Punkt gelangen, wo Sie sich für Ihr persönliches Wohlergehen und das Wohlergehen aller entscheiden, es kann aber auch sehr schnell geschehen.

Entscheidend ist, daß Sie sich bewußt sind, daß Sie einen freien Willen haben. Sie wählen. Hier und Jetzt.

Die „Reise rückwärts"

Die Kunst des Lebens besteht darin, in die Stille zu gehen, sich zu entspannen, loszulassen und da anzukommen, wo wir schon sind. Dieser Prozeß ist also kein Neulernen, sondern ein ‚Entlernen' im Sinne eines Loslassens. Er ist eine „Reise rückwärts", wie Bhim S. Goel diesen Prozeß in seinem Buch *Psychoanalyse und Meditation*[14] nennt. In der Stille schauen wir uns auf dieser

‚Reise rückwärts' Stück für Stück die Programme an, die unser Leben bestimmen. Indem wir sie aus den Fesseln des Unbewußten befreien und sie in das Licht des Bewußtseins rücken, lösen sie sich auf. Wenn die Seele ihre Botschaft erkennt und integriert, hat die alte Struktur ihre Aufgabe erfüllt. Die „Reise rückwärts" geleitet uns zurück zum Ursprung des Geistes, der wir wirklich sind.

Um uns auf diese Art und Weise auf die Spur zu kommen, brauchen wir Übung. Die Psychoanalyse ist das Verfahren, das im Westen diesen Weg am systematischsten erkundet. Aus der östlichen Tradition kennen wir die Einsichtsmeditation, die uns darin schult, still zu werden und unsere Aufmerksamkeit auf die Wahrnehmung unserer Gedanken, Gefühle und Körperempfindungen zu lenken. Das Eintauchen in die tieferen Ebenen unseres Seins ist unabdingbar, da der größte Teil unserer Motive unbewußt ist. Das bewußte Denken ist lediglich die Spitze des Eisbergs.

Zwischen unserem bewußten Wollen und unseren unbewußten Motiven besteht häufig ein Widerspruch. Der Körper führt die Anweisungen des bewußten und des unbewußten Geistes aus. Er hat keine kritische Unterscheidungs- oder Urteilsfähigkeit. Wenn sich die Anweisungen des bewußten und die Programme des unbewußten Selbst widersprechen, entsteht Verwirrung und Chaos. Da die Außenwelt eine Spiegelung der Innenwelt ist, manifestiert sich dieses Chaos auch in unserem Umfeld, unseren Beziehungen und unserer Arbeit.

Die Kontrolle über das Denken

Ein wesentlicher Schritt besteht darin, unsere verschiedenen Anteile aufeinander abzustimmen und hinter einem gemeinsamen Ziel zu vereinen. Dazu ist es notwendig, uns unserer Gedanken bewußt zu werden, so daß wir die Kontrolle über unser Denken und damit über unser Bewußtsein erlangen.

Der Begriff Kontrolle bedarf der Erklärung. Wenn Sie an Menschen denken, die Sie als kontrollierend empfinden, werden Sie vermutlich bemerken, daß diese Menschen starr und wenig flexibel sind. Kontrolle dient häufig der Abwehr von eigenen Ängsten oder Gefühlen der Unzulänglichkeit. Diese Menschen kontrollieren aus Angst vor dem Unbekannten und Unerwarteten. Sie versuchen, all das, was ihnen unheimlich ist, aus ihrem Leben auszuklammern, wegzuschieben oder zu verdrängen.

Diese Art der Kontrolle ist hier nicht gemeint. Ein Grundmerkmal des schöpferischen Geistes ist gerade, daß seine Wege unvorhersehbar sind und außerhalb unseres Vorstellungsvermögens liegen. Kontrolle in diesem Zusammenhang bedeutet zunächst, daß wir genau registrieren, was wir in jedem Moment denken und die Vielfalt der Gedanken so annehmen, wie sie ist.

Wenn Sie dem Strom Ihrer Gedanken als Zeuge folgen können, nehmen Sie auf diesen Strom Einfluß und verstärken jene Gedanken, die Sie in Ihrem Leben verwirklichen wollen. Indem Sie die positiven Gedanken kultivieren, nehmen Sie den negativen Gedanken und Gefühlen den Raum. Das Dunkle und das Licht können nicht gleichzeitig existieren.

Falls diese Gedankengänge neu für Sie sind, dann akzeptieren Sie für einen Moment, daß die Außenwelt ein Spiegel Ihrer Innenwelt ist. Wenn Sie Ihre Lebensbedingungen unter dieser Perspektive betrachten, erhalten Sie Aufschluß über manche der Prägungen, die Sie in dieses Leben mitgebracht haben. Diese sind nicht nur individueller Natur, sondern werden auch von den kulturellen und sozialen Bedingungen mitbestimmt, unter denen Sie aufgewachsen sind. Menschen in meinem Bekanntenkreis, die von der christlichen Kultur geprägt wurden, leiden alle in der einen oder anderen Weise unter Schuld. Schuldgefühle sind tief in unserer kollektiven Psyche verankert.

Eingebettet in das kollektive Unbewußte sind die persönlichen Erlebniswelten, die wir als Reaktion auf die Ereignisse unseres Lebens entwickelt haben. Diese Erlebniswelten sind ein Geflecht von Sichtweisen, Emotionen und körperlichen Strukturen, die unentrinnbar unser Leben zu bestimmen scheinen.

Wir schwimmen in ihnen wie der Fisch im Wasser, der so mit diesem Element verwoben ist, daß er dessen Natur nicht erkennen kann.

In der Tat leben viele Menschen wie in einem Aquarium, das sie für die einzig mögliche Wirklichkeit halten. Erst wenn sie durch die Ereignisse des Lebens herausgeschleudert werden, sind sie gezwungen, sich dieses Aquarium genauer anzusehen. Distanz ist ein notwendiger Schritt, um das Leben wie ein Zeuge zu betrachten, ohne Wertung und ohne Identifikation.

Die Kontrolle über unser Denken zu gewinnen ist ein langer Weg in vielen kleinen Schritten. Die Aussicht, uns plötzlich im großen Ozean bewähren zu müssen, würde uns nur mit Angst und Schreck erfüllen, und das zu Recht. Der Weg vom Aquarium zum Ozean braucht, wie alles im Leben, Übung und Erfahrung. Der gewöhnliche Geist des Menschen, so die tantrischen Mystiker Tibets, „funktioniert wie ein Tümpel, der vom Ozean getrennt ist".[15]

Es geht darum zu erkennen, daß wir Teil eines größeren Geistes sind und unsere Gedanken der Stoff, der unser Schicksal bestimmt. Wir weben unsere Zukunft durch die Gedanken von heute. Damit wir das gestalten, was wir wollen, brauchen wir Aufmerksamkeit, Konzentration und ein Ziel. Es geht darum, die Kräfte bewußt einzusetzen, mit denen wir unbewußt unser Selbst bombardieren und verwirren.

DAS HOLOGRAPHISCHE UNIVERSUM

Wie ist es möglich, die Kontrolle über schmerzhafte und sich wiederholende Muster zu erlangen? Diese Frage hat mich lange beschäftigt. Im Zuge einer Psychoanalyse und der Ausbildung in Bioenergetischer Analyse untersuchte ich die Motive, die mich immer wieder in unglückliche Beziehungen zu Männern verstrickten. Doch all das Wissen und all die Erkenntnisse schienen nicht in mein Verhalten umsetzbar. Ich konnte den Knopf nicht finden, der die alten Programme abschaltete.

Während meiner Jahre in der Findhorn-Gemeinschaft im Nordosten Schottlands begann ich, systematischer zu forschen. Mich interessierte, wo die uns steuernden Mechanismen abgespeichert sind und wie wir sie so verändern können, daß sie keine Gewalt mehr über unser Leben haben. Mein inneres Bild für diesen Prozeß war deutlich: Bislang hatte ich an den Wellen gearbeitet, die ein Stein schlägt, wenn man ihn ins Wasser wirft. Zu dem Stein selber war ich noch nicht vorgedrungen.

Die Kraft innerer Bilder

Anfang der neunziger Jahre stieß ich auf ein Buch von Vernon Woolf *Holodynamics*. Woolf wendet darin die Erkenntnisse der Quantenphysik auf die Arbeit mit unseren inneren Anteilen an. Das Buch faszinierte mich, obwohl ich nicht viel davon verstand. Eine Idee jedoch blieb hängen: die Möglichkeit, unreife Anteile nachreifen zu lassen. Woolf nannte diese Anteile *holodynes*.

Holodynes sind innere Bilder, die in unseren Erinnerungen abgespeichert sind. Sie setzen sich zusammen aus Gedanken, Gefühlen und Körperempfindungen, die wir mit bestimmten Personen oder Situationen verbinden. Denken Sie an Ihre Großmutter oder einen geliebten Lehrer. Vielleicht fällt Ihnen zunächst das Gesicht ein, dann treten andere Merkmale hinzu: die Art des Sprechens, bestimmte Worte, die Sie mit der Person verbinden, Gefühle und Körperempfindungen, die sie in Ihnen auslöst. All diese Elemente zusammen formen eine ‚Gestalt‘. Diese Gestalten sind eigenständige ‚Wesenheiten‘ in unserem Erinnerungsspeicher. Mit der Erinnerung an nur ein Element taucht oft das ganze Bild auf.

Diese ‚Gestalten‘ lenken, wie Steine in einem Fluß, unsere Gedanken und Gefühle tief in unserem Bewußtsein. Wenn wir die Gestalten verändern, verändern wir damit auch den Strom. Wir verwandeln damit zum Beispiel den Strom des Leidens und der Angst in einen Strom der Freude. Wenn wir uns der Gestalten bewußt sind, die uns an das Leiden binden, können wir sie in die höhere Schwingung der Freude transformieren.

In der Arbeit mit meinen Klienten begann ich, die Welt der Symbole und Metaphern zu ergründen. Symbole und Metaphern sind die Sprache des Unbewußten. Sie sind Bilder, die in gestalthafter Weise ein Ereignis oder gar eine Geschichte erzählen. Zwei große Psychoanalytiker dieses Jahrhunderts, Sigmund Freud und Carl Gustav Jung, haben diese Bilder im Rahmen von Träumen und kollektiven Archetypen entschlüsselt und damit viele Therapierichtungen inspiriert.

Wenn meine Klienten körperlichen Symptomen und Verhaltensweisen Gestalt gaben, wurde deren Bedeutung und Funktion für ein bestimmtes Geschehen verständlich. Außerdem verloren sie ihre Macht über den Klienten, wenn es uns gelang, ihre positive Funktion in einer gesünderen Form zu bewahren.

Nehmen wir als Beispiel ein körperliches Symptom wie Kopfschmerzen. In solch einem Fall bitte ich die Klientin, den Schmerz Gestalt annehmen zu lassen. Als inneres Bild kann dabei ein großer schwarzer Block oder ein Raum auftauchen. Ich erkunde gemeinsam mit der Klientin, welches ,Geschenk' dieser schwarze Block oder Raum für sie bereithält. Oft schützt es sie vor Ansprüchen von außen. Im positiven Sinne gibt der Block oder Raum Erlaubnis, sich in die eigenen vier Wände zurückzuziehen oder Handlungen zu verweigern, zu denen sie sich von anderen gedrängt fühlt.

Ich war überrascht, wie wirkungsvoll diese inneren Bilder und Metaphern das Erleben ausdrückten und wie die Verwandlung dieser Bilder auch im Äußeren neue Sichtweisen und Handlungsmöglichkeiten erschlossen. Ich entwickelte eine Reihe von einfachen Techniken zur Gestaltung und Umwandlung dieser inneren Anteile, die ich im letzten Teil dieses Buches vorstelle und die ich ,Holographische Analyse' nenne.

Nach ein paar Jahren der Erforschung und Arbeit mit diesen Metaphern stieß ich auf ein weiteres Buch, das mich in eine ähnliche Richtung wies wie Vernon Woolfs Werk. In seinem Buch *Das Holographische Universum* wendet Michael Talbot Modelle der Gehirnforschung und der Quantenphysik auf Geist und Körper des Menschen an.

Die Wirklichkeit als Hologramm

In Verständnis des Universums als holographischer Einheit ist der Begriff des Hologramms von zentraler Bedeutung. Ein Hologramm ist ein dreidimensionales Bild, das aussieht wie ein realer Gegenstand. Man kann jedoch durch ihn hindurchgehen. Er hat keine körperliche Begrenzung.

Ein Hologramm wird von einer Lichtquelle erzeugt, einem Laser, der in zwei getrennte Strahlen aufgespalten wird. Der erste Strahl wirft ein Bild von dem Aufnahmegegenstand, in meinem Beispiel dem Apfel, auf eine Fotoplatte. Der zweite Strahl wird über Spiegel gebrochen und reflektiert sein Licht ebenfalls auf die Fotoplatte. Beide Strahlen zusammen erzeugen sich überschneidende Wellen, die als Interferenzmuster bezeichnet werden.

Stellen Sie sich vor, Sie werfen zwei Steine in einen Teich;

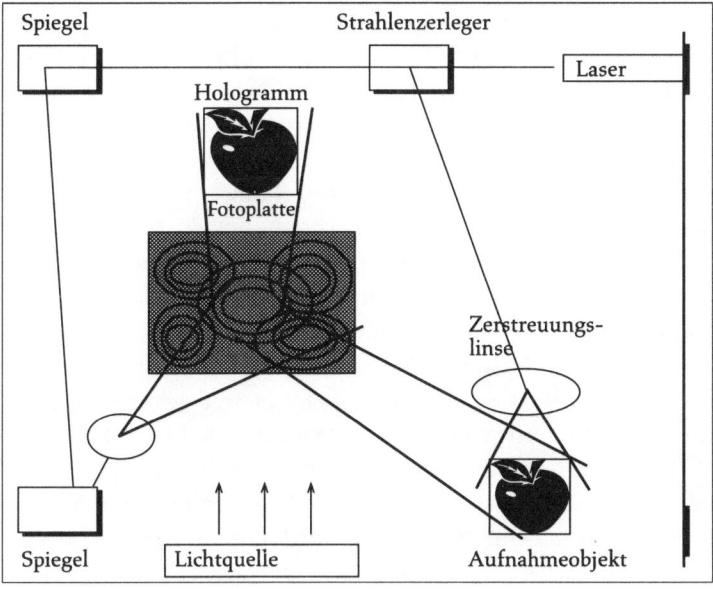

Abb. 1: Das Hologramm[16]

die Wasserringe weiten sich aus und überschneiden einander. Sie erzeugen ein Muster von Wellenbergen und -tälern. Dies entspricht dem Interferenzmuster der beiden Laserstrahlen.

Wenn Sie nun einen dritten Laserstrahl von unten durch das Interferenzmuster auf der Fotoplatte schicken, erscheint oben die dreidimensionale Abbildung des Objektes, das Hologramm.

Das Interferenzmuster auf der Platte enthält beliebig viele Ausschnitte des abgebildeten Gegenstandes oder der fotografierten Situation. Je nach dem Winkel, mit dem der dritte Laserstrahl auf die Platte gerichtet wird, erscheint das Objekt oder das Ereignis in verschiedenen Bildern.

Wenn wir versuchen, dieses Phänomen auf den Menschen anzuwenden, entspricht der Laserstrahl unserer Absicht. Je nach Blickwinkel, Bestreben oder Wunsch erzeugen Sie eine andere Realität. Ist der Blickwinkel von Leiden geprägt, entsteht für Sie eine andere Wirklichkeit, als wenn Sie dieselbe Situation unter dem Blickwinkel der Freude wahrnehmen. Der Volksmund drückt dies in dem Bild des halbgefüllten Glases aus. Der Pessimist beschreibt es als halbleer, der Optimist als halbvoll.

Eine andere bemerkenswerte Eigenschaft des Hologramms liegt darin, daß jedes Teil das Ganze enthält. Wenn Sie das Bild in Stücke brechen und den Laserstrahl auf einen Teil richten, erscheint das ganze Bild.

Wenn Sie dieses Phänomen auf unsere Alltagserfahrung anwenden, bedeutet dies, daß jeder Sinneseindruck ein ganzes Bild oder eine ganze Erinnerung hervorrufen kann. Der Duft von Kaffee beispielsweise löst bei vielen Menschen ein Gefühl von Gemütlichkeit und Wohlbehagen aus, weil er verbunden ist mit Kaffeerunden im Kreis von lieben Freunden oder der Familie. Ein Tisch draußen vor einem Restaurant in der Sonne ruft Bilder an schöne Urlaubstage im Süden hervor. Eine Bemerkung läßt alten Schmerz in Ihnen aufflammen, oder Sie begegnen einem Menschen, dessen Bewegungen Sie an einen lieben Bekannten erinnern.

Erinnerungen, so die Erkenntnis des Hirnforschers Karl Pribram, sind nicht an einem bestimmten Ort des Gehirns abgespeichert. Die Hirnzellen, Neuronen, haben winzige Verzweigungen, über die Botschaften als elektrische Impulse weitergeleitet werden. Am Ende der ‚Leitung' verteilen sie sich wie Wellen, die sich mit anderen überschneiden. Sie bilden Interferenzmuster, die ein Hologramm erzeugen. Sie können durch jeden unserer Sinne aktiviert werden und in unser bewußtes Denken vordringen.

Das Gehirn kann wie ein Hologramm Illusionen erzeugen, z. B. Schmerzen an Gliedern, die amputiert wurden. Aus der psychologischen Forschung wissen wir, daß die Hälfte dessen, was wir als Wirklichkeit wahrnehmen, gar nicht in der Außenwelt existiert, sondern von unserem Gehirn gemäß unserer Erfahrung ergänzt wird. Das erklärt die Verschiedenartigkeit und Unzuverlässigkeit von Zeugenaussagen, die denselben Unfall oder dasselbe kriminelle Geschehen betreffen.

Der amerikanische Mathematiker Benoît Mandelbrot hat die Eigenschaft des Hologramms, in jedem Aspekt das Ganze abzubilden, als fraktale Dimension bezeichnet. Er veranschaulicht sie anhand einer nach ihm benannten Computergraphik, dem Mandelbrot-Set. Dazu setzt er eine mathematische Formel in eine vom Computer erzeugte graphische Gestaltung um, die aussieht wie eine Schildkröte. Sie gehen in jeden Aspekt dieser Gestalt hinein, vom großen Bild bis ins winzige Detail, und es erscheint immer wieder die Schildkröte.

Fraktale sind die Methode, mit der die Natur Überfluß und Fülle schafft. Sie steht im Gegensatz zu unserer etablierten Methode, mehr des Gleichen zu tun, um ein Problem zu lösen. Fraktale schaffen mehr mit weniger. Stellen Sie sich das so vor, als würden Sie beim Autofahren von einer bestimmten Geschwindigkeit ab in einen höheren Gang schalten. Wenn Sie bei 60 km/Stunde den dritten statt den zweiten Gang benutzen, erreichen Sie mehr mit weniger Energie.

Wenn wir mit Informationen oder Arbeit überlastet werden, tendieren wir dazu, diese durch mehr Einsatz und Anstrengung zu bewältigen. Wir tun mehr des Gleichen, was ab einer bestimmten Intensität zum Ausbrennen oder Zusammenbruch unseres Systems führt. Die Natur bewältigt das Problem, indem sie sich spontan auf eine höhere Komplexitätsebene umorganisiert. Sie nutzt einfache, sich wiederholende Grundstrukturen und erzeugt damit eine höhere oder komplexere Form. Denken Sie nur einmal an die Röschen des Blumenkohls. Sie setzen sich aus vielen ineinander verwobenen Hügeln und Tälern zusammen. Und all die Röschen zusammen formen die komplexere Struktur des Blumenkohls. Wenn Sie sich das menschliche Gehirn ansehen, stellen Sie dasselbe Prinzip fest. In diesem Sinne entfaltet sich das Universum von einfachen zu immer komplexeren Seinsebenen hin.

Enthüllte und verhüllte Wirklichkeiten

Das, was wir als Wirklichkeit wahrnehmen, ist demnach nicht die einzig mögliche Realität. Im Gegenteil: Der Quantenphysiker David Bohm beschreibt sie als ein Wechselspiel zwischen verhüllten und enthüllten Ordnungen. Das, was wir sehen und als real erleben, die enthüllte Ordnung, ist im Grunde eine Illusion, vergleichbar mit einem holographischen Bild. Ihr liegt eine tiefere Seinsordnung zugrunde, die sich jenseits von Zeit und Raum erstreckt.[17] Diese Seinsebene ist unseren normalen Sinnen nicht zugänglich. Wir können sie uns vorstellen wie ein ungeteiltes Ganzes, das die Einzelerscheinungen unserer Wirklichkeit hervorbringt.

Zwischen diesem ungeteilten Ganzen und unserer dreidimensionalen Wirklichkeitsebene besteht eine beständige Wechselbeziehung, ein konstanter, fließender Austausch. Der Beobachter entscheidet durch seine Sichtweise, Absichten und Interaktionen, welche Facetten dieses kontinuierlichen Flusses sichtbar werden oder unsichtbar bleiben. Die uns getrennt und einzeln erscheinenden Dinge sind nichts anderes als kurzzeitige Erscheinungsformen innerhalb dieser unteilbaren Ganzheit, in die sie wieder zurücksinken, wenn ihre Funktion erfüllt ist. David Bohm nennt dieses Kontinuum eine Holobewegung, einen ständigen Fluß, der sich unaufhörlich gestaltet und wandelt. Innerhalb dieses Flusses nehmen Gebilde eine einzigartige Form an, ohne deswegen aus dem Fluß herauszufallen. Denken Sie an die Strudel in einem Fluß. Jeder Strudel hat seine besonderen Merkmale wie Größe, Richtung oder Drehgeschwindigkeit, und doch könnten Sie nicht sagen, wo der Strudel aufhört und der Fluß anfängt.

Beispiele für die Existenz einer tieferen Seinsebene, die jenseits des dreidimensionalen Raum-Zeit-Kontinuums angesiedelt ist, sind die übersinnlichen Phänomene des Hellsehens oder des intuitiven Wissens. Zu ihnen zählen die Vorausschau, Rückschau oder Telepathie. Die Vorausschau sieht Dinge in der Zukunft, die Rückschau Ereignisse der Vergangenheit. Telepathie ist die Fähigkeit, sich über Raumgrenzen hinweg mit anderen Menschen oder Lebewesen zu verständigen. Ein vierter Bereich, den wir über unsere normalen Sinne nicht begreifen, ist die Psychokinese. Hier bewirkt die Anwesenheit bestimmter Personen, daß sich Gegenstände im Raum bewegen.

Solche Ereignisse wurden immer wieder geschildert und vielerorts als wissenschaftlich nicht belegbar abgetan. Doch haben Sie selber sicher schon einmal erlebt, daß Sie an jemanden dachten, von dem Sie lange nichts gehört hatten, und am nächsten Tag erreicht Sie ein Brief. Oder Sie haben den Gedanken, jemanden zu treffen, und Sie treffen ihn im nächsten Augenblick. Oder Sie sehen sich plötzlich in einer inneren Vision an einem anderen Ort, und ein paar Jahre später befinden Sie sich genau dort. Wenn Sie gerne mit Pflanzen umgehen, haben Sie vielleicht die Erfahrung gemacht, daß Ihre Pflanzen besser gedeihen, wenn Sie zu ihnen sprechen oder sie mit schöner Musik erfreuen.

Carl Gustav Jung hat das Zusammentreffen von solch ungewöhnlichen Ereignissen Synchronizität genannt. Damit wollte er sagen, daß ihr Zusammentreffen nicht zufällig ist. Es hat vielmehr damit zu tun, daß wir Teil eines unteilbaren Ganzen sind und daß unser Denken, unsere Einstellungen, Wünsche oder Absichten Dinge in der materiellen Welt in Bewegung setzen und Ereignisse jenseits von Zeit und Raum erfassen.

Auf uns Menschen bezogen heißt dies, daß wir alle Teil desselben unteilbaren Stoffes sind, aus dem das Universum gemacht ist. Was immer wir denken, fühlen oder tun, hat Wirkung auf alle anderen. Und da wir Teil desselben Kontinuums sind, wirkt unser Tun letztlich auf uns zurück. Dies ist die tiefere Bedeutung des Satzes: Wir ernten, was wir säen.

Diese Erkenntnisse sind nicht neu. Große Weise haben uns aus ihrer Perspektive immer wieder auf diese Vernetzung hingewiesen, ohne daß wir bislang die universellen Gesetze in wissenschaftlicher Weise erfassen oder beschreiben konnten. Fa Tsang, ein buddhistischer Meister, beschrieb sie als ein multidimensionales Gewebe von Juwelen, die alle miteinander verknüpft sind und einander bis ins Unendliche reflektieren.[18]

Die biblischen Gebote verwandeln sich aus dieser Perspektive von äußeren Anforderungen zu schlüssigen Anleitungen, wie wir unser Leben zu unserem Besten entfalten. Nehmen Sie nur den Satz: „Was du nicht willst, daß man dir tu, das füg auch keinem andern zu." Wenn Sie wissen, daß letztlich all Ihr Denken und Handeln auf Sie selbst zurückfällt, werden Sie viel genauer prüfen, was Sie anderen wünschen oder antun.

Die Erkenntnis, daß jeder von uns ein einzigartiges Juwel in diesem Riesengewebe ist, hat noch eine weitere Konsequenz. Sie bedeutet, daß jeder einzelne wichtig ist. Das, was jeder von uns denkt und tut, hat Wirkung. Jeder von uns macht einen Unterschied, im Guten wie im Bösen. Damit werden wir in tiefer Weise verantwortlich für das Leben, das wir erschaffen, nicht nur für uns, sondern auch für die nächsten Generationen sowie den Planeten als Ganzen.

Die Gestaltung der Zukunft

Aus dieser Perspektive ist Ihr Leben nicht unausweichliches Schicksal. Wenn alles in allem enthalten ist, sind Vergangenheit, Gegenwart und Zukunft kein lineares Geschehen, wie es uns die Struktur unseres Gehirns glauben machen möchte, sondern sie vollziehen sich gleichzeitig. Die Zeit läßt sich unter diesem Aspekt angemessener mit den Schalen einer Zwiebel vergleichen als mit einer Wegstrecke, die Sie von A nach B führt.

Aus diesen Überlegungen folgt, daß wir einen Blick in die Zukunft werfen und damit Einfluß auf diese Zukunft nehmen können. Sie haben vielleicht schon einmal von Menschen gehört, die im Traum davor gewarnt wurden, ein bestimmtes Flugzeug zu besteigen oder eine bestimmte Bergwanderung zu unternehmen. Und in der Tat stürzte dieses Flugzeug ab, oder die Menschen auf dieser Bergwanderung verunglückten tödlich. Offensichtlich verfügen viele Menschen über die Fähigkeit der Vorahnung dieser Ereignisse. Michael Talbot berichtet in seinem Buch über das holographische Universum, daß neunzehn Menschen den Untergang der Titanic voraussahen. Einige nahmen die Vorahnungen ernst und überlebten, andere ignorierten die Botschaft und ertranken.

Wenn es also möglich ist, einen Blick in die Zukunft zu werfen, wie verhält sich unser freier Wille zu dem Vorbestimmten? Wie weit ist diese Zukunft festgelegt, und wie weit ist sie von uns beeinflußbar?

Nach den Erkenntnissen, die Michael Talbot[19] zusammengetragen hat, gilt beides. Jedes Hologramm ist vorbestimmt und erlaubt uns zu erkennen, was die Zukunft für uns bereithält. Diese Zukunft ist nach dem Bild des hellsichtigen Kubaners Tony Cordero wie ein Hurrikan, der allmählich entsteht, an Kraft gewinnt und beim Näherkommen immer unausweichlicher wird. Liegt das Bild noch weit genug in der Zukunft, können wir uns entscheiden, aus diesem Hologramm herauszutreten und in ein anderes umzusteigen. Dies ist der Fall, wenn jemand aufgrund seiner Vorahnung ein bestimmtes Flugzeug nicht nimmt oder ein bestimmtes Vorhaben absagt. Die Zukunft ist ‚verhüllt‘ in der Gegenwart, in der tieferen Seinsordnung. Sie ist wie ein Hologramm, das substantiell genug ist, um von uns wahrgenommen zu werden, und flexibel genug, um verändert zu werden.

In meinem Leben habe ich diesen Zusammenhang erfahren, als ich im Alter von 33 Jahren zum ersten Mal zu einem indischen Handleser ging. Er schaute in meine rechte Hand und wies mich auf ein Netz von sich verstreuenden, zarten Linien am Ende meiner Lebenslinie hin. „Sie haben eine tiefe Lebenskrise vor sich", sagte er. „Ich sterbe in meinen Vierzigern an Krebs", antwortete ich zu meiner eigenen Überraschung. Bis dahin hatte ich nicht daran gedacht. Er nickte mit dem Kopf und meinte: „Wenn es Ihnen gelingt, dieses Schicksal abzuwenden, wird die Lebenslinie in Ihrer Hand durch das Netzwerk dieser dünnen Striche hindurch wachsen."

Ich änderte mein Leben radikal mit vierzig. Ich stieg also aus dem Hologramm des Krebstodes aus. Und in der Tat verwandelte sich das chaotische Netz der feinen Striche in eine kräftige Lebenslinie.

Was für den einzelnen gilt, gilt auch für die Menschheit insgesamt. Wir bestimmen die Zukunft unserer Spezies und unseres Planeten mit. Diese Erkenntnis wurde in den letzten beiden Jahrzehnten im Zuge der Ökologiebewegung in konkrete Handlungsschritte umgesetzt. Doch geht das holographische Modell über die Ebene unserer physischen Wirklichkeit hinaus. Nicht nur unser Handeln, sondern unser Bewußtsein als eine eigenständige Entität, die sich aus dem Fluß des kollektiven Unbewußten heraus entfaltet, bestimmt unser zukünftiges Schicksal mit.

Chet Snow schildert in seinem Buch *Zukunftsvisionen der Menschheit*[20] vier mögliche Zukunftsszenarien. Sie wurden von normal begabten Menschen erstellt, die von seiner mittlerweile verstorbenen Kollegin Helen Wambach und ihm per Hypnose in die Zukunft versetzt worden waren. Die Berichte lassen sich vier Kategorien zuordnen. Eine Vision beschreibt eine sterile Raumstationenwelt, eine zweite ‚New Age'-Variante ein glückliches, einfaches Leben in einer natürlichen Umgebung, eine dritte, technologische Variante das Leben in einer mechanisierten, öden Zukunft und eine vierte die Überlebenssituation nach einer globalen Katastrophe.

Diese Szenarien sind kein unumgängliches Schicksal. Es sind Wahlmöglichkeiten, potentielle Zukunftsentwürfe, deren Realisierung davon beeinflußt wird, was die Menschheit insgesamt hier und jetzt denkt, wünscht und für zukünftige Generationen erschaffen will. Diese Erkenntnis liegt den Ad-hoc-Zusammenschlüssen von Millionen von Menschen zugrunde, die sich zu gemeinsamem Gebet und Meditation zusammenfinden, um den Weltfrieden oder ganz allgemein eine positive Zukunft zu visualisieren.

Wenn wir Einfluß auf unsere Zukunft nehmen können, folgt daraus, daß wir auch unsere Vergangenheit durch unser Denken beeinflussen können. Die Art und Weise, wie Sie Ihr Leben betrachten, ist Ihre persönliche Konstruktion der Wirklichkeit, Ihre Geschichte. Und diese Geschichte ist, wie ich später noch ausführen werde, eine Falle, die Ihre Gegenwart und Ihre Zukunft bestimmt. Sie ,entscheiden', welche Ereignisse Sie auswählen und zu Ihrer Geschichte verdichten.

Aus therapeutischen Sitzungen und Einsatz der Holographischen Analyse weiß ich, daß sich das tatsächliche Geschehen meist anders zugetragen hat als in der bewußten Erinnerung meiner Klienten. Je genauer Sie die Ereignisse so sehen, wie sie waren, um so mehr befreien Sie sich von den Fesseln der Vergangenheit und um so mehr können Sie die Prinzipien der Freude in Ihrem Leben verwirklichen. Bedenken Sie: Es ist nie zu spät, sich eine glückliche Kindheit zu verschaffen.

PRINZIPIEN DER FREUDE

VERANTWORTUNG

Verantwortung als Schuld oder Freiheit

Viele Menschen scheuen vor dem Gedanken zurück, Verantwortung für ihr Leben zu übernehmen. Schon allein das Wort wirkt auf sie wie ein rotes Tuch. Dies hat verschiedene Gründe.

Für manche kommt das Wort Verantwortung einem Schuldbekenntnis gleich. Verantwortung zu übernehmen heißt für sie, sich schuldig zu erklären für die Schmerzen und das Leid, das ihnen zugefügt wurde.

Es bedeutet in ihrem Verständnis, daß die wirklich Schuldigen sich damit vor ihrer Verantwortung drücken können. Deswegen rebellieren sie und weigern sich, Verantwortung zu übernehmen.

Andere Menschen haben den Satz: „Du bist dafür verantwortlich" als disziplinarische Maßnahme erlebt oder an ihren Eltern gesehen, wie diese unter der Last der Verantwortung litten oder sogar zusammenbrachen. Verantwortlich sein bedeutet für sie Last und Schwere. Es ist eine Bürde, die sie nicht bereit sind zu tragen.

Wieder andere erfahren den Satz: „Das ist deine Verantwortung" als eine Form der Abweisung, wenn sie mit der Bitte um Unterstützung zu ihren Eltern oder Freunden kommen. Diese Variante ist besonders in esoterischen oder spirituellen Kreisen beliebt. Dahinter steht die Auffassung, daß die Lebensumstände die innere Wirklichkeit der Person widerspiegeln. Dieses richtige Prinzip wird dann fraglich, wenn es als Abwehr oder Entschuldigung für unterlassene Hilfe eingesetzt wird.

Verantwortung im ursprünglichen Sinne bezieht sich auf Ihre Fähigkeit, auf Menschen, Situationen und Ereignisse angemessen zu reagieren. Dies setzt voraus, daß Sie erkennen, was dem Moment angemessen ist, und die innere Freiheit haben, es zu tun. In diesem Verständnis hat Verantwortung viel mehr mit Wahlfreiheit zu tun als mit Schuld, Gewissensbissen, Bürde oder äußerer Disziplin.

So gesehen heißt Verantwortung, daß Sie Ihre Lebensumstände als Ihre eigene Schöpfung erkennen. Viele Menschen empfinden sich als Opfer des Schicksals. Sie fühlen sich den Umständen ohnmächtig ausgeliefert und haben nicht die Macht, ihre Lage zu ändern.

Wenn ich mir die Menschen anschaue, mit denen ich arbeite und die diese Gefühle mitteilen, muß ich oft ihren Eindruck bestätigen. Es fehlt ihnen sowohl an innerer als auch körperlicher Stärke und an Selbstdisziplin, die notwendige Kraft aufzubauen. Der Komfort unseres Lebensstils trägt nicht dazu bei, unsere Widerstandskraft und Ausdauer zu stärken. Und die Subkultur der Wundologie, die ich oben angesprochen habe, bietet genügend Vorteile, um im Leiden zu verharren oder gar in die Leidenssucht abzurutschen.

Selbstdisziplin

Selbstdisziplin hat einen negativen Beigeschmack als Pflichtübung oder Unterwerfung unter Autorität und gilt zumindest als Einschränkung der persönlichen Freiheit. Es fehlt in unserer Kultur das Verständnis von Selbstdisziplin als Fähigkeit, das zu empfangen, was einem bereits gehört.

Um zu empfangen, brauchen Sie einen Behälter, in den das Universum seine Gaben füllen kann. Auf der energetischen Ebene entspricht dieser Behälter der Aura oder Ihrem elektromagnetischen Feld, auf der physischen Ebene Ihrer Körperhaltung, auf der emotionalen und mentalen Ebene Ihrer seelischen Struktur und auf der geistigen Ebene Ihrer Verbindung zu anderen Dimensionen.

Ohne den Behälter versickert die Energie wie ein Fluß, der über die Ufer getreten ist. Das Flußbett der meisten Menschen, die ich in meiner Praxis sehe, hat unklare Konturen und Löcher, durch die ihre Lebensenergie versackt. Ihnen fehlt die Kraft, in ihrem Leben das zu erreichen, was sie wirklich möchten. Als erstes müssen sie daher das Flußbett so ausbessern, daß es den Fluß der Energie halten und in die gewünschte Richtung lenken kann. Diese Reparaturarbeit oder gar Neukonstruktion erfordert tägliche, disziplinierte Übung.

Der Unterschied zu der Autorität von außen liegt darin, daß es Ihre Wahl ist, Ihre Verantwortung, ob Sie sich dieser Anstrengung unterziehen wollen oder nicht. Es ist nicht entscheidend, was Ihnen zugestoßen ist, sondern was Sie aus dem machen, was geschehen ist.

Selbstdisziplin ist eine notwendige Voraussetzung, um mit schlechten Gewohnheiten zu brechen. Wir alle wissen, wie leicht es ist, sich schlechte Gewohnheiten zuzulegen und wie schwer, sie wieder loszuwerden. Allein durch die Analyse ihrer Entstehungsgeschichte verschwinden sie in der Regel nicht. Ein wirksames Mittel ist das ‚Einschleifen‘ positiver Gewohnheiten. Sie unterstützen den Aufbau einer inneren Struktur. Dieses Einprogrammieren erfordert tägliche Praxis und Selbstdisziplin.

Die Falle der ‚eigenen Geschichte‘

Sie brauchen Selbstdisziplin, um mit Ihrer Vergangenheit aufzuräumen. Dies ist leichter gesagt als getan. Unsere Erinnerung hat die Tendenz, die Ereignisse so zu verknüpfen und zu bewahren, daß sie uns unsere Würde garantieren. Und je häufiger wir unsere Geschichte erzählen, desto stärker sind wir von ihrem Wahrheitsgehalt überzeugt.

Ich erinnere mich an eine Puppe, geschnitzt aus Holz, die ich als Kind heiß geliebt habe. Doch dann schickten Verwandte aus Kanada eine „richtige" Puppe, eine Kostbarkeit Anfang der fünfziger Jahre. Sie hatte Haare zum Kämmen, konnte Mama sagen, trug ein Ballkleid und besaß ein Alltagskleid zum Wechseln. Trotz all dieser Vorzüge konnte sie meiner Holzpuppe keine Konkurrenz machen. Ihr Körper war griffig und kräftig, und ihre Glieder baumelten an den Nägeln, die sie mit dem Rumpf verbanden. Das Wichtigste aber war: Ich liebte sie.

Diese geliebte Holzpuppe verschwand eines Tages und tauchte erst dreißig Jahre später auf in der Erinnerung während meiner Psychoanalyse. Die Psychoanalyse oder Therapien allgemein haben es an sich, den Boden auf der Schattenseite zu durchpflügen nach Erinnerungen, die verantwortlich gemacht werden für unerfüllte Träume und Wünsche, das Scheitern von Plänen und Projekten, die eigenen Unzulänglichkeiten oder Härten des Lebens.

Und hier war sie: die böse Erinnerung, der Inbegriff dafür, wie wenig ich mich von meiner Mutter geliebt, geschätzt oder in meinen Bedürfnissen gewürdigt gefühlt hatte. SIE hatte eines Tages die Puppe verbrannt. Welche Handlung hätte besser ihr Verhältnis zu mir ausdrücken können als diese Unachtsamkeit? Ja, während der Psychoanalyse rang ich mich dazu durch, ihr dieses als Versehen und nicht als beabsichtigte Böswilligkeit auszulegen. Es war ein Schritt in Richtung Vergebung, aber noch keine Versöhnung.

Eines Tages, als ich meine Übersiedelung in die Findhorn-Gemeinschaft im Nordosten Schottlands vorbereitete, holte meine Mutter ein großes Paket vom Speicher und sagte: „Ich habe dir deine Spielsachen aufbewahrt. Ich dachte, es wäre schön für dich, sie als Erinnerung zu haben." Ein peinlicher Schreck durchfuhr mich, als ich die Kiste durchwühlte. Auf dem Boden lag die Holzpuppe. Sie hatte nichts mehr von dem Glanz der frühen Kindertage, doch hatte sie unversehrt die lange Zeit überstanden.

Der Schock erschütterte die Geschichte von der abgelehnten Tochter und ließ das sorgfältig zusammengefügte Gebäude der Erinnerungen, *meine Geschichte*, wie ein Kartenhaus zusammenfallen. Er legte den Blick frei für das, was wirklich geschehen war. Doch sollte es noch einige Jahre tiefer und intensiver Arbeit dauern, bis ich erkennen konnte, daß die Schrecken meiner Kindheit mit meiner Familie nur wenig zu tun gehabt hatten, daß meine Mutter mich so geliebt und geschätzt hatte, wie ich es mir nur wünschen konnte, und daß meine Mutter und ich so menschlich waren wie alle Mütter und Töchter, mit Stärken und Schwächen, persönlichen Herausforderungen, Scheitern und Gelingen.

Diese Geschichte blieb mir eine Warnung, während ich begann, anderen Menschen zuzuhören, die mir in therapeutischen Sitzungen ihren Werdegang berichteten. Ich wußte nun um die Täuschungsmanöver der Erinnerung, die sich einzelne Aspekte wählt und so zusammensetzt, daß sie unsere Grundüberzeugungen aufrechterhält. Und je häufiger wir unsere ,Story' anderen erzählen, um so stärker sind wir von ihrem Wahrheitsgehalt überzeugt. Ich stellte fest, daß ich andere Menschen um so mehr darin unterstützen konnte, ihre Geschichte aufzugeben, je tiefer ich in die Konstruktion meiner eigenen Erlebniswelt eindrang und sie auflöste.

Dies ist nicht so einfach, wie es sich anhört. Wir sind oft grundlegend an unsere Darstellung der Wirklichkeit gebunden. Sie gibt uns Identität, entschuldigt unsere Schwächen und rechtfertigt die menschliche Faulheit. Schließlich sind es ja die anderen, die uns unser Leiden angetan haben. Warum also sollen wir uns anstrengen und unser Leben verändern?

Die eigene Geschichte aufgeben bedeutet, Verantwortung für unser Leben zu übernehmen für das, was uns zugestoßen ist, und das, was wir daraus machen. Dazu ist es oft notwendig, daß wir unsere Perspektiven erweitern von der Ebene der Persönlichkeit hin zur Ebene der Seele, dem höheren Plan, der unsere Geschicke leitet.[21]

Schritte zur Verantwortung

Um die Ereignisse in neuem Licht zu sehen, müssen Sie aus Ihrer Geschichte aussteigen. Ein erster Schritt liegt darin, ausfindig zu machen, wie Sie die Situationen herstellen, die Ihnen immer wieder geschehen. Dies erfordert etwas Übung, besonders wenn Ihr Leben unter dem Motto steht, daß die anderen für

Ihr Leiden verantwortlich sind. Dazu schlage ich folgende Übung vor:

- Machen Sie einmal den Versuch, Ihre ‚Lieblingsopfergeschichte‘ so zu erzählen, als wären Sie der Regisseur des Geschehens statt sein Opfer. Statt zu beklagen, daß Ihr Freund Sie immer wieder verläßt, fragen Sie: Wie bringe ich einen Mann dazu zu gehen? Statt sich zu beschweren, daß die Kollegen am Arbeitsplatz über Sie herziehen, fragen Sie: Wie rede ich über die anderen? Und nehmen Sie wahr, welche Wirkung diese Sichtweise auf Sie hat.

Ein zweiter Schritt liegt darin hinzuschauen, wie Sie diese Situationen herstellen, die Ihnen immer wieder zustoßen. Viele Menschen haben die Neigung, die Antwort auf diese Frage durch allgemeine Aussagen zu umgehen. Der Teufel steckt im Detail, denn im Detail stecken die Gefühle und damit die oft schmerzhaften und unangenehmen Erinnerungen, die wir durch allgemeine Aussagen umgehen möchten. Füllen Sie Ihre Geschichte auf mit so vielen Einzelheiten wie möglich.

ÜBUNG

- Fragen Sie sich:

○ Wie sehen die einzelnen Etappen des Programms aus, das ich immer wieder abspule?

Was *genau* verletzt mich in Situationen mit anderen?

Welche Worte und Bilder tauchen immer wieder in mir auf, die meine Wunde offenhalten?

Vergleichen Sie mehrere Situationen, in denen sich dasselbe abgespielt hat.

○ Ist der Vorgang wirklich derselbe, oder verdichtet Ihr Wächter im Gehirn nur verschiedene Ereignisse in der gleichen Weise?

Was war in der jeweiligen Situation anders?

Was war das Geschenk in jeder Situation? Was haben Sie daraus gelernt?

Ein dritter Schritt liegt darin, in jene Situationen zurückzukehren, die an der Wurzel des Übels liegen. In meinen Sitzungen lade ich dazu das Höhere Selbst der Menschen ein, mit denen ich arbeite. Das ‚Höhere Selbst‘, auch transpersonales oder das ‚wahre‘ Selbst genannt, liegt jenseits oder ‚über‘ dem persönlichen Selbst. Hellseher beschreiben es als eine Lichtquelle oberhalb des Scheitelchakras. Es ist eine reines, stabiles und unveränderliches Zentrum, das von dem Strom unserer täglichen Gedanken, von unseren Gefühlen und körperlichen Zuständen unberührt ist. Es führt uns näher an das Geschehen heran, so wie es sich tatsächlich zugetragen hat, als die Persönlichkeit, für die es wichtiger ist, das Gesicht zu wahren. Jede menschliche Persönlichkeit hat ein Höheres Selbst, welches als innerer Begleiter und Führer handelt.

Dieses Höhere Selbst bitte ich, uns in die Situation zurückzuführen, in der wir den Schlüssel für das heutige Erleben finden. Dieser Schlüssel eröffnet uns, was hinter den Symptomen, Krankheiten oder problematischen Lebensstrategien liegt. Solch eine Situation kann die symbolische Darstellung eines wiederholten und dem Bewußtsein vertrauten Ereignisses der Kindheit sein, das in neuem Licht erscheint, oder ein einschneidendes Erlebnis, das ganz dem Bewußtsein entrückt oder als nebensächlich abgelagert ist.

Ein Beispiel dafür ist die Geschichte eines jungen Mannes, der sich von der Mutter in seiner Spontaneität und seinem lebendigen Ausdruck gefangen fühlte bis hin zu Empfindungen der Lähmung und des Erdrücktwerdens. In einem inneren Bild stellte sich diese Situation dar als ein großer runder Stein, der auf einen Tiger gerollt worden war und den Körper des Tigers unter sich begrub. Bei näherem Hinschauen verwandelte sich der Stein in einen Mutterboden, der einen neuen Keim in sich trug, den Keim eines großen Baumes, der nun bereit war zu wachsen. All das Bedrückende und Einengende, für das symbolisch der große runde Stein stand, war zugleich der Mutterboden für die Entfaltung seines Potentials.

Diese Seite erkennen Sie nicht, solange Sie Ihre Geschichte

von der Position des Opfers her schreiben. Erst wenn Sie Ihre Erfahrungen in einen größeren Zusammenhang stellen und die Perspektive wechseln, können Sie das ‚Geschenk' würdigen, das in diesen verborgen liegt. In der Anerkennung und Würdigung der positiven Absicht liegt die Befreiung von den Verstrickungen der Vergangenheit.

In Fällen, in denen das Erleben so einschneidend und schmerzhaft war, daß es dem Bewußtsein entrückt ist, ist der Weg zur Quelle oft länger und ohne Begleiter oder eigenes Training schwer zu gehen. Unser inneres Wissen öffnet uns die Tür zum Unbewußten nur dann, wenn wir zu 100 Prozent bereit sind hinzuschauen. Ein Teil der Arbeit liegt darin, den Widerstand ins Bewußtsein zu heben. Widerstand ist ein anderes Wort für Angst. Sie trägt viele Gesichter: Angst vor dem Unbekannten, vor Verantwortung oder davor, verantwortlich gemacht zu werden. Wir fürchten uns davor, das eigene Leben zu ändern und uns von Bindungen zu lösen, oder davor, nicht zu wissen, wer wir sind ohne die vertraute Geschichte.

All diese Ängste haben ihre Berechtigung, denn sie weisen uns den Weg zu Erfahrungen, die unser Leben heute noch bestimmen. Es ist wichtig, sie anzuerkennen und zu würdigen, ohne sich ihnen auszuliefern oder ihnen Macht zu geben. Mit dem Hinschauen verlieren die Ängste ihren Schrecken und ihre Gewalt. Bei näherer Betrachtung liegen hinter den bedrohlichen Phantasiegebilden meist Ereignisse, die bei Tageslicht gesehen menschlich sind und deren Kenntnis entlastet und befreit.

Ein Kind interpretiert Ereignisse den geistigen Kräften und Erfahrungen entsprechend, über die es zum gegebenen Zeitpunkt verfügt. Als Erwachsene sind Sie eher in der Lage, die menschlichen Begrenzungen zu akzeptieren, Schmerzhaftes zu vergeben und Verständnis und Toleranz für Ihre eigenen Unzulänglichkeiten zu zeigen. In dem Maße, wie Sie Verständnis und Mitgefühl für Ihre eigenen Schwächen entwickeln, akzeptieren Sie auch, daß Ihre Eltern oder andere wichtige Bezugspersonen Ihrer Kindheit nicht perfekt waren. An diesem Punkt erlauben

Sie sich, die größere Wahrheit zu sehen und Ihre ‚Geschichte' zu verabschieden. Damit erlangen Sie die Freiheit, anstehende Veränderungen herbeizuführen, Neues zu wagen und Verantwortung für das eigene Leben zu übernehmen.

VERGEBUNG

Vergebung, Urteil und Schuld

Vergebung ist – wie das Wort Verantwortung – ein vielfach mißverstandenes Wort.

„Vergib deinen Feinden", heißt es in der Bibel. Als Kind verstand ich darunter, daß man dem anderen seine Taten durchgehen lassen soll. Das fand ich ungerecht und ungerechtfertigt.

„Damit vergibst du dir doch etwas", lautete die Warnung, sich keine Blöße zu geben. Sich etwas vergeben war danach eine Handlung, die man tunlichst vermeiden sollte. Sie barg das Risiko, sich gesellschaftliche Mißbilligung oder gar Ächtung zuzuziehen.

Ich beobachtete, daß Erwachsene, die ihren ‚Feinden' vergaben, dies von oben herab taten, so als verwandelte diese Art von Vergebung sie in bessere Menschen. Es erhob sie über jene, die ihnen Leid zugefügt hatten.

Ich sah Erwachsene, die ihren ‚Lieben' vergaben, um damit jeder Auseinandersetzung aus dem Weg zu gehen. Damit war der zugrundeliegende Konflikt nicht gelöst. Das bestehende Ungleichgewicht führte früher oder später zu einer Lähmung oder Leere in der Beziehung.

Vergebung, so lernte ich, war etwas, das man lieber meiden sollte.

Um so überraschter war ich, als ich sehr viel später Sätze las und hörte, die behaupteten, daß Vergebung ein, ja sogar *der* Schlüssel zum Glück sei. Und es dauerte noch länger, bis ich begriff, daß Vergebung etwas anderes bedeuten mußte als das, was man mir in meiner Kindheit nahegelegt hatte.

Vergebung im christlichen Kontext braucht das Konzept der Schuld. In einer Kultur, in der wir daran gewöhnt sind, unsere Verantwortung an andere abzugeben, sind wir auch daran gewöhnt, für all das, was uns nicht gelingt, nach Schuldigen zu suchen. Und es ist nicht schwer, sie zu finden: von einzelnen Personen über Vorgesetzte, Verbände, die Wirtschaft bis hin zur Regierung.

Diese Interpretation von Vergebung setzt Beurteilung oder gar Verurteilung voraus. Da wir jedoch alle miteinander verbunden sind, bedeutet jede Verurteilung auch eine Selbstabwertung. Erinnern Sie sich an das Kapitel über das holographische Universum? Die Menschen sind miteinander verknüpft, daher fällt unser Denken und Handeln letztlich auf uns selbst zurück. Jedes Urteil, das Sie über einen anderen fällen, sagt genausoviel über Sie aus wie über den anderen. Jedes abfällige Urteil über Menschen, Ereignisse, Umstände und Bedingungen schränkt Sie ein in Ihrer Wachstumsfähigkeit.

Vergebung und Freiheit

Wenn Sie die Vergebung aus dem Rahmen der Schuld und Urteilssprechung herauslösen, verändert sich ihre Bedeutung. Vergebung wird zu dem, was sie in Wahrheit ist: einem Loslassen der Vergangenheit, einem Heimholen von Anteilen, die Sie an andere Menschen abgegeben haben, und einem tieferen Verstehen der Situationen, die Ihnen zugestoßen sind.

ÜBUNG

● Denken Sie an jemanden, der Ihnen etwas angetan hat, und schauen Sie, wieviel Ihrer Energie an diese Person gebunden ist.

○ Wie oft denken Sie an diese Person?

Welche Gefühle kommen dabei in Ihnen auf?

Wie weit lassen Sie sich von diesen Gedanken und Gefühlen bestimmen?

Wie frei sind Sie unter solchen Umständen, Kontrolle über Ihre Gedanken und Gefühle auszuüben?

Zorn, Ärger oder Haß sind kraftvolle Antriebe, die Ihr Leben steuern. Je stärker Sie sich von ihnen bestimmen lassen, desto mehr stellen Sie nach dem Gesetz der Anziehung Situationen her, die diese Gefühle verstärken. So aber fangen Sie sich in einer Spirale, die sich immer tiefer in Ärger, Zorn und Haß hineinwindet.

Vergebung ist der Schritt, diesen negativen Kreislauf zu durchbrechen und sich daraus zu befreien. Indem Sie dem anderen vergeben, rufen Sie die Anteile zurück, die Sie an die abgelehnte Person gebunden haben. Diese Anteile nutzen Sie dazu, Ihre eigene Kraft aufzubauen und gesund zu werden.

Dazu ist es hilfreich, in die Haut der anderen Person hineinzuschlüpfen und die Ereignisse aus ihrer Perspektive zu sehen. Wenn Sie Ihren Horizont erweitern, erscheint die Dynamik in einem anderen Licht. Sie erhalten wesentliche Informationen über andere, die Ihnen aus Ihrem begrenzten Blickwinkel nicht zugänglich wären. Meine Klienten sind oft erstaunt, wenn sie entdecken, daß die Handlung, die sie als Kind verletzte, gar nichts mit ihnen persönlich zu tun hatte, sondern aus Schwierigkeiten und Bedrängnissen ihrer Eltern entstand.

Der Vater, der ganz ungerechtfertigt über das Kind herfiel, erweist sich als jemand, der gerade selber vom Chef angeschnauzt wurde und die Nerven bei einem geringeren Anlaß verlor. Und bei der Mutter, die angeblich ihr Kind ablehnte, stellt sich heraus, daß sie mit finanziellen Nöten kämpfte, um ihre Ehe bangte oder sich um ein anderes krankes Kind sorgte. Die Erfahrung, daß die Eltern menschlich sind und mit denselben Nöten und Herausforderungen umgehen mußten wie Sie als Erwachsene, versöhnt und gleicht die Perspektive des Kindes aus.

Vergebung in diesem Sinne bedeutet Freiheit von den Fesseln der Vergangenheit. Nur wenn Sie die Vergangenheit loslassen, schaffen Sie Raum und wachsen. Vergebung wird zum

Annehmen der menschlichen Unzulänglichkeiten und zur Versöhnung mit der eigenen Geschichte. Darin liegt die Möglichkeit zu erkennen, daß die Umstände Ihres Lebens Ihre eigene Gestaltung sind. Aus diesem Grunde können Sie sie verändern.

Selbstvergebung

So wie es am schwierigsten ist, sich selbst zu lieben, so ist es auch am schwierigsten, sich selber zu vergeben. Wir sind oft unsere härtesten Richter. Aus den Berichten über Nahtodeserfahrungen wissen wir, daß nicht äußere Wesen, Lichtwesen, die Urteile fällen, sondern die Betroffenen selber aus ihren Schuld- und Reuegefühlen heraus.

Viele Menschen haben den „kleinen Mann" im Ohr, einen Zensor, der alle Impulse und Handlungen kommentiert und beurteilt. Der Zensor läßt sie nicht zur Ruhe kommen, treibt sie an, kritisiert und verurteilt sie. Diesen „kleinen Mann" im Ohr zum Schweigen zu bringen ist der Sinn der Selbstvergebung.

Die Selbstvergebung hat nichts mit Buße und Büßen zu tun, da Buße wiederum aus dem Denken in Schuldbegriffen stammt. Selbstvergebung ist ein Ausdruck der Liebe und der Erkenntnis, daß alle Geschehnisse lediglich ein Schritt in unserem Lern- und Erkenntnisprozeß sind.

Damit ist kein Freibrief ausgesprochen für schlechte Taten, die anderen schaden. Da wir alle miteinander verknüpft sind, alle eins sind, fällt jede Handlung, ganz gleich, ob in Gedanken, Gefühlen oder Taten, auf Sie zurück. Sie sind verantwortlich für das, was Sie denken, fühlen und tun. Das, worauf Sie sich konzentrieren, vermehren Sie. Es liegt in Ihrer Entscheidung, ob Sie Gutes oder Schlechtes mehren.

Manchmal, wenn das Leben von harten Situationen gekennzeichnet war und wir den Unterschied zwischen Schuld und Verantwortung verstanden haben, ist es hilfreich, uns unseren „Seelenvertrag" anzuschauen. Darunter verstehe ich die Lern-

70

aufgabe, die wir uns in diesem Leben gestellt haben. Aus der Perspektive des Seelenvertrages sehen wir einzelne Ereignisse als Schritte auf dem Weg zur Selbsterkenntnis. In diesem Verständnis ist kein Platz für Schuld oder Verurteilung. Jedes Ereignis ist eine Gelegenheit, unser Wissen zu erweitern oder zu vertiefen. Wenn wir das Leben als eine Schule für die Seele begreifen, können wir toleranter mit unseren eigenen Schwächen und Unzulänglichkeiten umgehen. Selbstvergebung ist dann die natürliche Begleiterscheinung der Erkenntnis unseres Wegs.

ÜBUNG

- Durchdenken Sie diese Position, auch wenn sie Ihnen zunächst unvertraut ist. Und dann vergeben Sie sich selbst Ihre Unzulänglichkeiten, Ihre Versäumnisse und Ihr Scheitern.

  Denken Sie an all die Menschen, an die Sie Tag für Tag Ihre Energie in Form von negativen Gefühlen und Gedanken abgeben. Machen Sie sich eine Liste all der Personen, an die Sie Energie binden. Und dann nehmen Sie sich jeden Tag einige Minuten Zeit und rufen Ihre Energie von jeder einzelnen zurück.

  Wenn Ihnen dies unmöglich scheint, gehen Sie zurück zu dem Kapitel über Verantwortung und schreiben Sie Ihre Opfergeschichten, als seien Sie der Regisseur.

- Wozu haben Sie diese schmerzhaften Erfahrungen inszeniert?

  Was wollte Ihre Seele daraus lernen?

Wenn die Seele die Botschaft der Ereignisse erkennt, wird sie frei von den Schatten der Vergangenheit. Ihre Energie kehrt zu Ihnen zurück, so daß Sie sie zu Ihrem Besten und dem Wohle anderer einsetzen können.

DANKBARKEIT

Zähle deine Gaben

Dankbarkeit ist der Schlüssel zum Glück. In unserer Wohlstandsgesellschaft nehmen wir vieles als so selbstverständlich hin, daß es uns gar nicht in den Sinn kommt, dafür dankbar zu sein. Bei einem Seminar sagte eine Frau nach einer Meditation, daß sie sich nie darüber Gedanken gemacht habe, daß erst ihr Vater und jetzt ihr Ehemann für ihre finanzielle Sicherheit gesorgt hätten. Sie schaue immer nur auf das, was sie nicht habe. Dies geht nicht nur ihr so.

Unsere kulturelle Einstellung ist, wie gesagt, auf Mangel ausgerichtet, nicht auf Fülle, auf Nicht-Haben statt auf Haben, auf Defizite statt auf Gaben. Es ist für jeden Menschen eine heilsame Übung, sich täglich neu Rechenschaft abzulegen über die guten Dinge des Lebens. Dazu zählen all die Privilegien, die uns durch unsere Kultur, Familie oder unseren Beruf gegeben sind und die wir oft als selbstverständliches Recht einfordern.

Ich erinnere mich noch sehr gut an meine Überraschung, als mir in Indien deutlich wurde, daß ich aufgrund meiner weißen Hautfarbe uneingeschränkten Zugang zu jedem Fünf-Sterne-Hotel hatte, ganz gleich, wie ich gekleidet war. Mit meinem deutschen Paß kann ich ungehindert die Zollstationen vieler Länder passieren, ohne langen Verhören oder Druckmitteln ausgesetzt zu sein. Unser soziales System erlaubt meinen Eltern, in Frieden und Wohlstand zu altern.

ÜBUNG

- Nehmen Sie sich einmal eine halbe Stunde Zeit und schauen Sie, wofür Sie in Ihrem Leben dankbar sind.

○ Was ist Ihnen in die Wiege gelegt worden, aufgrund Ihrer Hautfarbe, der Kultur und Gesellschaft, in die Sie hineingeboren wurden, aufgrund Ihrer Familienzugehörigkeit und aufgrund der Bildung, die Ihnen zuteil wurde?

Was haben Sie sich selber erworben, worauf Sie stolz sind?

Schauen Sie sich um an Ihrem Arbeitsplatz, in Ihrem Wohnbereich, Ihrer Familie, Ihrem Freundeskreis. Was wurde Ihnen geschenkt, und was haben Sie aus eigener Kraft erreicht?

In meinen Seminaren stelle ich häufig fest, daß die Menschen in unserer wohlhabenden Gesellschaft sich ihrer Privilegien nicht recht freuen. Sie verweisen auf deren Kosten: die Ausbeutung der Dritten Welt oder das eigene seelische Elend.

Nun hat der westliche Reichtum zweifellos seinen Preis, den unterprivilegierte Völker mitzutragen haben. Wenn wir das klar erkennen, ist die logische Konsequenz, daß wir uns dafür einsetzen, den benachteiligten Nationen zu helfen, ihren Wohlstand zu mehren. So handeln gerade die Menschen aber nicht, von denen ich diese Argumente höre.

Der Reichtum macht ihnen ein schlechtes Gewissen. Und so tun sie, als wären sie nicht reich, und verbergen einen Teil ihres Wohlstands. Wohlstand bezieht sich nicht nur auf das Materielle, auf Geld oder Besitz, sondern auch auf die innere Fülle, auf Fähigkeiten und Stärken. Doch zeigt sich das Problem am stärksten dann, wenn es um den eigenen Brotkorb geht.

Es scheint in der menschlichen Natur zu liegen zu glauben, daß es uns immer besser gehen muß. Wir stellen uns meist nicht vor, daß der Weg auch weiter nach unten führen kann. Ich erinnere mich sehr gut an meine ersten Jahre in Findhorn, wo ich jedes Jahr zu Neujahr aufseufzte und sagte: „Dies war wirklich das schwierigste Jahr. Von jetzt an kann es nur noch bergauf gehen." Entsetzt mußte ich jedoch feststellen, daß die Tiefen sich zu noch tieferen Tiefen öffnen konnten. Es ist ein Paradox des Lebens, daß wir erst die Talsohle erreichen müssen, bevor wir uns auf einen neuen Weg nach oben begeben können.

Der Prozeß ist vergleichbar mit Bergwanderungen, wo man die Hütte in greifbarer Nähe sieht und dann noch viele Stunden über Bergkuppen, Täler und unvorhergesehene Windungen laufen muß, bis man die Hütte erreicht. Wenn ich mich an solche Erfahrungen erinnere, fällt es mir leichter, auch in schwierigen Zeiten dafür dankbar zu sein, daß es mir nicht schlechter geht.

Mehre deine Gaben

Dankbarkeit ist der Schlüssel zum Glück, sagte ich eingangs. Warum?

Die geistigen Gesetze des Universums lehren uns, daß wir das mehren, worauf wir unsere Aufmerksamkeit richten. Richten wir sie auf den Mangel, erzeugen wir Mangel. Richten wir sie auf die Fülle, erzeugen wir Fülle. Mangel und Fülle entstehen zuerst in unserem Denken, bevor sie sich manifestieren. Worauf wir uns konzentrieren, das wächst. Konzentrieren wir uns auf das Leiden, vermehren wir es. Konzentrieren wir uns auf die Freude, vergrößern wir sie.

Dieses Prinzip gilt für alle Bereiche des Lebens, für Gesundheit, Wohlstand, Beziehungen oder Frieden. Wenn Sie dankbar sind für das, was Sie bislang erreicht haben, geben Sie sich selber Anerkennung, Wertschätzung und Liebe.

Wenn Sie dankbar sind für das, was Sie anstreben, teilen Sie dem Universum mit, daß Sie fest darauf vertrauen, daß Sie das erhalten werden, was Ihnen zusteht. Sie finden diese Aussage schon in der Bibel: „Euch geschehe nach eurem Glauben."

Dahinter steht die Auffassung, daß das, was wir auf der physischen Ebene manifestieren, als Potential im Universum bereits existiert. Die Dankbarkeit erschließt dieses Potential. Denken Sie beispielsweise an ein Stück Kohle. Die Kohle selber ist kalt, doch enthält sie als Potential Hitze. Wenn Sie bestimmten physikalischen Gesetzmäßigkeiten folgen, setzt die Kohle Hitze frei. Dasselbe Prinzip können Sie auf die emotionalen und mentalen Zustände anwenden. Gesundheit ist als Potential in der Krankheit angelegt, Fülle als Potential in der Armut. Wenn Sie bestimmten Gesetzmäßigkeiten folgen, die im Verlauf des Buches ausführlich erläutert werden, setzen Sie dieses Potential frei.

Mit Ihrer Dankbarkeit drücken Sie aus, daß Sie das, was Sie

wollen, schon haben. Sie wissen ja, daß es im Universum bereits als Potential existiert. Durch Ihre Dankbarkeit stellen Sie die innere Verbindung zu diesem Potential her. Nach dem Grundsatz: „Wie innen, so außen" ist das Erscheinen des Gewünschten auf der physischen Ebene dann lediglich eine Frage der Zeit.

Sie sagen, das ist ein Trick? Ja, es ist ein Trick, aber ein Trick, der wirkt, weil er den universellen Gesetzen entspricht. Und es ist kein größerer Trick als der, den Sie unbewußt laufend anwenden, indem Sie sich einreden, daß nicht genug da ist und daß Sie nicht gut genug sind, das Wenige zu empfangen.

Ihr Denken bestimmt Ihre Wirklichkeit. Undankbarkeit bedeutet, daß Sie auf das fixiert sind, was Sie nicht haben. Damit vermehren Sie den Mangel.

Undankbarkeit bedeutet, daß Sie dem Negativen mehr Gewicht beimessen als dem Positiven. Nehmen Sie an, sechs Menschen kommen vorbei und bestätigen Ihnen, wie gut Ihnen Ihre neue Frisur steht oder wie gut ihnen Ihr Vortrag neulich gefallen hat. Und dann kommt der siebte und sagt, daß er Ihre neue Frisur oder Ihren Vortrag unmöglich findet. Wem glauben Sie mehr? Welches Gewicht geben Sie den sechs und welches dem einen?

Fehlende Dankbarkeit ist ein Mangel an Respekt und Achtung für das Leben. Wenn Sie das, was Ihnen gegeben ist, nicht schätzen und pflegen, verschließen Sie den Kanal der Gaben.

Die Geschichte meines eingangs erwähnten Hauses in Findhorn war mein Lehrstück. In den Anfangsjahren lebte ich in einem Wohnwagen. Das Dach war löcherig, der Boden modrig, und zu allem Überfluß leckte die Ölheizung in der Küche und verdarb die Lebensmittel.

Statt zu klagen, machte ich mich an die Arbeit und besserte den Wohnwagen zusammen mit einigen Kollegen aus, so gut es ging. Ich konnte sehen, daß der Wohnwagen in mir eine starke Motivation erzeugte, ein gesundes, ökologisches Haus zu bauen, und ich war dafür dankbar.

Nach zwei Jahren zog ich um in ein Wohnhaus der Gemeinschaft und stellte fest, daß der Holzwurm sich in die tragenden Teile des Hauses eingenistet hatte. Zusammen mit einigen Kollegen organisierte ich die notwendigen Reparaturarbeiten und verbrachte so einen guten Teil meiner Zeit in einer Baustelle. Statt zu klagen, dankte ich dafür, daß ich ein solides Dach über dem Kopf hatte statt eines zugigen Wohnwagens.

Als dies getan war, begann ich mit dem Bau meines ökologischen Hauses. Auch dies hatte, wie ich später noch beschreiben werde, seine Schattenseiten. Statt zu klagen, dankte ich für die Gelegenheit, die in Findhorn erprobten ‚Gesetze der Manifestation' selber zu prüfen.

Dankbarkeit bedeutet, daß Sie das anerkennen, was Ihnen gegeben ist. Es spielt dabei keine Rolle, ob dies im Vergleich zu anderen viel oder wenig ist. Denn ob dies viel oder wenig ist, hat damit zu tun, wie Sie darüber denken. Es spielt keine Rolle, was Ihr Ausgangspunkt ist. Sie können von jedem Punkt aus Ihr Leben verbessern, solange Sie dankbar sind für die Möglichkeiten des Wachsens und Lernens.

Sich mit anderen und anderem zu vergleichen ist der Weg zur Undankbarkeit. Im Vergleich steckt die Konkurrenz, Gewinnen und Verlieren, besser oder schlechter sein. Auch wenn Sie in dem einen Vergleich besser abschneiden als Ihr Konkurrent, werden Sie fraglos einen anderen Vergleich finden, bei dem Sie schlechter wegkommen. Und schon sind Sie wieder bei dem Mangel angelangt, also dem, was Sie nicht haben.

Danken Sie für alles, was Ihnen in Ihrem Leben gegeben ist. Es ist eine Form des Loslassens von Erwartungen, Wünschen und Forderungen, die Ihr Potential festlegen und einengen.

Danken Sie für alles, was Ihnen geschieht. Der tiefere Sinn eröffnet sich meist erst im nachhinein. Dankbarkeit stärkt das Vertrauen in das Wohlwollen des Universums. Dieses Vertrauen ist die beste Sicherheit im Leben.

DIENEN

Nach dem Gesetz des Universums sind wir alle miteinander verknüpft, sind wir *eins*. Aus dieser Perspektive treffen alle Ihre Handlungen letztlich Sie selber. Dies mag ein erschreckender Gedanke sein, wenn Ihr Leben sich in einem ständigen Chaos befindet. Gott sei Dank gilt dieses Gesetz im Guten wie im Bösen. Sie haben jederzeit die Wahl, das Gute zu mehren. Alles, was Sie an Gutem tun, kommt Ihnen am Ende selber zugute. Darin liegt der Schlüssel und das Geheimnis des Dienens.

Helfen oder Dienen?

In bezug auf meine Erfahrungen konnte ich diesen Gedanken zuerst nicht nachvollziehen. Statt erfüllt aus den vielen Situationen des Dienens hervorzugehen, erfuhr ich diesen Dienst als Pflicht und Verantwortung, die mich mehr als einmal an den Rand meiner Belastbarkeit brachten.

Erst vor ein paar Jahren lernte ich den Unterschied zwischen helfen und dienen. Auf einem Spaziergang spürte ich ein Bedürfnis in mir, das mir neu war: den Drang, mich, mein Bestes und Tiefstes zu geben. Dieser Drang war frei von allen Motiven nach äußerer Belohnung, Wertschätzung oder Anerkennung. Es war ein Drang an sich, die Lust sich auszudrücken, sich auszuweiten und das zu teilen, was ich bin.

Es war verblüffend einfach. Ich mußte gar nichts Besonderes sein oder irgend etwas Besonderes tun. Es genügte zu sein. Es genügte, das auszudrücken, was ich hier und jetzt bin. Ich begriff, daß es keinen Unterschied gibt zwischen geben und nehmen, ja, daß sie eins sind. Ich erlebte dies ganz körperlich, als sei ich ein Trichter mit zwei Öffnungen. Während aus dem Herztrichter die Energie nach außen floß, wurde der Trichter über den Scheitelpunkt nachgefüllt. Geben und Nehmen waren ein Kreislauf, der sich selber nährte und erhielt. In diesem Geben lag keine Selbstausbeutung, sondern Freiheit, Fülle und Freude.

Leider sind solche Erkenntnisse selten von anhaltender Wirkung. Sie gehen unter in den etablierten Sichtweisen und alten Verhaltensstrukturen, wenn wir sie nicht bewußt in der täglichen Praxis festigen.

Meine Erfahrung entsprach nicht dem, womit ich und vermutlich auch viele von Ihnen aufgewachsen sind. In meiner christlichen Erziehung entsprang der Dienst am anderen der Pflicht zur Nächstenliebe. In den vielen Jahren, in denen ich mich ,verpflichtet' fühlte, wunderte ich mich immer wieder, weshalb ich mich nach diesem Dienst so leer und ausgebrannt fühlte. Es dauerte viele Jahre, bis ich den tieferen Sinn des Satzes: ,Liebe deinen Nächsten wie dich selbst' verstand. Ich erkannte, daß ich den zweiten Teil des Satzes überlesen bzw. keine Vorstellung davon hatte, wie ich mich selber lieben könnte. Zu tief waren in mir Schuld und Scham verankert, als daß die Liebe zu mir selbst Platz gehabt hätte.

Viele Jahre meines Lebens, in meinen Zwanzigern und Dreißigern, war ich in meiner Arbeit mit sozialem und seelischem Elend konfrontiert, mit häuslicher und sexueller Gewalt, mit Menschen in Isolation, Armut und Krankheit. Und ich erschöpfte meine Kräfte bis zu einem Punkt, der mich aus schierer Selbstrettung dazu zwang, mich für eine lange Zeit aus diesen Bereichen zurückzuziehen.

Ich ahnte, daß der Dienst am andern anders aussehen mußte, als mir dies durch die christliche Erziehung nahegelegt worden war. Ich sah, daß viele Menschen in den helfenden Berufen ebenso wie ich von Motiven der Schuld, eigener Bedürftigkeit und Hilflosigkeit geleitet waren. Ihr Versuch, anderen zu helfen, war ein Versuch, sich selbst zu heilen. Dies ist ein legitimes menschliches Motiv, das dann positive Früchte trägt, wenn es bewußt aus der Erkenntnis gespeist wird, daß wir alle miteinander verflochten sind.

Das ,Helfersyndrom' – der ,Helfer' wehrt Bedürftigkeit und Hilflosigkeit ab und lebt sie statt dessen über den Hilfsbedürftigen aus – läßt diese Einsicht nicht zu. Diese unbewußte Vereinbarung zwischen dem Helfer und dem Geholfenen erlaubt es dem Hilfsbedürftigen nicht, aus dieser Rolle herauszutreten und Verantwortung für sein Leben zu übernehmen.

Im Modell des Dienens sieht das Verhältnis zwischen beiden ganz anders aus. Hier wissen Sie, daß Sie dem andern nicht damit dienen, daß Sie ihm die Arbeit abnehmen. Sie gewinnen Ihre psychische Stärke, Ihren psychischen Rang durch die Bewältigung Ihrer Probleme und nicht dadurch, daß Sie die Arbeit für andere tun. Wenn Sie den Kokon einer Raupe aufschneiden und dem Schmetterling damit das Schlüpfen erleichtern, stirbt er. Nur wenn die Raupe sich selber aus dem Kokon befreit, verwandelt sie sich in einen Falter.

Im Modell des Dienens unterstützen Sie den andern darin, seinen Weg zu finden. Wenn jemand in einem Boot sitzt, das ein Leck hat, steigen Sie nicht in dieses Boot ein, sondern bleiben am Ufer stehen und rufen ihm zu, wie man Wasser herausschöpft, damit das Boot sicher ans Ufer gelangen und dann repariert werden kann. Manchmal, wenn das andere Boot schon zu weit gesunken ist, müssen Sie auch mit einem Rettungsboot hinausfahren und den betreffenden Menschen an Bord nehmen. Am Ufer angelangt, werden Sie den Menschen jedoch nicht für den Rest Ihres Lebens tragen, sondern ihm zeigen, wie er selber auf seine Füße kommen kann. Oder?

Auf die globale Ebene übertragen, stellt sich diese Frage, inwieweit die reichen Länder am besten den armen Ländern helfen können. In den sechziger Jahren wurde diese Diskussion unter dem Slogan geführt, es sei besser, Menschen das Fischen zu lehren als ihnen Fische zu bringen. Die Idee hier ist die gleiche. Wenn Sie anderen bestimmte Lernerfahrungen ersparen wollen, halten Sie sie in Abhängigkeit und Armut.

Natürlich gibt es handfeste ökonomische Interessen dafür, welchen Weg die Nationen wählen. Diese sind, vermute ich, ausreichend bekannt.

Weniger deutlich sind die tieferen psychologischen Motive, die uns daran hindern, Reichtum zu erwerben oder unseren Reichtum zu teilen. Sie stammen aus dem christlichen Erbe von Schuld und Verknüpfung von Nächstenliebe mit Armut.

Aus christlicher Sicht ist der geistige Weg mit Armut gepaart. Viele Menschen, die sich dem geistigen Weg verpflichtet fühlen, scheuen vor Geld zurück.

Ein Grund liegt darin, daß Geld oftmals mit niedrigen Motiven wie Habsucht, persönlicher Bereicherung und Gewalt verknüpft ist. Menschen auf dem geistigen Weg befürchten daher, sich mit Geld zu beflecken. Solange sich jemand von diesen niedrigen Motiven angezogen fühlt, ist diese Angst berechtigt. Wenn die Menschen frei davon sind, können sie Geld zum Wohle aller nutzen. Und je mehr sie haben, desto mehr Gutes können sie tun.

Ein anderer Grund ist ideologischer Natur. Aus christlicher Sicht wird der Verzicht auf materiellen Reichtum mit geistigen oder himmlischen Reichtümern belohnt. Seinen Ausdruck findet diese Haltung im Akt der Nächstenliebe. Uneigennützig alles zu geben und nichts für sich zu fordern ist in dieser Auffassung der Weg zur inneren Glückseligkeit.

Dem Materiellen zu entsagen ist ein edles Motiv, wenn es aus der Erkenntnis kommt, daß das, was wir geben, an uns zurückfließt. Wir sind mit allen anderen verbunden und geben von daher über die anderen nur uns selber. In diesem Geben ist das Nehmen enthalten.

Dieser Verzicht hat eine andere Qualität, als wenn ein Mensch der Armut huldigt, weil er sich nicht zutraut, Geld zu erwerben, oder weil er die Verantwortung scheut, mit Reichtum umzugehen. Dieser Verzicht ist kein Verzicht. Er ist ein Mangel. Wir können nur auf etwas verzichten, das wir haben.

Aus der Perspektive des Dienens hat Nächstenliebe mit Armut nichts zu tun. Dienen heißt, bereit, willig und fähig sein zu geben. Dies tun Sie, indem Sie auf Ihr eigenes Leben positiv einwirken und andere in dem unterstützen, was sie in Übereinstimmung mit den positiven Gesetzen des Universums wollen. Sie dienen, indem Sie teilen. Teilen können Sie nur, wenn Sie das Grundvertrauen haben, daß für jeden genug da ist, und wenn Sie die Freiheit haben, sich den Teil zu nehmen, den Sie brauchen. Wenn Sie im Frieden sind mit dem, was Sie sind, tun und haben, teilen Sie neidlos.

Dies ist in unserer Kultur eher die Ausnahme als die Regel. Die meisten Menschen fühlen sich benachteiligt und schielen neidisch auf das, was ihre Nachbarn haben. Dabei spielt es keine Rolle, wie begütert jemand tatsächlich ist.

Das, was für einen Menschen genug ist, ist subjektiv. Ich kenne Menschen, die nur sehr wenig Geld zur Verfügung haben und dennoch mit ihrem Besuch die Mahlzeit teilen, und andere, wohlhabende Leute, bei denen ein Gast um ein Glas Wasser bitten muß. Nicht die Fakten sind ausschlaggebend, sondern Ihre Einstellung zu den Fakten. Ein halbvolles oder halbleeres Glas – in der Sichtweise liegt der Unterschied.

Das Füllhorn des Gebens

Wenn Sie sich die Worte der weisen Menschen genauer ansehen, lernen Sie, daß das Universum erfüllt ist von Geist oder Licht. Dieser Geist oder dieses Licht ist unendlich, allmächtig und allwissend. Es ist Fülle, nicht Mangel. Das ‚Nichts‘ des Universums ist angefüllt mit Energie, die sich im ständigen Fluß befindet. Die Fülle ist eine Qualität dieses Flusses.

Daß wir Menschen Mangel erleiden, ist unsere eigene Schöpfung, nicht die Schöpfung des Universums. Die Probleme von arm und reich sind Probleme der Verteilung, nicht eine Frage des Mangels. Sich als Teil dieses universellen Flusses zu fühlen setzt einerseits ein Verständnis der Gesetze des Universums voraus und andererseits das Grundvertrauen, daß all das, was Sie anderen geben, zu Ihnen zurückfließen wird. Diesen Fluß ermöglichen Sie, wenn Sie den Weg freilassen, auf dem dies geschieht. Oft fixieren wir uns aus Unsicherheit oder Selbstüberschätzung auf die Mittel und Wege, über die wir unsere Gaben zurück erwarten. Damit verstellen oder begrenzen wir die Möglichkeiten des Rückflusses.

Es geht hier nicht darum zu geben, weil Sie selber etwas

haben wollen. In diesem Fall würden Sie an das Geben Bedingungen knüpfen. Ich spreche von dem Geben, das sich zwangsläufig aus der Fülle ergibt. Dieses Geben ist ein Dienen im echten Sinne. Hier sind Geben und Nehmen untrennbar miteinander verbunden.

In der praktischen Umsetzung heißt dies: Wenn Sie Liebe geben, kehrt die Liebe zu Ihnen zurück. Sind Sie freigebig, füllt und erfüllt sich Ihr Leben. Schätzen Sie andere in ihrem Wert und ihrer Leistung, erfahren Sie Anerkennung und Wertschätzung. Was immer Sie anderen geben, kehrt zu Ihnen zurück. Sie erhalten nicht mehr, als Sie anderen geben. Sie ernten, was Sie säen.

Geben und Nehmen

Bei den meisten Menschen ist Geben und Nehmen nicht im Gleichgewicht. Sie kennen sicher Leute, die gerne und viel schenken, aber ängstlich abwehren, wenn ihnen selber etwas angeboten wird. Oder denken Sie an Menschen, die immer nur haben wollen oder sich aus Existenzangst an ihren Besitz klammern. In beiden Fällen ist der Fluß unterbrochen oder eingeengt.

Unser Körper ist wie ein Gefäß, das Energie aufnimmt, speichert und abgibt. Wenn Ihre Fähigkeit zu empfangen eingeschränkt ist, werden Sie unzufrieden, Sie bezichtigen andere der Undankbarkeit, oder Sie fühlen sich eines Tages leer. Wenn Sie an allem, was Sie haben, festhalten, ist Ihr Gefäß eines Tages so vollgestopft, daß Sie nichts Neues mehr aufnehmen können. Außerdem laufen Sie Gefahr, daß der Besitz, sei es nun Geld, Menschen oder die materiellen Dinge des Lebens, sich dem klammernden Griff entzieht. Sie können nur halten, was Sie loslassen können. Nur dann haben Sie nämlich die Freiheit, flexibel auf sich verändernde Umstände zu reagieren.

Ich schlage Ihnen zwei kleine Übungen vor, mit denen Sie für sich überprüfen können, wie Geben und Nehmen sich in Ihrem Inneren zueinander verhalten.

ÜBUNG

- Stellen Sie sich eine dieser alten Waagen vor, mit einer Waagschale auf je einer Seite. Bestimmen Sie, welche Seite Geben, welche Nehmen für Sie repräsentiert. Und dann beobachten Sie, wie sich diese beiden Waagschalen zueinander verhalten. Pendeln sie auf und ab, finden sie ihr Gleichmaß in der Mitte, oder steigt eine nach oben und sinkt eine nach unten? Diejenige, die nach unten sinkt, ist schwerer. Ich interpretiere dies so, daß die schwerere mehr meiner Fähigkeiten enthält als die leichtere. Sinkt die Seite des Gebens also nach unten, ist meine Fähigkeit zu geben stärker ausgeprägt als meine Fähigkeit zu nehmen.

Statt der Waagschalen können Sie auch zwei kommunizierende Röhren als Bild benutzen. Wenn Sie zwei Röhren wie ein U miteinander verbinden, gleicht sich der Flüssigkeitsstand in beiden Röhren aus.

ÜBUNG

- Stellen Sie sich zwei Röhren vor. Sie können an unterschiedlichen Stellen miteinander verbunden sein wie beim U oder bei einem Rechteck. Sie können eine unterschiedliche Größe und Form haben. Dies ist bereits ein Hinweis darauf, wie die beiden Seiten bei Ihnen ausgeprägt sind. Lassen Sie Ihrer Vorstellungskraft freien Raum.

Bestimmen Sie, welche Seite Geben, welche Nehmen für Sie repräsentiert. Und dann lassen Sie Ihre Lebensenergie in beide Röhren hineinfließen und beobachten Sie, was geschieht.

○ Sind die Röhren eher schmal und dünn oder weit und kräftig?

Sind die Röhren gleich oder unterschiedlich? Ist beispielsweise eine schmal und dünn und die andere weit und groß?

Ist die Lebensenergie ein starker Strom oder ein Rinnsal?

Wieviel Kraft fließt insgesamt in die beiden Röhren hinein? Bis zu welcher Höhe sind die beiden Gefäße gefüllt?

Bilden die Röhren ein geschlossenes System oder eher eine offene Form wie das U? Falls in Ihrem Inneren eine geschlossene Form auftaucht: Zirkuliert die Energie durch beide Röhren, oder stagniert der Fluß?

Die Bilder sprechen in der Regel für sich.

Wenn der Energiefluß im ganzen zu dürftig ist, um die Röhren aufzufüllen, müssen Sie zunächst Ihr Energieniveau insgesamt erhöhen, bevor sie es verteilen können. Anregungen dazu finden Sie im Kapitel über die Grundpulsation des Lebens.

Wenn eines Ihrer Gefäße schmaler, kleiner oder dünner ist als das andere, nehmen Sie sich Zeit zu überlegen, wie Sie diesen Bereich in Ihrem Leben stärken können.

Wenn Ihre Fähigkeit zu geben eingeengt ist, fragen Sie sich: Gibt es Qualitäten, Talente, Wissen oder materielle Güter, von denen ich mehr mit anderen teilen könnte?

Wenn Ihre Fähigkeit zu nehmen eingeengt ist, fragen Sie sich: Was hindert mich daran, an der Fülle des Universums dankbar teilzunehmen? Haben Sie Angst, sich anderen zu verpflichten? Haben Sie gelernt, daß Geben seliger ist als Nehmen? Oder daß es sich nicht gehört, nach den guten Dingen des Lebens zu greifen und sie in Empfang zu nehmen?

Bedenken Sie, daß Ihre Kraft zu geben spürbar nachlassen wird, wenn Sie den Trichter nicht öffnen, über den Sie Ihr Gefäß nachfüllen können.

Im optimalen Fall füllt Ihre Lebensenergie die beiden gleich großen Gefäße auf oder zirkuliert im freien Fluß durch das Röhrensystem.

SELBSTVERWIRKLICHUNG

SELBSTFINDUNG

Wer bin ich?

„Ich finde mich nicht", war einer der häufigsten Sätze, den ich von meiner Mutter nach ihrem Schlaganfall hörte. In diesem Satz lag all der Schmerz darüber, daß sie sich verloren hatte und nicht mehr wußte, wer und wo sie war.

Ein Schlaganfall ist ein extremes Ereignis, das die Funktionen unseres Gehirns außer Kraft setzt und Erinnerungen löscht. Doch ist das Thema des ,Sich-Findens' oder die Frage: ,Wer bin ich?' viel allgemeinerer Natur. Sie hat mich Zeit meines Lebens beschäftigt.[22]

Sie können die Frage angehen, indem Sie bestimmen, wer oder was Sie nicht sind. Dies beginnt mit den Definitionen Ihrer Umgebung: der Familie, der Schule, den Freunden oder Massenmedien, die Ihnen Vorbilder anbieten, mit denen Sie sich identifizieren sollen.

Sie bemühen sich, diesen Ansprüchen zu genügen, bis Sie merken, daß es Sie nicht befriedigt, nach vorgefertigten Entwürfen anderer zu leben.

Sie können sich mit Ihren Gefühlen oder Ihrem Körper identifizieren. Solch eine Identifikation drückt sich zum Beispiel bei einem körperlichen Leiden in den Worten aus: Ich bin krank. In diesem Fall sind alle Bereiche betroffen: Ihr Denken, Ihre Stimmungen und Ihre Handlungsbereitschaft. Wenn Sie sich statt dessen sagen: mein Körper ist krank, dann muß deshalb nicht Ihr ganzes „Ich" leiden.

Körper und Geist beeinflussen sich wechselseitig, doch wenn Sie wissen, daß zwischen beiden ein Unterschied besteht, wenn

Sie sogar wissen, daß der Geist den Körper beherrscht, wirken Sie auf körperliches Leiden ein, anstatt es über Sie bestimmen zu lassen. Je nachdem, wie Sie die Frage beantworten, wer Sie sind, beeinflussen und gestalten Sie Ihr Leben.

Sie können sich auch mit dem identifizieren, was Sie denken. Sie kennen vermutlich den Satz von Descartes: „Ich denke, also bin ich". Dieser Satz stimmt, wenn Sie das Denken richtig verstehen. Er stimmt nicht, wenn Sie das Denken auf das beschränken, was Ihnen bewußt ist. Ihr Tun wird weitgehend von den Erfahrungen bestimmt, die Sie ‚vergessen' haben.

Die Aussage ist auch falsch, wenn Sie das Denken mit dem analytischen Teil Ihres Bewußtseins gleichsetzen und den Gefühlsbereich in Gegensatz dazu stellen. Denken und Fühlen sind zwei Pole, die beide erforderlich sind, wenn Sie Wirklichkeit erfassen und für sich einordnen wollen.

Aus der Hirnforschung wissen wir, daß unser Gehirn über zwei Zentren verfügt, die das Wahrgenommene sortieren und ihm Sinn geben: unsere linke Gehirnhälfte mit ihrem analytischen und unsere rechte Gehirnhälfte mit dem intuitiven Denken. Beide haben ihre Funktion in der Bewältigung unseres Alltags. Sie ergänzen sich in polarer Einheit.

Die linke Gehirnhälfte zerlegt Abläufe in ihre Einzelheiten und sucht nach einer logischen Erklärung für ihren Zusammenhang, während die rechte Gehirnhälfte analogisch Dinge kombiniert, zusammenfügt und in einer ganzheitlichen, holistischen Schau in ihrem Wesen erkennt. Die linke Hälfte ist für Worte, Töne oder Buchstaben zuständig, während die rechte auf die Melodie oder die Botschaft hört, die Töne oder Worte vermitteln. Sie spricht das Gefühl an, gilt als „weibliche" Seite, während die linke „männliche" Hälfte dem Verstand zugeordnet wird. Die linke weist Vorgängen eine exakte Bedeutung zu und ordnet sie zeitlich und örtlich ein. Die rechte geht über die Begrenzungen unserer materiellen Wirklichkeit hinaus und spricht die tieferen Bedeutungsebenen an. Träume und innere Bilder sind der Stoff, aus dem die rechte Gehirnhälfte in metaphorischer Weise Geschichten webt, während die linke Hälfte sich an mathematischen Formeln und geordneten Sequenzen erfreut.

Die linke Gehirnhälfte stellt sicher, daß Sie die routinemäßigen Abläufe des Alltags bewältigen, während die rechte Ihr schöpferisches Potential in sich birgt. Sie steht für das künstlerische und gestalterische Element, das nach neuen Möglichkeiten Ausschau hält und neue Lösungen für alte Probleme findet. Sie gibt Ihrem Leben Intensität und Leidenschaft, während die linke dafür sorgt, daß Sie die Kontinuität in Ihrem Leben wahren.

Wenn Sie Ganzheit in sich finden wollen, brauchen Sie beide Funktionen. Unsere Kultur hat über die letzten zwei Jahrhunderte hinweg dem rationalen, logischen Prinzip die Priorität eingeräumt und damit die traditionelle Wissenschaft begründet. In den letzten drei Jahrzehnten jedoch haben mehr und mehr Menschen erkannt, daß diese einseitige Ausrichtung unseres Denkens eine Gefährdung für uns und unseren Planeten darstellt.

Die vier Bewußtseinsfunktionen

Dem Schweizer Psychoanalytiker Carl Gustav Jung verdanken wir eine Typologie, die beschreibt, wie wir das Leben wahrnehmen und beurteilen. Jung erstellte eine Matrix aus zwei Achsen, die wir nutzen, um Probleme anzugehen und uns im Leben zu orientieren.

Stellen Sie sich eine waagerechte Achse vor mit den Endpunkten: Empfinden am linken und Intuieren am rechten. Eine vertikale Achse kreuzt die horizontale mit den Endpunkten oben: Denken und unten: Fühlen. Die Waagerechte beschreibt, wie wir Daten sammeln oder Informationen erhalten, und die Senkrechte, wie wir diese Informationen werten.[23]

Sie nutzen Ihre Sinne, um Informationen von außen aufzunehmen, und Ihre Intuition, um Dinge von innen her zu erfassen. Ihre mentale Kapazität wertet diese Information nach rational-logischen Gesichtspunkten aus, während Ihr Gefühl Ihnen

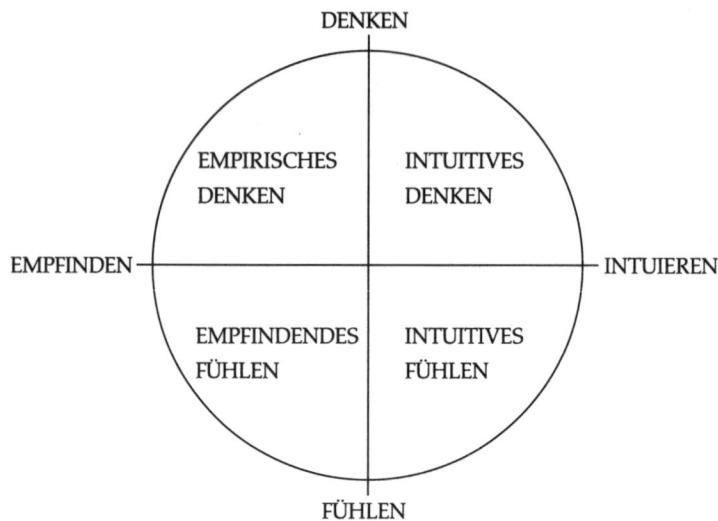

Abb. 2: Jungs vier Funktionen des Bewußtseins

mitteilt, ob diese Wahrnehmung angenehm ist oder nicht. Ihre Empfindung sagt Ihnen, daß etwas existiert. Ihr Verstand sagt Ihnen, was es ist. Das Gefühl bewertet es danach, ob es angenehm ist oder nicht, und die Intuition sagt Ihnen, woher es kommt und wohin es geht.

Je nach Ihrer Grundausrichtung nehmen Sie die Welt vorwiegend durch die mentale, intuitive, fühlende oder empfindende ‚Brille' wahr. Wenn Sie auf die Sprache der Menschen achten, wird Ihnen auffallen, daß manche ihre Sätze vor allem mit den Worten einleiten: „Ich denke, daß...", andere verwenden: „Ich fühle, daß..." , „Ich spüre, daß..." oder „Ich weiß, daß..."

Je nach ihrer Ausstattung ist *eine* dieser Sichtweisen Ihre Hauptorientierung in der Welt, die sich im Laufe des Lebens weiterentwickelt und verfeinert. Diese Orientierung steht Ihrem bewußten Willen zur Verfügung und hilft Ihnen, sich an die Wirklichkeit anzupassen. Die entgegengesetzte Funktion, die sich in der Matrix auf der gegenüberliegenden Seite befindet, erscheint Ihnen fremd und merkwürdig. Sie ist Ihr Schattenaspekt.

Beispielsweise halten rational denkende Menschen gefühlsbetonte Menschen für übertreibend, während gefühlsbetonte Menschen den rationalen Anderen als kalt und gefühllos erleben.

Intuitive Menschen erfassen den Sinn des Ganzen, ohne sich um die Details kümmern zu wollen. Sie halten Menschen, denen einzelne Fakten wichtig sind, für langweilige Buchhalter. Empfindende Menschen lieben Details, die ihnen über ihre Sinne vermittelt werden. Sie fügen ihr Bild von der Welt daraus zusammen. Sie neigen dazu, intuitive Menschen für ‚Spinner' zu halten.

Der Gegenpol zu unserer starken Seite liegt im Unbewußten und kann sich daher durch Lebenserfahrung nicht ausdifferenzieren. Er hat eine rohe Qualität, die aus dem Unbewußten dann hervorbrechen kann, wenn wir es am wenigsten erwarten. In diesem Fall können wir einen fast kindlichen Ausbruch von Gefühlen oder Vorurteilen erleben.

Wir tendieren dazu, diesen Aspekt wegen seiner Bedrohlichkeit auf die Menschen zu projizieren, die das genaue Gegenteil von uns sind. Wenn wir diese Dynamik richtig verstehen, öffnen uns solche Menschen die Tür zu einem anderen Blickwinkel des Lebens.

Unsere starke Seite wird meist von einer der beiden Funktionen unterstützt, die unserer Hauptfunktion benachbart ist. Für eine denkende oder fühlende Person ist es die Empfindung oder Intuition, für den empfindenden oder intuitiven Menschen das Denken oder das Fühlen.

Empirische Denker benutzen ihren logischen Verstand gerne für die detaillierte Betrachtung von Ereignissen. Sie fühlen sich zur wissenschaftlichen Forschung hingezogen und suchen nach dem Zusammenhang von Ursache und Wirkung. Intuitive Denker betrachten die größeren, übergeordneten Zusammenhänge und entwerfen Modelle und Konzepte. Sie sind Visionäre mit einem synthetisierenden Denken, das Fäden aus verschiedenen Quellen zu einem neuen, holistischen Muster der Zukunft zusammenwebt.

Intuitive Gefühlsmenschen fühlen sich in einer vertrauten Gruppe am wohlsten. Während der intuitive Denker seine Intuition nutzt, um zu schauen, wohin wir gehen, blickt der intuitive Gefühlsmensch in die Vergangenheit, um zu verstehen, woher wir kommen. Er betrachtet die Wurzeln, die uns mit der Erde verbinden, und erforscht die Geschichte unserer kollektiven Entwicklung.

Die vierte Gruppe, die empfindenden Gefühlsmenschen, sind die Vertreter des Prinzips ‚Versuch und Irrtum‘. Impulsiv und spontan stürzen sie sich in das Geschehen und genießen es, das Leben durch das Leben zu erfahren und zu gestalten, während der Denker lieber über das Leben reflektiert, statt sich auf seine Abenteuer einzulassen.

Alle vier Bewußtseinsfunktionen sind gleichgewichtig. Keine ist besser oder schlechter. Wir haben lediglich die Tendenz, das uns Entgegengesetzte als fremd auszugrenzen oder abzuwerten.

Schauen Sie sich die vier Bewußtseinsfunktionen und ihre Kombinationen genauer an. Spricht ein Typ Sie unmittelbar an? Die meisten Menschen haben eine Vorliebe für eine der vier Funktionen oder eine der vier Kombinationen und eignen sich im Laufe des Lebens Aspekte der jeweils anderen an. Oft repräsentiert der Partner den Gegenpol, der Ihnen hilft, diesen Teil zu integrieren. Oder Sie finden Ihr Gegenstück in einem Arbeitsteam, in dem jemand die Ihnen ungewohnte Sicht- und Handlungsweise vertritt. Der Volksmund drückt diesen Sachverhalt mit den Worten aus: ‚Gegensätze ziehen sich an‘.

Verweilen wir ein wenig bei den vier Hauptfunktionen des Bewußtseins. Die Funktion, mit der Sie sich unmittelbar identifizieren, mag nicht diejenige sein, die Ihnen natürlicherweise am meisten liegt. Viele Menschen, denen ich begegne, sind verwirrt über den Unterschied zwischen Denken und Fühlen. Dies hängt mit dem hohen Wert zusammen, der dem intellektuellen

Bereich in unserer Kultur zugestanden wird, und der damit einhergehenden Abwertung des emotionalen Bereichs.

Wenn ein großer Teil Ihrer Aufmerksamkeit sich darauf richtet, Gefühle zu benennen und einzuordnen, heißt dies nicht, daß Denken Ihre starke Seite ist. Sie sind vermutlich viel eher jemand, der die Welt fühlend wahrnimmt und versucht, sich einer intellektuellen Umgebung anzupassen. Wenn andererseits Gefühle einen großen Teil Ihrer mentalen Kapazität beanspruchen, heißt dies nicht, daß Gefühle Ihre Hauptfunktion sind. Sie sind vermutlich viel eher jemand, der sich von Gefühlen bedroht und überwältigt fühlt und die Denkfunktion nutzt, um ihnen Sinn zu geben.

Wenn dieser Absatz Sie verwirrt, beobachten Sie während der nächsten Tage und Wochen, welche Worte Sie am meisten benutzen: „Ich denke, daß ...", „Ich fühle, daß ...", „Ich spüre, daß ..." oder „Ich weiß, daß ...". Wenn Sie unsicher sind, fragen Sie Freunde. Andere wissen oft viel besser als Sie, wie Sie Ihre Umwelt erfassen und an sie herangehen.

Wie sehr uns eine bestimmte Technik oder ein bestimmtes Wissen anspricht, hängt von dieser Grundausrichtung ab. Mir persönlich ist das intuitive Denken am vertrautesten. Von daher ist es nicht zufällig, daß ich ein Verfahren entwickelt habe, dessen Hauptmodus die Intuition ist. Ich stelle ihn im Abschnitt über die Holographische Analyse vor.

Manchmal ist es eine Ironie des Schicksals, daß wir unsere starke Seite aufgrund der sozialen und familiären Bedingungen nicht entfalten können. Wir werden mit dem Gegenpol konfrontiert und müssen uns in einer uns fremdem Welt zurechtfinden. Erst die Jahre in Findhorn, einer intuitiv-fühlenden Gemeinschaft, haben mir persönlich den Zugang zu meiner Intuition eröffnet.

Die vier Grundfunktionen des Bewußtseins und ihre jeweiligen Kombinationen geben uns Aufschluß über unsere grundsätzliche Sichtweise der Wirklichkeit und damit auch über unsere Stärken, Schwächen und Vorlieben. Sie bestimmen, wie wir uns im sozialen und beruflichen Bereich orientieren, welche

Freunde und Partner wir wählen, womit wir uns wohl fühlen und was uns herausfordert. Sie sind die Matrix unserer Persönlichkeit, das Vehikel, mit dem wir uns durch dieses Leben bewegen.

Das innere Wissen

Das Vehikel ist nicht der Fahrer. Der Fahrer sitzt hinter dem Steuer. Er ist, je nach Standpunkt, unser wahres Selbst, unser höheres Selbst, unser inneres Wissen oder unser volles Potential. Dieses wahre Selbst ist Teil des universellen Geistes, ein Tropfen Wasser im Ozean oder ein einzigartiger Funke im großen Lichtermeer.

Das innere Wissen ist mit den zeitlosen menschlichen Grundwerten verbunden, mit Wahrheit, Rechtschaffenheit, Frieden, Liebe und Gewaltlosigkeit. Es weiß sich eins mit dem universellen Geist und arbeitet in Harmonie mit den universellen Gesetzen. Es nutzt die Matrix der Persönlichkeit, um sich auszudrücken und zu gestalten.

Dieses innere Wissen ist eine stille Stimme, die im Getöse des Alltags untergeht, wenn Sie ihr nicht einen Raum geben, in dem sie sich äußern kann. Viele Menschen finden es schwierig, überhaupt Zugang zu ihr zu finden. Auch für mich war es ein langer Weg, diese Stimme in mir wahrzunehmen, zu festigen und aus dem Konzert der anderen inneren Stimmen herauszufiltern und zu reinigen.

Dieses innere Konzert läßt sich mit einem Radio vergleichen. Sie empfangen auf verschiedenen Frequenzen und Wellenlängen verschiedene Sender. Wenn Sie sich die Zeit nehmen, diesen Sendern bewußt zuzuhören, wird Ihnen auffallen, daß die Qualität der Botschaften unterschiedlich ist. Manche Stationen, die auf einer niedrigeren Frequenz operieren, senden mit ihren Programmen Gefühle des Zorns, Hasses, der Trauer, Begierden oder Ängste durch den Äther. Andere auf einer hohen Frequenz sprechen dagegen von Liebe, Gemeinschaft, Fülle oder Frieden. Im Kurzwellen- und Mittelbandbereich überlappen sich oft die

Sendebereiche und stören den Empfang. Wenn Sie Ihr Radio auf die höheren Frequenzen einstimmen, kann die innere Stimme klar und deutlich durchdringen.

Sie können diese Stimme auch mit einem Muskel vergleichen, den Sie selten oder gar nicht benutzen und der deswegen erschlafft ist. Wenn Sie ihn regelmäßig nutzen, bauen Sie seine Kraft auf und machen ihn funktionstüchtig. Das ist mit der inneren Stimme nicht anders. In Zeiten der Stille geben Sie sich eine Chance, diesen ,Muskel' zu trainieren. Das ist der Sinn von Meditation.

Das erste Problem besteht darin, überhaupt Zugang zu dieser Stimme zu finden. Ich nutze dafür eine geleitete Imagination zum Tempel des Herzens und seinem Tempelhüter. Das Herz ist in der Volkssprache der Sitz der Seele. Das Herz ist mit unserer rechten Gehirnhälfte verbunden, unserer Intuition, die das Wesen der Dinge erfaßt, ohne sie zu sezieren.

Die Reise zum inneren Wissen

Nehmen Sie sich für die folgende Reise eine Stunde Zeit, in der Sie ungestört sind. Wählen Sie einen Ort, der Ihnen Sicherheit und Geborgenheit gibt. Nutzen Sie eine der stillen Stunden des Tages, frühmorgens oder abends, wenn hektische Betriebsamkeit von ihnen noch nicht oder nicht mehr Besitz ergriffen hat.

ÜBUNG

● Nehmen Sie die Haltung ein, die Ihnen am ehesten einen Zustand entspannter Aufmerksamkeit ermöglicht. Viele entspannen sich im Liegen, doch besteht die Gefahr, daß Sie die Aufmerksamkeit verlieren und einschlafen. Andere bevorzugen es, mit gefalteten Händen und geradem Rücken auf einem Stuhl zu sitzen und die Füße gut auf dem Boden zu verankern. Menschen, die viel meditieren, wählen oft den Lotussitz. Es spielt keine Rolle, welche Position Sie wählen, solange Sie entspannt und aufmerksam sind. Sprechen Sie den Text – auf Ihren Rhythmus abgestimmt – auf eine Kassette, wenn Sie durch das Lesen abgelenkt werden.

○ Stellen Sie sich vor, daß ein Ballon mit einem Korb neben Ihnen landet. Sie steigen in den Korb ein, der Ballon erhebt sich in die Lüfte und trägt Sie durch eine Landschaft. –

Betrachten Sie die Landschaft. Wie wirkt sie auf Sie? Wie fühlen Sie sich? –

Der Ballon gleitet gleichmäßig durch die Luft, und Sie werden beim Betrachten der Landschaft ruhig und in sich gekehrt. –

Langsam beginnt der Ballon sich zu senken, und sie landen mit Ihrem Korb am Anfang eines Pfades. –

Sie steigen aus dem Korb aus und gehen den Pfad entlang. –

Blumen stehen am Wegesrand. Ab und zu bleiben Sie stehen und riechen an einer Blume. –

○ Sie kommen um eine Kurve und haben den See vor sich liegen. Auf der anderen Seite des Ufers sehen Sie einen Tempel.

Welchen Eindruck haben Sie von dem Tempel aus der Ferne? – Wie sieht er aus? –

Welches Gefühl vermittelt er Ihnen? –

○ Sie gehen zum Ufer und prüfen mit den Zehen das Wasser. Es ist angenehm warm.

Sie legen Ihre Kleidung ab, steigen in das Wasser und schwimmen oder schreiten zum anderen Ufer hinüber. –

Auf der anderen Seite liegt neue Kleidung für Sie bereit. Wie sieht sie aus? –

Aus welchem Material ist sie hergestellt? –

Welche Farbe hat sie? –

Wie fühlt sie sich an? –

○ Sie streifen sich die Kleidung über und gehen auf den Tempel zu. Gehen Sie um den Tempel herum. Wie wirkt der Tempel jetzt auf Sie? –

Welche Größe hat er? –

Aus welchem Material ist er hergestellt? –

Welche Farbe hat er? –

Ist der Tempel an Stellen eingefallen oder zerstört? –

Ist es ein Tempel, der Sie anspricht? –

o Versuchen Sie, eine Öffnung zu finden, durch die Sie den Tempel betreten können. –

Gehen Sie hinein. –

Wie sieht der Tempel von innen aus? Gibt es einen Raum oder mehrere Räume? –

Sind Sie überrascht, weil Sie etwas anderes erwartet hätten? –

Wenn es mehrere Räume gibt, gehen Sie in den Hauptraum. Hier wird Ihnen der Tempelhüter begegnen. –

Schauen Sie, ob es Sitzgelegenheiten gibt oder ob es angemessener ist, daß Sie ihn in diesem Raum stehend erwarten. Finden Sie dort Ihren Platz. –

o Atmen Sie tief durch und lassen Sie alle Gedanken ziehen. –

Dann spüren Sie, daß jemand im Raum ist. Es ist der Tempelhüter. Spüren Sie seine Gegenwart, ohne ihn zu sehen? –

Oder hat Ihr Tempelhüter eine sichtbare Form? –

Ist es eine menschliche Gestalt? –

Ist es ein Tier oder Fabelwesen? –

Eine Gestalt aus einer anderen Dimension wie ein Lichtwesen, ein Engel oder eine Fee? –

Eine Farbe oder eine geometrische Figur wie ein Kreis, eine Kugel oder ein Dreieck? –

Seien Sie offen. Ihr Tempelhüter kann viele Formen annehmen. Achten Sie auf Ihr Gefühl dem Tempelhüter gegenüber. Flößt Ihnen seine Gegenwart Vertrauen ein, und fühlen Sie sich geborgen oder gar zu Hause? –

○ Spüren Sie seine Präsenz und sehen Sie, ob der Tempelhüter eine Botschaft für Sie hat. Diese Botschaft kann in Worten, Bildern, Körperempfindungen oder einem inneren Wissen kommen. –

Sie können Ihrem Tempelhüter auch eine Frage stellen, die Sie immer schon beantwortet haben wollten. –

Seien Sie offen für die Botschaft, ganz gleich, in welcher Weise sie übermittelt wird. –

○ Ihre Zeit mit dem Tempelhüter neigt sich dem Ende zu. Bevor Sie sich verabschieden, fragen Sie ihn, ob Sie jederzeit in den Tempel zurückkehren dürfen, wenn Sie Rat und Unterstützung brauchen. –

Fragen Sie ihn, ob es gut wäre, einen regelmäßigen Termin zu vereinbaren, um den Kontakt zu festigen. –

Dann verabschieden Sie sich und kehren zum Ufer des Sees zurück. –

○ Sie legen Ihre Kleidung ab, schwimmen oder schreiten durch den See zurück und streifen Ihre Alltagskleidung über. –

Sie gehen den Pfad zurück zum Ballon, besteigen den Korb und lassen sich durch die Luft zu Ihrem Ausgangsort zurücktragen. –

Nehmen Sie sich die Zeit, die wesentlichen Merkmale des Tempels aufzuschreiben. Der Tempel symbolisiert Ihr Herz. Wie wirkt er aus der Ferne, wie aus der Nähe, wie von innen? –

○ Wer ist Ihr Tempelhüter? –

Entstammt er einer bestimmten Tradition oder einer bestimmten Dimension? –

Wie fühlen Sie sich mit diesem inneren Begleiter? –

Was war seine Botschaft an Sie? –

Können Sie sich vorstellen, regelmäßig mit ihm zuammenzuarbeiten? –

Sind Sie bereit, sich für ein regelmäßiges Treffen zu verpflichten? –

○ Sehen Sie sich die Kleidung an, die für Sie bereitgelegt war. Welcher Stil, welche Farbe drückt Ihr Innerstes aus? –

Aus Ihren inneren Bildern erhalten Sie Hinweise auf Traditionen, die Ihrem Wesen naheliegen. Ein Weg, den Ihr Innerstes bereits kennt, ist leichter zu gehen als ein ganz neuer Pfad.

Die Entfaltung des Selbst

Ihr innerer Kern enthält viele Samen, wie ein Granatapfel, der nur darauf wartet, sein vielfältiges Potential zu entfalten. Es liegt in Ihrer Entscheidung, welche Samen Sie nähren und hegen wollen.

Die Bibel weist darauf hin, daß wir ernten, was wir säen. Säen wir Liebe, ernten wir Liebe, säen wir Haß, ernten wir Haß. Wählen Sie sorgfältig, welche Samen Sie zum Wachsen bringen wollen.

In jedem Samen schlummert ein verhülltes Potential, das auf seine Entfaltung wartet. Der erste Schritt liegt darin, daß Sie dieses verhüllte Potential erkennen und durch Ihre Energie und Aufmerksamkeit zum Sprießen bringen.

Manche Samen, die in der Kindheit gelegt wurden, haben sich zu verkrüppelten Pflanzen entwickelt, die heute ihre positiven Gestaltungsmöglichkeiten begrenzen. Dazu gehören schlechte Gewohnheiten, negative Selbstbilder oder negative Denkweisen, mit denen Sie auf die Menschen und das Leben zugehen. Diese Denk- und Verhaltensweisen entstammen in der Regel früheren Phasen Ihres Lebens. Ihre Aufgabe lag darin, Sie mit allem zu versorgen, was zum Überleben notwendig ist, und Sie vor Schaden zu bewahren. Diese kindlichen Denk- und Verhaltensweisen sind im Vergleich zu Ihrem heutigen Erwachsenenbewußtsein unreife Formen. Wenn Sie die positive Absicht erkennen, die als Potential in diesen kindlichen Überlebensstrategien angelegt ist, können Sie die unreife Form auflösen und sie in eine Form überführen, die Ihrem heutigen Bewußtsein und Ihren positiven Zielsetzungen angemessen ist.

Lernen Sie, Ihre körperliche und Ihre seelische Kraft zu konzentrieren, Ressourcen angemessen zu nutzen und mit den Menschen zusammenzuarbeiten, die gleiche oder ähnliche Ziele anstreben. Auf diese Weise schaffen Sie den Raum und die Bedingungen, unter denen Sie Ihr volles Potential entfalten und ausdrücken können.

Konkrete Strategien dazu stelle ich im Kapitel über die Transformation vor.

WACHSTUM

Wachstum als Lebensprinzip

Leben ist Wachstum. Wachstum ist Wandel und Fluß. Der griechische Philosoph Heraklit prägte den Satz, daß wir niemals in den gleichen Fluß steigen. Die einzige Konstante im Universum ist der Wandel, die Bewegung, die Ausdehnung und die Entfaltung zu höheren und komplexeren Formen des Bewußtseins. Schöpfung ist ein sich entfaltendes Geschehen, das in jedem Moment stattfindet. Als Teil der Schöpfung können Sie sich diesem Prozeß nicht entziehen. Sie entscheiden lediglich, ob Sie schneller oder langsamer wachsen. Das hängt davon ab, ob Sie mit oder gegen den Strom schwimmen. Sie können den Prozeß erleiden, indem Sie Ihre Kraft dagegen einsetzen, oder sich entscheiden, mit dem Strom zu schwimmen und durch Freude zu wachsen.

Mit dem Strom schwimmen bedeutet, daß Sie sich von Sicherheiten, Gewohnheiten, Überzeugungen und Verhaltensweisen verabschieden, die Ihnen nicht länger dienen und sich dem öffnen, was Sie brauchen und es annehmen. Mit dem Strom schwimmen bedeutet, daß Sie Hindernisse nicht als Steine auf Ihrem Weg sehen, sondern als Hinweise darauf, was Sie in Ihrem Leben ändern und in welche Richtung Sie sich bewegen sollen.

So wenig wie das Leben sich linear vollzieht, ist Wachstum ein linearer Prozeß. Wir entfalten unser Potential eher in einer Pendelbewegung, die von einer Seite zur anderen schwingt. Kinder, die unter autoritärem Druck stehen, schlagen über die

Stränge, wenn sie plötzlich freigelassen werden. Sie müssen er[st] lernen, mit Freiheit verantwortlich umzugehen. Diese Integration erfolgt auf der nächsthöheren Stufe.

Der deutsche Philosoph Hegel hat schon im 19. Jahrhundert diesen Prozeß unter dem Begriff Dialektik zusammengefaßt. Danach bringt jede These ihre Antithese hervor, die auf einer neuen Stufe zur Synthese integriert wird. Diese bringt wiederum ihre eigene Antithese hervor, die auf der nächsthöheren Ebene zur Synthese fortschreitet.

In der Natur geschieht dieser Vorgang durch Mutationen, durch Sprünge, während derer plötzlich neue Formen entstehen. Wachstum in der Natur ist die Reorganisation einfacher, sich wiederholender Formen auf einer höheren Ebene der Komplexität. Eine Eigenschaft dieses Prozesses ist, daß Dinge, die zuvor in einem unaufhebbaren Gegensatz zueinander standen, in einem größeren Zusammenhang gleichzeitig existieren.

In meiner Praxis treffe ich oft Menschen, die in einem Trennungskonflikt mit einem Partner gefangen sind. Sie kommen mit der Frage: Soll ich bleiben oder gehen? Was immer sie entscheiden, löst ihr Problem gewöhnlich nicht. Trennen sie sich räumlich, bleiben sie innerlich aufeinander bezogen. Bleiben sie zusammen, streben sie innerlich voneinander fort. Die Lösung ist auf dieser Ebene nicht zu finden, da in solchen Konstellationen jede dieser Lösungen die Partner nur weiter in einer unglücklichen Fixierung hält. Die Antwort, die ich ihnen meist gebe, lautet: „Trenne dich, indem du bleibst, und bleibe, indem du dich trennst."

Damit möchte ich ihnen vermitteln, daß es gar nicht um die äußere räumliche Trennung geht, sondern um eine innerliche Trennung und Differenzierung. Erst wenn der innere Reifungsprozeß es zuläßt, daß beide den anderen nicht nur als Teil von sich begreifen, sondern in seinem eigenen Recht würdigen, stellt sich die Frage, was sie weiterhin miteinander anfangen möchten. Wie immer die Lösung aussieht: sie ist eine höhere Form der Begegnung als die zuvor beschriebene Entweder-oder-Situation.

Jedes Wachstum bedeutet Veränderung. Jede Veränderung ruft bei den meisten Menschen Widerstand hervor. Sie kennen vielleicht die Geschichte von dem Mann, der es leid war, sein Kreuz weiter herumzutragen. Er ging zu einem Geschäft, das viele verschiedene Kreuze im Sortiment hatte, und er bot sein Kreuz zum Tausch an.

„Das ist in Ordnung", sagte der Geschäftsinhaber, „suchen Sie sich ein neues Kreuz aus." Er ging herum und probierte viele Kreuze aus. Das eine drückte hier, das andere drückte da, das eine war zu schwer, das andere zu dünn, das dritte zu fleckig, das vierte zu unberührt. Nach langer Suche fand er schließlich ein Kreuz, das saß wie angegossen. Strahlend ging er zu dem Geschäftsinhaber.

„Das nehme ich", sagte er glücklich.

Der Geschäftsinhaber nickte zustimmend mit dem Kopf. „Dies ist das Kreuz, mit dem Sie hereingekommen sind."

Sind Sie bereit, sich von Ihrem Kreuz zu verabschieden? Und nicht nur Ihrem Kreuz, sondern von Kreuzen im allgemeinen? Können Sie sich vorstellen, daß Menschen ohne ein Kreuz leben? Ohne Kreuz zu leben heißt, Entscheidungen zu treffen. Sie wählen, auch wenn Sie sich Ihrer Wahl nicht bewußt sind. Ihr Kreuz ist ebenso Ihre Wahl wie die Entscheidung, ohne Kreuz zu leben. Das Kreuz ist Ihre Selbstbezogenheit. Selbstbezogenheit ist Leiden. Was wählen Sie? Leiden oder Freude?

Entscheidungen

Wachstum ist eine stufenförmige Entwicklung von Qualitäten und Werten. Sie können Stufen überspringen, doch ist das gewöhnlich mit Schmerzen, mit Qualen und meist mit Scheitern verbunden.

Auf jeder Stufe Ihres Wachstums werden Sie mit einer Wahl konfrontiert. Sie entscheiden sich, ob Sie Ihren Spielraum erweitern oder einschränken wollen. Bei einer positiven Wahl erkunden Sie auf jeder Stufe, wie Sie deren Potential in Ihrem Alltag verwirklichen können. Wenn Sie genügend Erfahrung

SCHAUBILD 1: ENTWICKLUNGSEBENEN

I Physisches Wohlergehen	II Persönliches Wohlergehen	III Zwischen-menschliches Wohlergehen	IV Soziales Wohlergehen	V Ethisches Wohlergehen	VI Universelles Wohlergehen
Vitalität Fülle Gesundheit Stärke Energie	Kreativität Vertrauen Selbstbehauptung „Ich bin okay" Selbstentdeckung	Intimität Freundschaft „Wir sind okay" Gegenseitiger Respekt Harmonie	Synergie Teamarbeit Vertrauen Kameradschaft Kooperation	Integrität „ICH BIN" Verantwortung Offenheit Fürsorge Faires Teilen	Einssein Wissen In der Kraft sein In der Liebe sein Im Einklang sein
⇑	⇑	⇑	⇑	⇑	⇑
Leben WAHL Nicht leben	Sich entwickeln WAHL Sich nicht entwickeln	Verbindlichkeit WAHL Unverbindlichkeit	Handeln WAHL Nicht handeln	Werden WAHL Nicht werden	Sich ausweiten WAHL Sich nicht ausweiten
⇒	⇒	⇒	⇒	⇒	⇒
Mangel Krankheit „Null Bock" Dichtmachen	Verleugnung Angst Ärger Unsicherheit Selbstzerstörung	Getrenntheit Manipulation „Imagepflege" Dienstbeflissenheit Opferhaltung	Konformität Pflicht Autoritätshörigkeit Rollengebundenheit Vor-Urteile	Rationalisierung „Als ob" Scheinheiligkeit Unsittlichkeit Skrupellosigkeit	Desinteresse Vagheit Selbstherrlichkeit Besessenheit Tyrannie
Physische Störung	Persönliche Störung	Zwischen-menschliche Störung	Soziale Störung	Ethische Störung	Universelle Störung

Quelle: V. Vernon Woolf: Holodynamics. Tucson: Harbinger 1990. S. 48

gesammelt und die Herausforderung einer Stufe bewältigt haben, wenden Sie sich der nächsthöheren Stufe zu und beginnen mit dem nächsten Zyklus der Erkenntnis.

Vernon Woolf unterscheidet in seinem Buch *Holodynamics* sechs Ebenen, die wir im Verlaufe unseres Wachstumsprozesses erkunden, meistern und als Sprungbrett für die nächsthöhere Ebene verwenden.[24]

Auf der ersten Ebene werden wir uns unserer physischen Umgebung bewußt. Hier lernen wir, uns mit der materiellen Welt auseinanderzusetzen. Wir kümmern uns um unseren Körper und unsere Gesundheit. Doch bevor wir dies tun, entscheiden wir, in dieser Welt als körperliche Wesen zu sein. Dies ist nicht selbstverständlich. Die Wahl zu leben bedeutet, daß wir unsere Lebensenergie in ein bestimmtes Potential investieren.

Wenn Sie wählen, nicht zu leben, ziehen Sie Ihre Lebensenergie zurück. Sie haben „Null Bock", fühlen sich nicht wohl in Ihrer Haut, schalten ab oder fühlen sich vom Leben vernachlässigt.

Auf der zweiten Ebene wird sich das Bewußtsein seiner Identität, seines persönlichen Selbstes bewußt. Hier lernen wir, „Ich" zu sein. Wir werden unserer selbst gewahr und selbstsicher. Sobald wir die Entscheidung getroffen haben, unsere Energie in ein Objekt zu investieren, entscheiden wir, ob wir unser Potential darin entfalten wollen oder nicht.

Lautet Ihre Antwort „ja" zu sich selber, begeben Sie sich auf die Entdeckungsreise zu Ihrem „Selbst". Sie entfalten Ihre Kreativität auf dem Grundgefühl, daß Sie „in Ordnung" sind. Entscheiden Sie sich gegen die Entfaltung Ihres Potentials, bleiben Sie in Ängsten, Unsicherheiten, Verleugnungen oder Selbstverteidigungen gefangen.

Auf der dritten Ebene erkennt das Bewußtsein andere Menschen als andere „Selbste" und tritt in Beziehung zu ihnen. Hier entwickeln wir gegenseitigen Respekt, Vertrauen und Freundschaft. Wir lassen uns auf das Risiko der Intimität ein, indem wir unsere Gefühle, Wünsche und Ziele mit anderen teilen. Wir entdecken, wie es sich anfühlt, Teil einer Zweieinheit zu werden.

Die Wahl auf dieser Ebene bezieht sich auf Ihre Bereitschaft, sich voll in das Geschehen einzubringen oder nicht. In einer Beziehung bedeutet dies Loyalität gegenüber dem Partner und die Bereitschaft, mit ihm durch Dick und Dünn zu gehen. Am Arbeitsplatz bedeutet dies die Verpflichtung, die übernommene Aufgabe trotz aller Schwierigkeiten und Widerstände zu vollenden.

Scheuen Sie zurück vor dieser Offenheit und Verbindlichkeit, so geraten Sie in die Gefahr der persönlichen Isolation; manche versuchen auch, Menschen und Ereignisse in ihrem Interesse zu beeinflussen. Wenn die Manipulation nicht gelingt, fühlen sie sich meist als Opfer der Verhältnisse.

Auf der vierten Ebene erweitert sich das Bewußtsein zum „systemischen Denken". Wir erkennen, daß wir in größere Zusammenhänge eingebunden sind: in Nachbarschaften, Freundeskreise, Vereine, Teams oder Nationen. Hier lernen wir, mit Menschen jenseits unserer vertrauten Welt in Offenheit und Teamgeist zusammenzuarbeiten.

Die entscheidende Frage lautet hier, ob Sie gemäß Ihren eigenen Grundsätzen handeln oder nicht. Sobald Sie sich entschieden haben, sich in einem Projekt zu engagieren, sind die Folgen gegeben. Es liegt nun an Ihnen, damit verantwortlich umzugehen. Das kann bedeuten, daß Sie Informationen sammeln und verfügbar machen. Daß sie Konflikte mit Teammitgliedern direkt angehen und klären, statt hinter deren Rücken über sie zu reden. Daß sie sich in unlösbar scheinenden Situationen Unterstützung holen, statt das Handtuch zu werfen.

Wenn Sie nicht bereit sind, die Verantwortung für Ihre Handlungen zu übernehmen, verschanzen Sie sich oft hinter Regeln der „Allgemeinheit". Sie erfüllen die Ihnen zugeschriebenen Rollen und verurteilen all diejenigen, die sich nicht konform verhalten.

Auf der fünften Ebene beginnt das Bewußtsein, jene Prinzipien, durch die Systeme leben und wachsen, zu verstehen und sich mit ihnen zu identifizieren. Hier lernen Sie, was Liebe, Vertrauen, Mitgefühl und Integrität bedeuten. Sie lernen, diese Prinzipien zu leben, Liebe, Vertrauen, Mitgefühl und Integrität zu „werden". Werden bedeutet, daß Sie diese Prinzipien in alle Ebenen Ihres Seins integrieren. Sie wissen auf dieser Stufe, daß Sie für Ihr Leben verantwortlich sind.

Wenn Sie diese Verantwortung ablehnen, wenn Sie sich entscheiden, Ihre bisherigen Erfahrungen nicht zu integrieren, laufen Sie Gefahr, daß Ihre Worte und Ihre Handlungen auseinanderklaffen. Das bedeutet, daß Sie das eine sagen und das andere tun. Sie halten den schönen Schein aufrecht und verfolgen dahinter nur eigene Interessen.

Wenn das Bewußtsein verstanden hat, auf welchen lebendigen Prinzipien alle Systeme beruhen, wendet es sie von sich aus auf alle Menschen an. Dies heißt, daß Sie nicht nur Ihre Nachbarn lieben, sondern daß alle Ihre Nachbarn sind. Sie wissen auf dieser sechsten, universellen Ebene um Ihre innere Verbundenheit mit allem Leben. Ihr Wesen drückt die Prinzipien der Liebe, des Vertrauens oder des Mitgefühls als seine natürlichen Eigenschaften im Umgang mit anderen aus.

Wenn Sie sich entscheiden, sich in diesem Sinne zu erweitern, wird es Ihnen zu einem inneren Bedürfnis, Ihre Lebensbestimmung zu verwirklichen. Sie halten Ihre Verpflichtungen ein und begleiten Projekte durch alle Schwierigkeiten hindurch. Sie verarbeiten die damit verbundenen Erfahrungen und integrieren sie in Ihr Wesen. Auf diesem Wege verwirklichen Sie Ihr volles Potential.

Wenn Sie sich auf dieser Stufe jedoch entscheiden, Ihre Energie zurückzunehmen, geraten Sie in Gefahr, sich zu überschätzen, sich elitär als „etwas Besseres" von den anderen abzuwenden oder andere tyrannisch zu beherrschen.

Im Prozeß des Lebens durchschreiten Sie immer wieder verschiedene Ebenen, solange Sie sich auf der Wendeltreppe befinden. Oft erproben Sie sich in mehreren Stufen gleichzeitig, sorgen für Ihr körperliches und seelisches Wohlergehen, lernen in Beziehungen, sind Teil von Gruppen oder Systemen, und suchen die Wertvorstellungen, nach denen Sie Ihr Leben ausrichten wollen. In diesem Sinne mag es so aussehen, als wären alle Stufen gleichrangig.

Bei genauerem Hinschauen stellen Sie jedoch fest, daß die Stufen wie bei einer Wendeltreppe aufeinander aufbauen. Je gründlicher und bewußter Sie jede Stufe durchschreiten und vollenden, desto mehr Kraft gewinnen Sie daraus für die positive Gestaltung der nächsten Stufe. Dies will ich anhand des Beispiels Liebe verdeutlichen.

Liebe als Wachstumsprozeß

Liebe ist die Kraft, die das Universum zusammenhält. Liebe rangiert neben Reichtum und Gesundheit an der Spitze der Bedürfnisse, nach denen sich die meisten Menschen sehnen. Die Ebene der Wahlentscheidung bestimmt, was der einzelne unter Liebe versteht.

Auf der Ebene des physischen Wohlergehens ist Liebe die Befriedigung vitaler sinnlicher Bedürfnisse und Ausdruck körperlicher Lust und Lebenskraft auf der Basis einer intimen Verbundenheit.

Wenn dieses physische Wohlergehen gestört ist, wird Liebe zu Sexsucht oder sexueller Abhängigkeit. Sie sehen den anderen dann als Objekt Ihrer Bedürfnisbefriedigung. In der Sexsucht befriedigen Sie Ihr Bedürfnis nach Reizstimulation, bei sexueller Abhängigkeit Ihr Bedürfnis nach Zuwendung.

Auf der Ebene des persönlichen Wohlergehens sorgen Sie für das, was am besten für Sie ist und was Sie erfüllt. Hier geht es darum, sich selber so anzunehmen und zu lieben, wie Sie sind, mit all Ihren Stärken und Schwächen. Selbstliebe in ihrer positiven Qualität erlaubt Ihnen, sich ganz und vollständig zu fühlen, so daß Sie den anderen nicht für Ihre Selbstbestätigung brauchen. Im Gegenteil: aus der eigenen Fülle heraus geben Sie Liebe, statt sie zu erwarten.

Wenn Sie Ihren eigenen Wert nicht kennen oder schätzen, machen Sie sich abhängig von der Zuwendung und der Liebe anderer. Sie brauchen andere, um sich aufzufüllen. Statt auf der sexuellen Ebene wie im physischen Bereich fordern Sie hier auf der emotional-mentalen Ebene Wertschätzung, Identität und Selbstbewußtsein. Sie erweisen sich als jemand, der Liebe braucht, nicht als jemand, der Liebe geben kann.

SCHAUBILD 2: BEDÜRFTIGE UND REIFE LIEBE

Stadium	Bedürftige und abhängige Liebe	Reife Liebe
I Physische und materielle Welt	Sexuelle Verweigerung Sexsucht und sexuelle Abhängigkeit	Sexualität als Ausdruck von Intimität
II Persönliche Ebene	Selbstabwertung Identität als Liebe Suchende(r)	Selbstwertschätzung Selbsterfülltheit Selbstliebe
III Zwischenmenschliche Ebene	Romantische Liebe Beziehungssucht Co-Abhängigkeit Symbiose	Intimität Verbindlichkeit Das Beste im andern fördern
IV Soziale Ebene	Helferorganisation Gemeinschaft als Vermeidung von Intimität Wettkampf um Aufmerksamkeit Festhalten an Status	Kooperation Teamgeist Fürsorge Gemeinwohl Freier Fluß der Energie Freier Fluß der Hierarchie
V Ethik	Mißbrauch	Liebe-Sein
VI Universelle Ebene	Gewaltherrschaft	Bedingungslose Liebe Universelle Liebe

Auf der zwischenmenschlichen Ebene suchen Sie nach jemandem, der Sie ergänzt, Sie in Ihrem Selbstwert stabilisiert und Ihre Bedürfnisse befriedigt. Nach dem Gesetz der Anziehung verlieben Sie sich in jemanden, der genau das gleiche sucht. Das Dilemma ist, daß zwei abhängige Menschen, die sich aufgrund ihrer Bedürftigkeit finden, nicht in der Lage sind, die Bedürfnisse des andern zu erfüllen. Sie hängen aneinander wie zwei

Kletten, ohne daß sie sich die Nahrung geben, deren sie so sehr bedürfen. Die Frustration der Nichterfüllung führt zu Zorn und Haß. Manche bleiben diesem Wechselspiel von Liebe und Haß ein Leben lang verhaftet. Andere lösen sich und ziehen weiter auf der Suche nach einem besseren Ersatz. Gewöhnlich endet der Tausch in dem gleichen Drama, wenn Sie sich weigern, Ihr Potential zu entfalten.

Haben Sie auf der persönlichen Ebene zu sich gefunden und kennen Sie Ihren Wert, erkennen Sie auch den andern in seinem Wert und nehmen ihn an. Da Sie sich selbst genug sind, braucht sich der andere nicht für Sie zu verändern. Im Gegenteil: Sie unterstützen ihn darin, sein eigenes Potential zu entfalten. Sie stehen zurück, wenn dies erforderlich ist, oder Sie setzen sich für ihn ein. Sie teilen Ihre Stärken und Schwächen offen, zeigen sich verletzlich und fördern so Tiefe und Intimität der Begegnung.

Das ‚Ja‘ zum andern ist eine verbindliche Entscheidung, die ihm die Sicherheit gibt, Krisen gemeinsam zu überstehen. Die Beziehung ist ein Instrument gemeinsamen Wachsens, und Wachstum bedeutet Ungleichzeitigkeiten. Diese Ungleichzeitigkeiten gefährden jedoch diese Beziehung nicht, sondern setzen das Potential für kreative Lösungen frei.

Die Fähigkeit zur intimen Begegnung, zur offenen und ehrlichen Auseinandersetzung bildet den Kern für die Zusammenarbeit mit größeren Kreisen von Menschen. Der Blick erweitert sich auf der sozialen Ebene von der Keimzelle der Paarbeziehung oder Familie hin zu den sozialen Ordnungen, die das soziale Wohlergehen aller fördern. Sie stärken Ihre Nachbarschaft, Ihren Arbeitsplatz oder Organisationen, denen Sie sich angeschlossen haben, durch Ihre Fähigkeiten, Ihr Engagement oder Ihre Liebe. Gemeinsam arbeiten Sie auf Ziele hin, die der Erhaltung des Lebens und dem Gemeinwohl dienen.

Da Sie Ihren Wert und Ihre Ziele kennen, treffen Sie, wenn nötig, Entscheidungen alleine oder wirken mit anderen in Teamgeist und Kooperation zusammen. Auf dieser Ebene verstehen Sie das Prinzip der Synergie, dieses gewisse „Extra" an

Kraft und Geist, das die Einzelnen verbindet und sie zugleich über ihre persönlichen Interessen hinaushebt. Synergie heißt, daß Sie Ihre Kräfte zum Besten aller einsetzen und zugleich von dieser Kraft getragen werden. Auf dieser Ebene sorgen Sie verantwortlich dafür, daß die Ressourcen angemessen genutzt und Entscheidungen nach Sachkompetenz und nicht nach hierarchisch-bürokratischer Struktur getroffen werden. Sie sind offen für neue Entwicklungen, tun, was nötig ist, werfen Irreparables über Bord, erschaffen Neues und dienen dem Leben in seinen größeren Zusammenhängen.

Bedeutet Liebe für Sie, daß der andere Sie bemuttern und beschützen soll, suchen Sie auch auf der Ebene der Gemeinschaft nach einer Gruppe, die solche Bedürfnisse erfüllen soll. Dies um so mehr, wenn es Ihnen nicht gelungen ist, diese Bedürfnisse innerhalb einer Zweierbeziehung zu befriedigen. Die Gemeinschaft wird zum Mutterersatz. Statt der Synergie erleben Sie den Kampf um Aufmerksamkeit, mangelnden Respekt für die anderen Mitglieder, verdeckte und versteckte Machtkämpfe, Orientierung an äußeren Leitbildern und das Festhalten an zuvor erworbenen Privilegien.

Die romantische Liebe der Zweierbeziehung wird in einer solchen Konstellation zur idealisierten Gemeinschaftsideologie. Sie zu erreichen ist ebenso unmöglich wie das Ideal romantischer Liebe zu verwirklichen. Frustrationen und Enttäuschungen sind die Folge. Die eigene unerlöste Hilfsbedürftigkeit verwandelt sich in das Helfersyndrom vieler Helferorganisationen und spiritueller Gemeinschaften. Da das Helfen aus dem Mangel kommt, führt es zum Ausbrennen der Helfer statt zu einer Bereicherung, sowohl des Einzelnen als auch der Gruppe.

Erst auf der Ebene der Ethik oder der Prinzipien wird es möglich, diese Zusammenhänge zu begreifen. Hier erkennen Sie die Dynamik mangelnder Liebe mit all ihren Auswirkungen auf der physischen, persönlichen, zwischenmenschlichen und sozialen Ebene. Mangel erzeugt Mangel. Solange Sie in einem Zustand der bedürftigen Liebe verweilen, bleibt das Bedürfnis auf allen vier Ebenen letztlich unerfüllt. Erst wenn Sie anfangen, Liebe zu geben, statt sie zu fordern, kehrt Liebe zurück. Der Schlüssel dazu ist der Sprung vom Helfen zum Dienen.

Helfen ist eine Position der Überlegenheit. Dienen ist Demut. Im Dienst am andern überwinden Sie die bedürftige Selbstbezogenheit. Der erste Schritt für viele liegt darin, sich zunächst einmal selber zu lieben, sich zu einem Kanal zu machen, durch den positive Energie fließen kann. Diese Position des Liebe-Seins ist anders als die des Liebe-haben-Wollens. Wenn Sie Liebe sind, drückt sich Liebe durch Sie aus und kehrt zu Ihnen zurück. Der Schlüssel dazu ist die Entfaltung des eigenen Potentials.

Die fünfte Ebene befähigt Sie, Distanz zu sich selber zu bekommen. Praktisch bedeutet dies, daß Sie wie ein neutraler Beobachter sich anschauen können, wie Sie auf den jeweiligen Entwicklungsstufen mit den Möglichkeiten und Herausforderungen der Liebe umgegangen sind und welche Denk- und Handlungsweisen Sie heute vielleicht noch daran hindern, Liebe zu geben und zu empfangen. Da Sie mit ihren eigenen Denk- und Reaktionsweisen nicht mehr unmittelbar identifiziert sind, können Sie selber wählen, wie Sie die Hindernisse am besten überwinden wollen.

Wenn Ihr Partner beispielsweise mehr Raum für sich möchte, reagieren Sie nicht einfach mit Verlustängsten und dem Festhalten des Partners, sondern Sie beobachten, welche Reaktionen in Ihnen ablaufen, und Sie nutzen Ihre Kompetenz, um andere Formen des Umgangs mit solchen Situationen zu entwickeln. Mit dem Bewußtsein der fünften Ebene erlangen Sie somit die Freiheit, Ihre Denk- und Reaktionsweisen so zu steuern, daß sie sich auf die von Ihnen gewählten Zielsetzungen hin entfalten.

Wenn Sie all das, was Sie auf all den Stufen gelernt haben, integrieren und zu einer Verkörperung der Liebe werden, weitet sie sich von alleine auf alle Menschen aus. Dieses Gefühl der universellen Liebe ist das große Gefühl des Mitgefühls, von dem Buddha sprach. Es ist der Wunsch, das Leiden der Menschen zu erleichtern und sie aus ihrem Leiden letztendlich durch Erkenntnis der vergänglichen Natur dieser Welt herauszuführen.

Herausforderungen

Jede Stufe hat ihre eigenen Qualitäten und Herausforderungen, die unterschiedlich viel Zeit zu ihrer Bewältigung brauchen. Am längsten beschäftigen uns die physische und persönliche Ebene. Es ist wie bei einem kleinen Kind, das unter großer Anstrengung und mit viel Mühe lernt, vom Sitzen übers Krabbeln zum Aufrechtstehen und Laufen zu kommen, bis es die Freiheit erlangt, die Umwelt neugierig zu erkunden.

Die Herausforderung auf diesen beiden Ebenen liegt darin, die richtige Balance zwischen dem ‚zu wenig' und dem ‚zu viel' zu finden, die gesunde Mitte, das Ja zum Leben in all seinen Ausprägungen. Und wie der Autopilot im Flugzeug finden wir den Kurs, indem wir uns durch viele kleine Abschweifungen hindurch auf unsere gesunde Mitte zu bewegen.

Das Ja zum Leben

Viele Menschen meinen, daß die bloße Tatsache ihrer körperlichen Anwesenheit auf dieser Erde schon ein Beweis für ihr Jawort zur physischen Existenz sei. Doch gerade in der Arbeit mit Menschen auf dem spirituellen Weg wird mir immer wieder deutlich, wie schwer es sein kann, sich auf den materiellen Bereich des Lebens einzulassen.

Der Körper mit all seinen unkontrollierbaren Impulsen erscheint solchen Menschen wie ein Gefängnis, dem sie entfliehen wollen, indem sie sich dem Körperlichen entziehen. Sie schaffen sich ihre eigene innere Welt, die sie vor dem ‚Schmutz' oder den ‚Anfechtungen' des Physischen – besonders der sexuellen Impulse – bewahrt.

Doch nicht nur der Körper ist ihnen eine Last, sondern auch die anderen Notwendigkeiten der physischen Existenz wie Geld, Wohnraum, Nahrung oder Sport zur Gesunderhaltung des Körpers. In ihrer Ablehnung der materiellen Welt finden sie es schwierig, ihr physisches Überleben zu sichern. Sie beschränken sich auf weniges und rechtfertigen ihre Unfähigkeit zum Umgang mit dem Materiellen durch die Betonung der menschlichen und geistigen Werte.

Auf der anderen Seite steht die allzu starke Verhaftung an die Materie, die Illusion, daß die materielle Welt alle Bedürfnisse erfüllen kann. Den größten Sog in diesem Bereich üben Geld und Sexualität aus. Geld verspricht die Erfüllung auf einer äußeren, Sex die Erfüllung auf einer inneren Ebene. Ohne daß beide eingebunden sind in eine höhere Ordnung, werden sie leicht zu einer Ersatzbefriedigung für tiefere Bedürfnisse nach Sinnfindung und menschlicher Verbundenheit.

Statt die Erfüllung in der Tiefendimension des menschlichen Seins, der Verbundenheit mit dem Leben selber zu suchen und zu finden, dient die Gier nach materiellen Gütern oder nach Sex dazu, die innere Leere zu übertünchen. Immer raffiniertere Reize versprechen auf der physischen Ebene die Erfüllung dessen, was erst auf der Ebene der Prinzipien, der Verbundenheit mit den lebenserhaltenden Qualitäten erlangt werden kann.

Die Suche an der falschen Stelle führt notwendigerweise zu Frustrationen. Wenn Sie dies nicht erkennen, unterliegen Sie der Gefahr zu vermuten, daß Sie oder Ihr Partner oder die Umstände nicht gut genug sind. Von daher probieren Sie ,mehr desselben', bis die Suche sich zur Sucht nach materieller oder körperlich-sexueller Erfüllung verselbständigt. Dieser Weg kann so enttäuschend sein, daß der einzige Ausweg der radikale Rückzug aus der materiellen Welt, der Selbstmord zu sein scheint.

Das Ja zum Leben ist die Anwendung der praktischen Vernunft, die gesunde Mitte zwischen der Flucht vor der Schwere und den Anforderungen des Materiellen und den uneinlösbaren Versprechungen des materiellen Glücks oder der ,Nur'-sexuellen Befriedigung.

Das Ja zum Leben bedeutet die Verpflichtung, Leben zu erhalten und zu verbessern. Wenn Sie Ja sagen zum Leben, drücken Sie damit Ihre Bereitschaft aus, für Ihre physische Existenz gut zu sorgen. Sie sind bereit zu lernen, wie sie das, was für ihre Existenz notwendig ist, bekommen, ohne unnötige Zeit zu verschwenden. Sie wissen um die Begrenztheit des Lebens. Von daher nutzen Sie den Tag. Ihre Ziele stimmen mit Ihren Werten überein, und Sie verfolgen sie konsequent.

Das Ja zum Leben, das Ja zur physischen Existenz setzt voraus, daß Sie sich der Kostbarkeit dieses Lebens bewußt sind, daß Sie den Körper als Tempel der Seele und als notwendiges und unabdingbares Vehikel dieses Lebens erkannt haben und entsprechend für ihn sorgen. Sie tun das, was Ihren Körper gesund erhält und kräftigt, so daß Sie die Ausdauer und Stärke haben, Ihre Ziele im Leben zu verwirklichen. Im Einzelfall kann dies bedeuten, daß Sie sich verpflichten, all das zu lernen, was sie zur Gesundung brauchen. Und dazu, alle Ebenen Ihrer Persönlichkeit hinter dieser Zielsetzung zu vereinen.

Das kann zu Konflikten in Ihnen führen, beispielsweise wenn Ihr emotionaler Körper Torten und Schokolade liebt, um einen Mangel an Zuwendung auszugleichen, während Ihr physischer Körper unter dieser Zuckerzufuhr leidet. In diesem Fall müßten Sie andere Möglichkeiten finden, um das Bedürfnis nach Zuwendung zu befriedigen, so daß Ihr emotionaler Körper Sie darin unterstützen kann, einen gesunden Lebenswandel zu führen.

Das uneingeschränkte Ja zum Leben bedeutet, daß Sie um die schöpferische Kraft der sexuellen Energie wissen. In einer Kultur, die Sexualität so konsequent für Werbung einsetzt und den Geschlechtsverkehr auf den Samenerguß reduziert, ist es nicht einfach, sich dieses Wissens zu erinnern oder es sich anzueignen.

Viele Menschen, besonders der jüngeren Generation, sind mit dem Verständnis aufgewachsen, daß Sexualität Reizstimulation oder Erregung durch äußere Reize bedeutet. Frauen werden durch die Medien auf die verführerische, immer bereite Sexbombe in ‚reizender' Unterwäsche, Seidenstrümpfen und dem perfekten Körper programmiert, Männer auf das Bild des starken Mannes, der immer kann. Angesichts der Alltagswirklichkeit wecken solche Anforderungen Versagensängste, die beide Geschlechter davor zurückschrecken läßt, sich auf Sexualität einzulassen.

Sexualität als Ausdruck der Grundenergie des Lebens, als schöpferische Kraft, die Leben auf allen Ebenen erzeugt, ist uns weniger bekannt. Befriedigende Sexualität ist der Ausdruck einer tiefen Verbundenheit und ein lustvoller und schöpferischer Akt, der, bewußt eingesetzt, auch dazu dienen kann, körperliche Beschwerden zu heilen oder zwischen den beiden Partnern eine gemeinsame Ebene herzustellen. Praktisch kann das so aussehen, daß beide sich vor der Vereinigung darüber verständigen, was die Energie aus dem Liebesakt in ihrer Beziehung befruchten soll.

Eine befriedigende Sexualität wächst, wenn Sie sich mit dem anderen auf einer tiefen Ebene verbunden fühlen, ohne sich in ihm zu verlieren. Jeder Mensch hat seinen eigenen Grundrhythmus, besonders im sexuellen Bereich. Sie müssen nicht nur zu ihrem eigenen Rhythmus stehen, sondern sich zugleich auf einen anderen Rhythmus einlassen.

Die erste Voraussetzung ist, daß die biologischen und emotionalen Rhythmen grundsätzlich übereinstimmen. Die alten Kulturen wußten um deren Bedeutung und prüften mittels der Astrologie nach, welche Partner seelisch und körperlich miteinander harmonierten. In unserer Kultur, die der romantischen Liebe viel mehr Bedeutung beimißt als dem Einklang der Seelen und Körper, schafft die Unvereinbarkeit der Rhythmen viele Leiden, die auch durch therapeutische Verfahren nicht zu beseitigen sind.

Wenn die Rhythmen grundsätzlich übereinstimmen, gibt es Lebensphasen, in denen Ihre Energie oder die Ihres Partners anderweitig gebunden sind. Das ist zum Beispiel in Zeiten von Leistungsstreß, Verlusten von engen Bezugspersonen, finanziellen Sorgen, Krankheiten oder Mutterschaft oft der Fall. In solchen Zeiten ist es wichtig, daß Sie Ihre Bedürfnisse kennen und sie offen und ehrlich mitteilen. Dies ist meist nur dann möglich, wenn Sie sich auf der persönlichen Eben ein Stück weit entfaltet haben und damit Ja sagen können zu sich selbst.

Das Ja zum Selbst

Die erste Hürde vor dem Ja zum Selbst liegt in der Ehrlichkeit. Ihre Umwelt programmiert Sie darauf, sich in bestimmter Weise zu sehen oder einem bestimmten Bild zu entsprechen. Als Elternteil geben Sie Ihre unerfüllten Wünsche und Erwartungen an Ihre Kinder weiter, genauso wie Ihre Eltern Ihnen ihre unerfüllten Wünsche und Erwartungen hinterlassen haben. Jeder ist eingebunden in Traditionen und Überlieferungen, deren Wurzeln tief ins Unbewußte reichen und die nicht so leicht zu durchschauen sind. Hinzu kommen Leitbilder, die durch Medien vermittelt werden und die verinnerlichten Programme verfestigen.

Die zweite Hürde liegt in der Programmierung auf das ‚Entweder-oder‘, dem zu wenig oder zu viel, dem Opfer oder Täter, der Selbstabwertung oder Grandiosität. „Wer bin ich denn schon, daß ich..." ist die abwertende Haltung, „wenn die wüßten, wer ich wirklich bin...", die grandiose Seite. Wenn Ihnen dieses ‚Paar‘ unvertraut ist, probieren Sie es mit: „Wer bist du denn schon, daß..." und die Antwort: „Wenn die wüßten, wie toll ich wirklich bin..."

Beide Seiten gehören untrennbar zusammen. Das abgewertete Kind heilt die Verletzung des Selbst dadurch, daß es sich über die anderen erhebt. Dieses ‚Sicherheben‘ ist oft mit Gefühlen der Rache verbunden im Sinne von „Eines Tages werde ich es euch zeigen...". Das Motiv der Rache und die damit verbundene Stärke kann zu einem wesentlichen Motor für äußeren Erfolg werden.

Das Dilemma dieser Haltung liegt darin, daß unter der äußeren Stärke ein brüchiges Selbstbewußtsein liegt. Wer sich selber abwertet, muß sich immer wieder neu beweisen. Wenn die Beweisführung mißlingt, bricht die Selbstabwertung mit all ihren Schattenseiten der Schuld, der Scham und des Versagens hervor und vergällt uns das Leben.

Aus dieser Sackgasse kommen Sie nur heraus, wenn Sie den Kreislauf von Selbstabwertung und Grandiosität verlassen. Sie sind weder so klein noch so groß, wie Sie abwechselnd vermuten. Es hilft meinen Klienten sich klarzumachen, daß sie menschlich sind, daß sie Grenzen haben in dem, was sie erreichen und bewältigen können, aber daß sie sich trotzdem oft mehr zumuten können, als sie von der Position der Selbstabwertung je geglaubt hätten.

Das überhöhte oder grandiose Selbst hält es schlecht aus, Fehler zu machen. Es muß perfekt sein. Damit erlauben Sie sich nicht die Freude des Ausprobierens, des Lernens durch Versuch und Irrtum, des Lernens durch Erkundung der Grenzen. Das grandiose Selbst verhindert, daß Sie ehrlich hinschauen, denn Sie könnten ja einen Makel entdecken. Ein Makel ist die Verletzung des perfekten Selbst. Ein Makel legt den Verdacht nahe, daß das Selbst vielleicht nicht so grandios ist, wie es dies zum Ausgleich für die Abwertung braucht.

Wenn Sie sich zugestehen können, daß Sie in dieser Schule ‚Erde' sind, gerade weil Sie nicht perfekt sind, gerade weil Sie Lernaufgaben zu bewältigen haben, kann diese Erkenntnis sehr entlastend sein.

Nehmen Sie als Beispiel die bedürftige Liebe. Die bedürftige Liebe ist weder gut noch schlecht. Sie ist eine Lernaufgabe, die sich aus einem faktisch erfahrenen Mangel in der Kindheit herleitet. Als Erwachsene haben Sie die Chance, Ihrem inneren Kind die Nahrung zu geben, die Ihre Eltern oder Verwandten Ihnen aufgrund ihrer Geschichte nicht geben konnten. Damit verlassen Sie die Familiengeschichte und bereiten neuen Boden, in den Sie den Samen der Selbsterfüllung, Selbstwertschätzung und Selbstliebe pflanzen.

Dann wieder begegnen mir Menschen, die sich weigern, gut für ihr inneres Kind zu sorgen, solange ihnen ein anderer Mensch diese Nahrung nicht gegeben hat, oder die sich weigern, sich selbst zu lieben, solange sie sich nicht von jemand anderem geliebt fühlen. Dieser Haltung liegt das trotzige Gefühl zugrunde, daß die Welt ihnen etwas schuldet oder daß sie nicht genug haben, um es sich selbst zu geben.

Das Dilemma ist, daß Sie die Liebe eines anderen Menschen nur dann annehmen können, wenn Sie dafür in Ihrem Inneren den Boden bereitet haben. Ohne diesen Boden versickert oder entschwindet all das, was von außen kommt, und läßt Sie mit dem Gefühl zurück, daß nicht genug für Sie da ist, während der andere das Gefühl bekommt, daß Sie unersättlich sind. Das Dilemma ist: Beide haben recht.

Den Boden in Ihrem Inneren bereiten Sie, indem Sie sich selber nähren. Dazu stehen Ihnen verschiedene Wege offen. Sie können Kontakt mit Ihrem inneren Kind aufnehmen und im inneren Dialog herausfinden, welche Bedürfnisse unbefriedigt geblieben sind. Das Spektrum unbefriedigter Lebensbedürfnisse ist breit und reicht vom Schutz vor Schaden über Bedürfnisse nach lebenserhaltender Nahrung, dem Bedürfnis, gesehen und geschätzt zu werden, bis hin zur spielerischen Erkundung der Umwelt.

Viele dieser Bedürfnisse können Sie aus Ihrem fürsorglichen Erwachsenen-Ich heraus befriedigen. Wenn Sie den Eindruck haben, daß Ihr Erwachsenen-Ich selber zu bedürftig ist, um auch noch das innere Kind zu nähren, wenden Sie sich an den Tempelhüter, den ich Ihnen im letzten Kapitel vorgestellt habe, oder schauen Sie, ob es eine mütterliche innere Gestalt gibt, die Ihrem inneren Kind diese Bedürfnisse heute erfüllen kann.

Auf diese Weise lernt Ihr Organismus, befriedigende seelische Nahrung zu empfangen und umzusetzen. Menschen, die annehmen und aufnehmen können, brauchen erstaunlich wenig von außen. Sie sind gute ‚Futterverwerter‘ und von daher schon mit wenig zufrieden. Doch sind es gerade diese Menschen, die Zuwendung, Aufmerksamkeit und Liebe auf sich ziehen. Es liegt in der Paradoxie des Lebens, daß die Dinge dem zufließen, der schon hat.

Das Ja zum anderen
Viele Paare finden sich unter dem Motto, daß es angenehmer ist, zu zweit allein zu sein als allein allein zu sein. Sie sehen den andern als einen Teil oder eine Verlängerung ihres Selbst. Dies heißt, daß der andere nur insofern und insoweit Wert und Bedeutung hat, als er die Lücken im eigenen System ausfüllen kann. Die Volkssprache belegt diesen allgemeinen Tatbestand mit dem Begriff der ‚besseren Hälfte‘.

Ursprünglich bezog sich dieser Begriff auf die ökonomische und soziale Rollenverteilung zwischen Mann und Frau, auf die unterschiedlichen Funktionen, die beide in der bürgerlichen Gesellschaft einnahmen. Der Mann sorgte für den Unterhalt der Familie, die Frau für die Erziehung der Kinder. In dem Maße, wie diese Aufgaben von beiden Geschlechtern übernommen wurden, verlagerte sich die Funktionsteilung nach innen.

Auf der inneren Bühne suchen die Menschen nach jemandem, der ihnen Ganzheit verspricht, die sie sich selber nicht geben können. Das romantische Liebesideal verführt zu dem Glauben, daß es den Prinzen auf dem weißen Pferd gibt, der das schlafende Dornröschen wachküßt. Oder daß es das ewig Weibliche gibt, das dem Mann die Erfüllung seiner Träume bringt.

Das Erlöser-Motiv (... „und dann kam er/sie" ...) wird Ihnen tagtäglich von der Unterhaltungsindustrie als Wirklichkeit vorgespielt. Da dieses Motiv tiefliegende Bedürfnisse im Menschen anspricht, ist es nicht so leicht, seinen Fängen zu entgehen. Angesichts der überzogenen, unrealistischen Erwartungen kann kein Partner gut genug sein für das bedürftige Selbst, da es sich schon selber nicht gut genug ist. Und der zum Teil beschwerliche Weg des Aufbaus von Vertrauen, Zuverlässigkeit und Verbindlichkeit erscheint im Vergleich zum versprochenen Instantglück ein mühsames Unterfangen.

Beziehungen sind heute ein zentrales Instrument des eigenen Wachstums. Gregg Braden[25] nennt sie die modernen Tempel der Initiation. Wie in Tempeln im alten Ägypten, in denen Menschen sich mit ihren Schattenseiten konfrontierten und sie überwanden, werden die Menschen heute in Beziehungen mit ihren unerfüllten Sehnsüchten und den damit verbundenen Gefühlen der Enttäuschung, Eifersucht, Neid, Rache und Wut konfrontiert. Je nachdem, wie bewußt Sie damit umgehen, ist der Partner die Projektionsfläche Ihrer unbefriedigten und unerledigten Schattenseite oder ein Spiegel, in dem Sie sich erkennen können.

Eine erfüllte und befriedigende Partnerschaft in gegenseitigem Respekt und Freiheit zu leben ist heutzutage eine Kunst, die nicht vielen gelingt. Die alten Formen lösen sich auf, und neue stehen als Lernmodelle noch nicht zur Verfügung.

Viele Männer und Frauen sind damit beschäftigt, ihre eigene Identität als Mann und Frau zu finden. Die Frauenbewegung und die propagierten Leitbilder haben das alte Spannungsverhältnis zwischen Männern und Frauen neutralisiert zugunsten von Bruder-Schwester-Beziehungen. Viele sind auf der Suche nach Leitbildern, in denen das Männliche und Weibliche in neuer Form integriert werden kann. In meiner Vorstellung wird der Mann darin zum ‚Krieger des Herzens' und die Frau zur ‚intelligenten Schönheit'. Angesichts der eigenen Unsicherheit über die männliche und weibliche Identität scheint es vielen eine Überforderung, sich zugleich mit dem bzw. der fremden anderen auseinanderzusetzen. Die Kommunikation wird bestimmt durch Mißverständnisse, die sich aus der Projektion der eigenen Erfahrung und Verhaltensweisen auf das andere Geschlecht ergeben.

Paare, die sich bewußt auf das Abenteuer einer Beziehung als Wachstumsprozeß einlassen, experimentieren mit einem weiten Spektrum an Lösungsmöglichkeiten, bei denen Eigeninitiative, Kreativität und Toleranz gefragt sind. Dazu zählt die Fähigkeit, Zeiten der Trennung zu tolerieren, um dem/r anderen Raum für die eigene Entwicklung zu geben ebenso wie das Zusammenleben in größeren Gemeinschaften, in denen mehrere Menschen auf intime Weise miteinander verbunden sind.

Im Rahmen unserer offenen Gesellschaft können Ihnen viele Menschen begegnen, die Sie anziehen und die sich als Partner anbieten. Wenn Sie diesen Impuls abschneiden, begrenzen Sie sich in Ihrem Wachstum. Menschen, die Sie anziehen, eröffnen Ihnen Bereiche, die Ihnen über den Lebenspartner nicht zugänglich sind. Solche Begegnungen sind ein Zeichen, daß etwas in Ihnen heranreift, dem Sie Ausdruck geben möchten.

Die Frage ist allerdings, auf welcher Ebene Sie mit solchen Anziehungen umgehen, und dies hängt damit zusammen, wie Sie die ersten beiden Entwicklungsstufen bewältigt haben, wie weit Sie in der Lage sind, Verbindlichkeiten einzugehen, und welche Werte und Prinzipien Ihnen im Leben wichtig sind.

Für viele Paare ist ‚Untreue' der kritische Punkt, der die Beziehung in Frage stellt. Um diesem Risiko zu entgehen, begrenzen sie aus Angst oder Bequemlichkeit die Komplexität ihrer Interessen und Ausdrucksmöglichkeiten auf den kleinsten gemeinsamen Nenner. Langfristig wird dadurch die Beziehung ausgehöhlt.

Untreue kann im Einzelfall Unterschiedliches bedeuten. Sie kann ein Ausdruck der Unfähigkeit sein, sich auf einen Partner tiefer einzulassen, oder ein Befreiungsschlag in einer Beziehung, in der ein Partner aus Angst oder Unsicherheit einen Totalanspruch auf den anderen Partner erhebt. Im ersten Fall läßt die Untreue nicht zu, daß eine tiefere Verbindung entsteht, im zweiten Fall kann die Untreue erstarrte Gewohnheiten und Strukturen aufbrechen und zum Fließen bringen.

Der Impuls zur Untreue auf einer reiferen Ebene spiegelt das Bedürfnis nach Erweiterung und Austausch. Wenn Sie diesen Impuls auf ein Geflecht freundschaftlicher Beziehungen hin begrenzen, kann die Erweiterung eine Bereicherung für beide darstellen.

Die Überschreitung der Grenze zur Sexualität wird meist als Bedrohung empfunden, die viel Fingerspitzengefühl und Vertrauen auf beiden Seiten erfordert. Patentlösungen gibt es nicht. Eine Beziehung hat, wie jeder Mensch, ihre eigenen Entwicklungsstufen. Jeder Übergang von einer Stufe zur anderen geht mit tiefgreifenden Veränderungen einher. Wenn Sie diese Übergänge als notwendige Phasen des Wachstumsprozesses sehen, können Sie gelassen bleiben. Wenn Sie diese Übergänge als Krisen wahrnehmen, die Ihre Beziehung bedrohen, reagieren Sie mit der Angst, den Partner zu verlieren.

Die übliche Reaktion auf Verlustangst ist das Festhalten am Partner und dem Gewesenen. Wenn Sie solche Phasen als Chancen zum gemeinsamen Wachstum begreifen, können Sie eher loslassen und Raum geben, so daß Ihr Partner und Sie sich auf das besinnen können, was die Beziehung bislang ausgemacht hat und was an Neuem heranreift.

Wie gut Sie mit solchen Wachstumsphasen zurechtkommen, hängt davon ab, wie gut Sie im Leben stehen, wie befriedigend die anderen Bereiche Ihres Lebens sind und ob Sie Freunde haben, an die Sie sich wenden können. Ein gemeinsames Wachsen setzt die Bereitschaft beider Partner voraus, das persönliche Potential zu entfalten.

Persönliche Entwicklungen verlaufen oft ungleichzeitig. Das heißt, daß sich ein Partner in einem Bereich schneller entwickelt als der andere. Dies kann ein Ansporn und eine Chance sein, das eigene Gesichtsfeld zu erweitern und mehr das eigene Potential zu verwirklichen. In manchen Fällen erfordert das, daß Sie dem Partner auch äußerlich den Raum geben müssen, damit er seinen eigenen Weg finden kann. Am besten gelingt dies, wenn Sie sich in solchen Phasen auf Ihr vom Partner unabhängiges Leben konzentrieren. Sollte Ihnen das schwerfallen, kann es hilfreich sein, allein oder gemeinsam professionelle Hilfe zu suchen oder sich mit Paaren auszutauschen, die solche Wachstumsphasen gemeistert haben.

Wie weit die Wege auseinandergehen können, ohne daß die Beziehung gefährdet ist, hängt ab vom Grad Ihres eigenen Selbstwerts, der Verbindlichkeit und Offenheit der Beziehung und der gemeinsamen Erfahrung im Umgang mit Wachstumsphasen. Auch hier gibt es keine Patentlösungen. Je mehr Sie sich selber und Ihrem Weg vertrauen, desto gelassener können Sie darauf bauen, daß Ihr Partner seinen Weg findet.

Im Einzelfall kann das allerdings auch bedeuten, daß die gemeinsame Aufgabe der Beziehung erfüllt ist und daß sich die Wege der Partner trennen. In einer bedürftigen Beziehung reagieren die Partner mit Verzweiflung und Einsamkeit. In einer reifen Beziehung bleiben sie in solch einem Falle mit einem Gefühl der Bereicherung und der Dankbarkeit für das Geschenk der gemeinsam verlebten Zeit zurück.

Das Ja zur Gemeinschaft
Wenn wir uns einem Partner tief verbunden fühlen, wächst aus der Verbundenheit das Bedürfnis, sie mit anderen Menschen zu teilen. Statt nur einander in die Augen zu sehen, richten sich die Augen auf ein gemeinsames größeres Ziel, das in der Regel andere Menschen mit einschließt.

Menschen sind von ihrer Geschichte und Herkunft her Gruppenwesen. Nur in der Gemeinschaft mit anderen konnten sie die Anforderungen des Überlebens als Gattungswesen sicherstellen. Die Familie war historisch die Keimzelle der Gemeinschaften in ihren verschiedenen Ebenen, von kleinen Dorfgemeinschaften über größere Organisationen bis hin zum Staat.

Mit dem Zerfall des traditionellen Familienverbandes als ökonomischer Einheit gerieten und geraten die Menschen heute in Isolation und Einsamkeit. In den letzten drei Jahrzehnten entstanden als Gegenkraft zu dieser Vereinzelung Encounter- und Großgruppen, um die Mauern der Isolation zu durchbrechen. Die Anonymität und Unverbindlichkeit der Begegnung in solchen Gruppen erleichterte es vielen, ihr Herz zu öffnen und ihre tiefen Gefühle zu teilen. Die Herausforderung lag darin, diese Erfahrungen in den Alltag zu integrieren und dort wirksam werden zu lassen.

Angesichts der Leistungs- und Wettbewerbsorientierung in den westlichen Gesellschaften war dies leichter gesagt als getan. So schlossen sich Menschen auch in Gemeinschaften zusammen, deren Ziel die Erprobung neuer Formen des Zusammenlebens ist. Eine solche Gemeinschaft ist Findhorn im Nordosten Schottlands, in der ich zwölf Jahre gelebt habe.

Die Erprobung neuer Lebensformen, für die es keine Modelle gibt, ist nicht leicht. Solche Gemeinschaften sind mit denselben Fragen konfrontiert wie jene Generation, die in den Sechzigern aufbrach, um die Welt aus ihren autoritären Angeln zu heben.

Was diese Generation der heute Fünfzigjährigen kennzeichnet, ist eine ökonomische Situation, die es ihr erlaubt, zwischen einer Vielzahl von Lebensstilen zu wählen. Sie ist idealistisch und selbstbewußt und engagiert sich für ökologisch gesunde Lebensbedingungen.

Die 68er-Generation hat ein hohes Ideal von der Menschheit als Gruppe von Gleichen mit gleichen Rechten, Pflichten und Wünschen, was sich in Forderungen nach radikal-demokratischen Strukturen äußert. Im Falle einer Lebensgemeinschaft wie Findhorn bedeutet dieser Anspruch einen freien Fluß der Hierarchie, in der jeder nach seinen Fähigkeiten die anstehenden Aufgaben erfüllt und dabei die entsprechenden Positionen je nach Bedarf wechselt.

Das Problem dieses Ansatzes liegt darin, daß ein solch hoher Anspruch auf der Gemeinschaftsebene nur dann einlösbar ist, wenn die daran beteiligten Menschen gelernt haben, für ihr physisches Wohlergehen und ihre Umwelt zu sorgen; wenn sie ihren Selbstwert kennen und ihre Stärken und Schwächen realistisch einschätzen; wenn sie fähig sind, ihre eigenen Interessen mit denen des Gemeinwohls zu verbinden.

Gerade dieser letzte Punkt stellt vielfach ein unüberwindbares Hindernis dar. Menschen, die sich von derartigen Gemeinschaften angezogen fühlen, arbeiten gern in Teams und sind bereit, für ihre Freunde oder das Gemeinwohl Opfer zu bringen. Doch oft beruht diese Stärke auf einer Schwäche, die aus dem bedürftigen Selbst stammt: der Angst, aus dem Kreis der Freunde herauszufallen. Da sich Menschen gerade aus dem Bedürfnis nach Zugehörigkeit und Geborgenheit zu alternativen Gemeinschaften hingezogen fühlen, setzen sie diese Zugehörigkeit nicht leicht aufs Spiel.

Sie sind selten bereit, auch allein oder gegen die Gemeinschaft zu handeln, wenn es erforderlich wäre. Das Zurückstellen der eigenen Interessen zugunsten des Gemeinwohls ist daher oft von Gefühlen des Grolls, Neids oder inneren Protests begleitet, was sich in unterschwelligen Machtkämpfen, Selbstabwertungen oder Abwertungen anderer niederschlägt. Diese Gefühle können sich kollektiv zu einer unausgesprochenen und meist unbewußten Haltung der Verweigerung gegenüber allen Initiativen der Leitung verdichten, was im Extremfall die Gemeinschaft zerstört.

Bei dem Versuch, solche Strukturen aufzubrechen, kann sich für die Gemeinschaft leicht etwas herausbilden, das ich oben bereits als negativ beschrieben habe: eine Subkultur, in der die eigenen Verletzungen zum wesentlichen Inhalt und Bindeglied werden.

Die „Arbeit" an den eigenen Wunden befriedigt das Bedürfnis nach persönlichem Wachstum und verhindert zugleich eine tiefgreifende und anhaltende Persönlichkeitsveränderung, was Übernahme von Verantwortung erfordern würde. Wer die Verantwortung für sein Leben übernimmt, riskiert, daß er aus der Gemeinschaft herausfällt, besonders angesichts der kollektiven Absage an Veränderungen.

Die Subkultur stützt den Rückzug aus der Verantwortung auf zweierlei Weise. Zum einen rechtfertigt die Beschäftigung mit den eigenen Problemen den Rückzug aus Verbindlichkeiten in gemeinsamen Projekten, ohne daß damit die Zuwendung der anderen gefährdet wird. Zum anderen bietet die Gemeinschaft Rechtfertigungsstrategien, die es erlauben, den Feind außen zu suchen, anstatt die eigenen Schwächen im Umgang mit der Welt außerhalb der Gruppe anzugehen.

Wenn das bedürftige Selbst gereift ist, stehen ihm andere Möglichkeiten auf der Ebene von Gemeinschaften zur Verfügung.

Das gereifte Selbst hat Überlebensangst und Gruppenabhängigkeit überwunden und ist frei, je nach Notwendigkeit allein oder mit anderen zusammenzuarbeiten. Dies heißt nicht, daß es nicht auch bedrückende Gefühle kennt. Es nimmt sie wahr und erkennt sie an, läßt aber seine Entscheidungen nicht durch sie bestimmen. Gefühle kommen und gehen. Wesentlicher sind die Einstellung und das Verhalten. Scheitern ist für das gereifte Selbst kein Unglück, sondern eine Erfahrung, die zum Lernen herausfordert.

Das gereifte Selbst fürchtet weder die Macht, noch ist es von ihr angezogen. Es weiß, wie man sie bekommt und wie man sie einsetzt, kennt jedoch auch ihren begrenzten Nutzen.

Das gereifte Selbst kann persönliche Interessen hinter die des Gemeinwohls zurückstellen, allerdings nicht aus Angst, sondern aus dem Wissen um seine Verbindung mit anderen Menschen. Es weiß, daß sein Handeln am Ende auf es zurückfällt.

Das gereifte Selbst fühlt sich der Erhaltung des Lebens und

der Erhaltung dieser Welt verpflichtet. Es arbeitet darauf hin, Fülle zu erzeugen, die allen dient.

Das Ja zu den menschlichen Werten
Ein gereiftes Selbst, das die Stufenleiter der Entwicklung durch-schritten und sich mit seinen Schattenseiten angefreundet hat, steht im natürlichen Kontakt mit den universellen Werten, die jenseits von Kultur und Rasse die Menschheit verbinden. Zu ihnen zählen Liebe, Vertrauen, Wahrheit, Frieden, Gewaltlosig-keit, Rechtschaffenheit, Ehrlichkeit und Weisheit.

Diese Werte sind uns von weisen Menschen immer wieder als erstrebenswerte Ziele und Leitlinien für das Leben empfoh-len worden. Es ist ein langer Weg, sie als natürliches Ergebnis der eigenen Entwicklung im eigenen Selbst zu verankern. Dazu brauchen Sie die Bereitschaft, sich mit den ‚Dämonen' Ihrer Schattenseite auseinanderzusetzen, den negativen Gefühlen des Zorns, des Neids, der Eifersucht, der Angst, des Kummers und der Sorgen. Wenn Sie lernen, solche Gefühle liebend anzuneh-men, verwandeln sie sich in ihr Gegenteil.

Ohne diese Arbeit geraten Sie in Gefahr, sich etwas vorzu-machen. Das perfekte oder grandiose Selbst, das ich bereits kurz skizziert habe, neigt dazu, sich positive Ziele als bereits verwirk-lichte Qualitäten zuzuschreiben. Da es perfekt sein muß, kann es sich die Schattenseite nicht zugestehen. Es verdrängt sie, und damit ist sie ihm nicht mehr zugänglich.

So haben Sie vielleicht ein Bild von sich, das Ihre Bekannten, Kollegen oder Freunde nicht teilen, und Sie werden manchmal schmerzlich auf die Diskrepanz zwischen Ihren Ansprüchen und Ihrer Wirklichkeit hingewiesen. Solch eine Diskrepanz zu bemerken ist sehr belastend für das grandiose Selbst, das mit Versagensängsten, Schuldgefühlen und Scham reagiert.

Die Verwirklichung der menschlichen Werte in unserem Alltagsleben ist keine einfache Aufgabe. Es ist ein Weg der Aus-einandersetzung mit unseren Lernaufgaben, Stärken und Schwächen. Um nicht in die eben beschriebene Falle des schon perfekten Selbst zu geraten, hilft es, sich klarzumachen, welche

Lernschritte notwendig sind, um die einzelnen menschlichen Werte zu leben.

„Den Nächsten so zu lieben wie sich selbst" setzt voraus, daß Sie sich selber lieben können.

Ehrlichkeit setzt voraus, daß Sie Ihre in der Kindheit verinnerlichten Programme und die kulturellen Leitbilder durchschauen können.

Gewaltlosigkeit setzt voraus, daß Sie mit Ihren eigenen inneren Konflikten umgehen können und Frieden zwischen Ihren verschiedenen Bestrebungen und Anteilen gefunden haben.

Vertrauen setzt voraus, daß Sie sich auf sich selbst verlassen können und andere so sehen, wie sie sind, so daß Sie nicht blind vertrauen und enttäuscht werden.

Weisheit kommt aus der Erfahrung und dem Wissen um die menschliche Unzulänglichkeit. Dieses Wissen verhilft zur Demut und hält das grandiose Selbst in Grenzen.

Wenn Sie sich klarmachen, was alles erforderlich ist, um menschliche Werte im Leben zu verwirklichen, kann Ihnen diese Erkenntnis helfen, sich die Zeit und den Raum zu geben, die dafür notwendig sind. Es nützt Ihrem sich entfaltenden Selbst nicht, wenn Sie sich mit Ansprüchen überfordern, an denen Sie nur scheitern können.

Das Ja zur Verbundenheit mit dem Leben
Auf der universellen Ebene stellt sich das grandiose Selbst oft gern als das wahre, das göttliche Selbst dar, als Ihr Kern, der mit dem Universum und dem Kosmos verbunden ist.

Seine ‚Masken' auf dieser Ebene sind vielfältig und schwer zu durchschauen. Seien Sie wachsam, wenn Ihr Selbst noch bedürftig ist. Das Selbst neigt zur Grandiosität, wenn es im Leben noch nicht fest verankert ist. Es nimmt dann an, es sei im Besitz der Wahrheit, die es anderen ohne Rücksicht auf deren Situation und Entwicklung aufzudrängen sucht.

Das ‚göttliche' Selbst, unser innerer Kern, weiß um die Relativität der Wahrheit. Es weiß, daß jeder auf seinem Weg ist und auf seine Weise die Wahrheit für sich erkennen muß. Es achtet das Recht der anderen zu ‚sein'. Es verlangt nicht von anderen, sich auf unsere Weltanschauung hin zu verändern.

Das ‚göttliche' Selbst baut im Unterschied zum grandiosen Selbst die Brücke zur physischen Existenz. Es weiß, daß es darum geht, nicht aus der Welt hinauszustreben, sondern sich in ihr zu verwirklichen. Da es zugleich den größeren Zusammenhang kennt, in den wir alle eingebettet sind, verfängt es sich nicht in den Fallstricken der Welt. Es ist in der Welt, ohne von dieser Welt zu sein.

DIE WENDELTREPPE

Unsere Lebensmuster als Wegweiser

Als Kind lernte ich, daß das Leben von der Geburt bis zum Tod das Jammertal des Leidens durchquert. Ich hielt es für ein einmaliges Ereignis, das, so Gott will, am Ende mit dem Himmel oder der Hölle belohnt wird. Es war nicht ganz zufällig, ob mich das eine oder das andere Schicksal treffen würde. Wenn ich mich nach den Erwartungen anderer verhielt, verbesserte ich meine Chancen, in den Himmel zu kommen. Natürlich gab ich mir alle Mühe, um mich dafür zu qualifizieren.

Angesichts der Widersprüchlichkeit der Aussagen und Anforderungen, die von verschiedenen Seiten an mich herangetragen wurden, war das kein einfaches Unterfangen. Es wurde noch dadurch erschwert, daß sich mein innerstes Wesen diesen Anforderungen nur ungern beugen wollte.

Später versuchte ich, diesem widerspenstigen Teil in mir, der auf dem besten Weg war, mir meine Chancen auf den Himmel zu vermasseln, den Garaus zu machen. Ich begab mich in eine Psychoanalyse.

Es kam jene Stunde, in der ich mich zum wiederholten Male darüber beklagte, wie krank ich offensichtlich sei. Es wollte mir nicht gelingen, dem Ideal meiner Mutter zu folgen und ein glückliches Leben als Hausfrau und Mutter in einem Vorortreihenhaus anzustreben. Nach einer langen Pause hörte ich meine psychoanalytische Mutter sagen: „Mir scheint, Sie verwechseln hier etwas. Ihr widerspenstiger Teil ist Ihr gesunder Teil und Ihr Bemühen um Anpassung der kranke."

Ich glaubte, ich hörte nicht recht! All die Jahre, die ich gegen diesen unbändigen Drang nach Freiheit angekämpft hatte, umsonst? Sollte ausgerechnet dieser Teil gesund sein, der in den Menschen etwas sah, das sie über sich selber nicht wußten oder wissen wollten, und der die Menschen in meiner Umgebung aufbrachte, wenn ich nur den Mund öffnete? Mein Weltbild erlitt eine schwere Erschütterung. Und es sollten noch etliche Jahre vergehen, bis ich erkannte, daß das Leben nicht so sein konnte, wie es die Vorbilder der Kindheit mir vermittelt hatten.

Statt der Reise, die geradlinig von der Geburt zum Tode führt, entfaltete sich mein Leben wie eine Wendeltreppe. Auf dem Weg in immer tiefere Schichten des Seins kam ich an den immer gleichen Mustern vorbei. Doch ich nahm sie aus verschiedenen Blickwinkeln wahr, bis sich mir ihr Inhalt erschlossen hatte und ich diese Programme hinter mir lassen konnte.

Ich fand meinen Prozeß wieder in Portia Nelsons *Autobiographie in fünf kurzen Kapiteln.*

Kapitel 1:
Ich gehe eine Straße lang.
In der Straße ist ein Loch
Ich falle hinein.
Ich bin verloren.
Ich bin hilflos.
Es ist nicht meine Schuld.
Es dauert eine lange Zeit,
bis ich aus dem Loch herausfinde.

Kapitel 2:
Ich gehe dieselbe Straße lang.
In der Straße ist ein Loch.

Ich tue so, als sähe ich es nicht.
Ich falle wieder hinein.
Ich kann es nicht glauben,
daß ich wieder in diesem Loch gelandet bin.
Doch ist es nicht meine Schuld.
Es dauert wieder eine lange Zeit,
bis ich aus dem Loch herausfinde.

Kapitel 3:
Ich gehe dieselbe Straße lang.
In der Straße ist ein Loch.
Ich sehe es.
Ich falle trotzdem hinein.
Es ist eine Gewohnheit.
Meine Augen sind nun offen.
Ich weiß, wo ich bin.
Es ist meine Schuld.
Ich verlasse das Loch sofort.

Kapitel 4:
Ich gehe dieselbe Straße lang.
In der Straße ist ein Loch.
Ich gehe um das Loch herum.

Kapitel 5:
Ich gehe eine andere Straße lang.

Wenn Sie einmal aufmerksam untersuchen, was sich in Ihrem Leben ständig wiederholt, werden Sie vermutlich feststellen, daß eine bestimmte Thematik viele verschiedene Ebenen durchzieht. Wenn es Ihr Lebensthema ist, sich von anderen ausgenutzt und betrogen zu fühlen, begegnen Ihnen solche Situationen beim Brötchenholen genauso wie in Ihren persönlichen Beziehungen oder bei finanziellen Vereinbarungen mit Geschäftspartnern.

Im Verlaufe Ihres Lebens betrachten Sie solche Muster aus unterschiedlichen Blickwinkeln, bis sie ihre Funktion erfüllt haben und Sie sich von ihnen verabschieden. Danach gehen Sie eine andere Straße lang.

Der Zyklus der Manifestation

Die fünf Elemente

Im Kapitel über das holographische Universum habe ich auf sich überschneidende Energiewellen hingewiesen, die als Interferenzmuster bezeichnet werden.[26] Nach dem Verständnis der Wirklichkeit als Hologramm liegt unter dieser sichtbaren Welt, der ,enthüllten' Ordnung, eine tiefere Seinsebene, die sich der Wahrnehmung unseres Auges entzieht. Diese ,verhüllte' Wirklichkeit, zu der Interferenzmuster gehören, bestimmt auch unsere Gedanken, Gefühle und physischen Prozesse.

In der ayurvedischen Tradition Indiens und der chinesischen Medizin werden die bewegenden Kräfte, die sich zu Interferenzmustern verweben, als fünf Elemente bezeichnet, denen bestimmte Energie- und Bewußtseinsqualitäten zugeschrieben werden. Diese Elemente sind Äther, Luft, Feuer, Wasser und Erde. Im ayurvedischen System sind sie fünf Chakren zugeordnet, die diese Energien aufnehmen und weiterleiten.[27]

Chakren sind wirbelförmige Energiezentren, die im Energiesystem des Körpers Impulse aufnehmen und verteilen. Traditionellerweise sprechen wir von sieben Chakren, die verschiedenen Körperzonen zugeordnet sind. Die beiden höheren Chakren, das Scheitelchakra auf dem höchsten Punkt des Kopfes und das dritte Auge, liegen jenseits der fünf Elemente. Äther ist dem Kehlchakra am Kehlkopf zugeordnet, Luft dem Herzchakra, Feuer dem Nabelzentrum, Wasser dem Sakralchakra zwischen dem fünften Lendenwirbel und dem Kreuzbein und Erde dem Wurzelchakra zwischen Kreuzbein und Steißbein.

Jedes Element repräsentiert Energie und Bewußtsein, die aus den zugehörigen Chakren ausströmt. Je höher das Chakra angesiedelt ist, um so feiner ist die Energie und um so höher das Bewußtsein; je tiefer das Chakra angesiedelt ist, um so dichter ist die Energie und um so begrenzter das Bewußtsein. Die allumfassende Liebe gehört zum Beispiel zum Element Luft oder dem Herzchakra, während sie auf der Ebene des Wassers im Sakralchakra zu sexuellem Begehren wird.

Sie können sich Chakren vorstellen wie Transformatoren, die auf jeder Ebene die Energie in eine dichtere Form umwandeln, bis sie auf der Ebene des Elementes Erde die für unsere Sinne wahrnehmbaren physischen Formen annehmen. Diese Bewegung durch die Chakren hindurch ist wie ein Zyklus, bei dem sich ein Energieimpuls über verschiedene Schritte hindurch verdichtet und schließlich in Form kristallisiert.

Dieser Prozeß heißt Manifestation oder Umwandlung von Energie in Form. Sie können diesen Prozeß in der Natur beobachten, wenn Wasser zu Eis wird oder sich im umgekehrten Prozeß in Dampf auflöst. Meister wie Sai Baba können offensichtlich die Gesetze dieses Zyklus beherrschen, wenn sie scheinbar aus der Luft materielle Gegenstände ,zaubern'.

Chakren, wie oben erwähnt, sind wirbelförmige Energiezentren. Wirbel sind eine Grundform von Energie im Universum. Wir finden sie beispielsweise als Strudel im Wasser oder als Hurrikan in der Luft. Die Wirbelform als ein grundlegendes Element des Universums bestimmt, daß unser Leben nicht linear, sondern zyklisch verläuft wie eine Spirale mit Aufwärts- oder Abwärtstrend. Eine Spirale ist die Kombination aus Kreis und Pfeil. Der Pfeil weist die Richtung, während der Kreis das Spektrum unserer Erfahrungen auf einer Ebene umfaßt. Wenn wir diese Spiralbewegung auf unser tägliches Leben anwenden, erkennen wir darin unseren Lebenspfad als Wendeltreppe wieder. Gemäß dem holographischen Gesetz, daß jedes Teil das Ganze enthält, spielt sich dieser Prozeß im Kleinen wie im Großen in vielen Bereichen unseres Lebens ab.

Im letzten Abschnitt haben wir betrachtet, wie wir die verschiedenen Entwicklungsstadien in einem fortschreitenden Prozeß zunehmenden Bewußtseins durchschreiten. Sie können sich diesen Prozeß wie eine sich nach oben ziehende Wendeltreppe vorstellen. Innerhalb dieses Zyklus durchlaufen wir auf jeder Stufe der Wendeltreppe einen Zyklus von fünf Schritten, um einem Gedanken Form zu geben. Es ist auf einer pragmatischen Ebene derselbe Weg, den das ,göttliche' Selbst nimmt, um sich in der Materie zu vergegenständlichen.

Dieser Weg hat seine Herausforderungen und Fallstricke. Je nach Ihrer Grundausrichtung, die ich im Abschnitt über ,die vier Bewußtseinsfunktionen' angesprochen habe, liegen Ihnen manche Schritte mehr als andere. Diese verschiedenen Schritte kann man sich anhand der fünf Elemente und der damit verbundenen Fallstricke verdeutlichen.

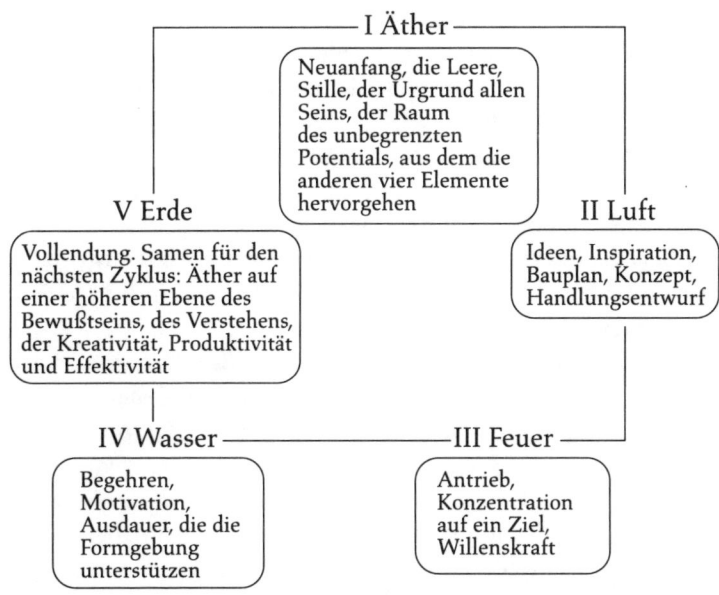

Abb. 3: Der Zyklus der Manifestation

Äther

Beginnen wir mit Äther, der Leere, dem formlosen, schöpferischen Raum, aus dem alle Impulse aufsteigen. Dies ist der Raum der Stille, den Sie in tiefen Meditationen erreichen.

In der Stille öffnet sich der Zugang zu dem Urgrund allen Seins, dem universellen Geist. Ihr individuelles Bewußtsein ist ein Teil davon. In der Einheit mit diesem Urgrund liegt das schöpferische Potential des Universums für Sie bereit. Es ermöglicht Ihnen, Ihr Leben in Harmonie mit diesem Geist zu gestalten. Sie werden in diesem Prozeß zu einem Kanal, durch den sich der schöpferische Geist ausdrücken kann, um anderen zu dienen. Die Voraussetzung dafür ist, daß Sie in diese Stille eintauchen und darin ausharren. Über Ihre intuitive Wahrnehmung erspüren Sie dann, was Ihr individueller Ausdruck dieses Geistes ist. Es geht darum, daß Sie diese Ihre Einzigartigkeit in Ihrem Leben verwirklichen.

Der Urgrund allen Seins ist der Raum des unbegrenzten Potentials. In meinem inneren Bild ist dies eine schwarze unberührte Fläche, aus der kleine Erhebungen wie Luftblasen hervorbrechen und wieder in sich zusammensinken. Diese Erhebungen sind die Gedanken und Ideen, die sich in der Materie vergegenständlichen können. Manchmal bricht eine Idee wie ein Geistesblitz aus dem unbegrenzten Potential des Urgrundes hervor, manchmal bedarf es langer Ausdauer, um den Gedankenimpuls aufzuspüren.

Äther ist dem Kehlchakra zugeordnet, das die Verbindung herstellt zwischen unserem Geist sowie unseren Gedanken und unserem Körper mit seinen Empfindungen und Gefühlen. Der Kehlkopf in seiner physischen Kapazität als Ausdrucksorgan ist ein Zentrum der Kommunikation zwischen den inneren Bereichen und der Kommunikation mit der Außenwelt. Über dieses Zentrum drücken Sie sowohl Ihre höhere Wahrheit, den schöpferischen Geist aus als auch Ihre alltäglichen Bedürfnisse, Gefühle und Meinungen.

Äther ist der neutrale, passive Grund, aus dem sich die anderen vier Elemente erheben und ihre Aktivität entfalten. Luft, Feuer, Wasser und Erde repräsentieren eine Bewegungsqualität, die sich in unseren Gedanken, Gefühlen und körperlichen Prozessen ausdrückt. Die Art, wie sich diese Elemente verbinden, erzeugt die Art, wie Sie Ihre Ideen und Gefühle äußern.

Luft

Das Element Luft steht ganz allgemein für Bewegung. Luft kann wie eine frische Brise sein, die uns an einem heißen Sommertag erfrischt, oder wie der Sturm bei einem Gewitter.

Zum Element Luft gehört das Denken oder gehören die Gedanken als mentale Bewegungen, die sich zu Ideen, Konzepten oder Absichten verdichten. Sie können als Form Gestalt annehmen.

Wenn das Element Luft im Gleichgewicht ist, sind Sie offen für neue Ideen und Ansätze. Wenn sein Bewegungsfluß gestört ist, halten Sie an einmal gefaßten Ideen fest. Wenn das Element in Ihnen überrepräsentiert ist, bewegen Sie sich gern in Ihren Gedankenwelten. Sie finden es vermutlich schwierig, Kontakt zu Ihren Gefühlen und Körperempfindungen aufzunehmen, Gedanken in Handlung umzusetzen oder Projekte zu beenden.

Jeder Gedanke ist Bewegung, ist ein Schwingungsfeld. Er holt nach dem Gesetz der Anziehung die in bestimmten Situationen notwendigen Informationen, Werkzeuge, Umstände, Menschen und Geldmittel herbei. Damit ein Gedanke Wirklichkeit werden kann, muß er klar, präzise und konstant sein. Ein Gedanke, der lediglich eine Ansammlung ständig wechselnder Impulse ist, hat nicht genug Kraft. Er kann sich nicht als Form manifestieren. Starke widersprüchliche Ideen erscheinen in der Wirklichkeit als eine Folge widersprüchlicher oder verwirrender Situationen, die Versuche sind, all die verschiedenen Gedankenaspekte Form annehmen zu lassen.

Der erfolgreichste Weg, um einem Gedanken eine klare und präzise Form zu geben, ist ein mentales Bild, das wir über unsere rechte Gehirnhälfte unserem Vorbewußten einprägen. Dieser Prozeß wird Visualisierung genannt. In diesem Prozeß identifizieren wir in unserem Innern das Objekt oder den Zustand, dem wir physische Wirklichkeit verleihen wollen. Diese Identifikation geht so weit, daß das Objekt oder der Zustand zu einem Teil von uns werden. Diese Einheit von Person und Gegenstand gibt dem Gewünschten die notwendige Kraft, damit es die vielen Schritte von der Idee zur Form übersteht.

Luft ist dem Herzchakra zugeordnet. Das Herz ist in der Volkssprache der Sitz der Seele und der Liebe. Da das Herzchakra dem Grund allen Seins, Äther, am nächsten liegt, geht es hierbei um die allumfassende Liebe, die nicht an die Bedürfnisse des Egos gebunden ist. Es ist das reine, bewußte Begehren, das sich zurücksehnt zu seiner Quelle. Gedankenimpulse, die aus dieser Quelle genährt werden, sind mit den Herzensqualitäten verbunden, mit Liebe, Freude, Mitgefühl, Dankbarkeit, Fülle oder Dienst am anderen.

Feuer

Damit der Gedankenimpuls, die Idee oder das Konzept Wirklichkeit werden können, brauchen sie Energie. Feuer ist die sich ausdehnende Kraft, die der Bewegung der Luft die Richtung gibt. Unter Feuer verwandeln sich die Gedankenimpulse in einen feurigen Intellekt oder einen raschen Verstand.

Feuer ist die Fähigkeit, die Zielsetzung klar im Auge zu behalten und ein Projekt durch alle Schwierigkeiten hindurch zu verwirklichen. Das Feuer nährt den Gedankenimpuls über viele Widerstände hinweg und sammelt die notwendige Energie an, die diesem Impuls zur physischen Form verhilft. Feuer: der Antrieb, die Konzentration auf das Ziel und der Wille machen aus der Vielfalt beliebiger Möglichkeiten einen bewußten Schöpfungsakt.

Wenn das Feuerelement im Gleichgewicht ist, lieben Sie das Leben und setzen diese Begeisterung um. Sie handeln, ohne lange nachzudenken. Sie haben Willenskraft und einen klaren Verstand, der Ihre Zielsetzung auch durch Hindernisse und Chaos hindurch zur Verwirklichung bringt.

Wenn Sie Ihr Feuer unterdrücken, erleben Sie es vielleicht als schwelenden Groll gegen die Welt oder gar als Selbstabwertung, Depression oder Ohnmacht. Wenn das Element in Ihnen überrepräsentiert ist, sind Sie vielleicht zu selbstzentriert und versuchen, anderen Ihren Willen aufzudrängen, wenn nötig, auch mit Gewalt.

Feuer ist mit dem Nabelchakra und dem Solarplexus verbunden. Das Nabelzentrum ist der Sitz der vitalen Energie, die Sie mit Durchhaltekraft und Konzentration auf das Ziel versorgt. Das Sonnengeflecht, der Solarplexus, verteilt die Energie als Wärme und strahlt sie wie ein Licht aus. Dieses Licht zieht Kräfte an, die dem Gedankenimpuls zur Realisierung verhelfen.

Feuer ist mit den negativen Emotionen des Ärgers und Grolls verbunden, die, positiv gewendet, Ihnen die notwendige Selbstbehauptung und intellektuelle Klarheit ermöglichen.

Wasser

Das Element Wasser unterstützt den Antrieb, die Konzentration auf das Ziel und die Willenskraft des Feuers. Nicht der Verstand wie beim Element Luft, sondern das intuitive Wissen um die größeren Zusammenhänge und das gefühlsmäßige Erfassen der Welt bestimmen seine Qualität. Die Energie der tiefen Gefühle oder des Begehrens geben uns die notwendige Ausdauer, um den Gedankenimpuls durch alle Phasen hindurch in konkrete Gegenstände oder Situationen umzusetzen.

Im Unterschied zu der frei beweglichen Qualität der Luft ist Wasser ein Element, das verdichtet. Es gibt den Ideen Form.

Wasser ist das Weibliche, Nährende in uns, das Heilung und Wachstum auf allen Ebenen ermöglicht. Wasser erlaubt uns, die Dinge so anzunehmen, wie sie sind.

Wasser ist mit dem Sakralchakra zwischen dem fünften Lendenwirbel und dem Kreuzbein verbunden und umfaßt den Bekkenbereich mit all seinen sexuellen Impulsen, aber auch der Fähigkeit auszuscheiden. Der Mißbrauch von Macht, sei er sexueller, finanzieller oder emotionaler Natur, hat hier seinen Sitz, ebenso wie die damit zusammenhängenden Ängste vor Ohnmacht und Überwältigung, sexueller Schuld und Scham.

Wenn das Wasserelement frei fließt, sind Sie mit Ihren Gefühlen in einer sehr geerdeten Weise in Kontakt. Sie sind in der Lage, emotionale Muster zu durchdringen, aufzulösen und mit ihnen zu fließen, so wie Wasser um Steine herumfließt und sie mit der Zeit abrundet. Wenn der Fluß des Wassers in Ihnen blockiert ist, haben Sie die Tendenz, Dinge oder Personen festzuhalten, besonders wenn es um sexuelle Bedürfnisse geht. Oder Sie versinken in Ihren Gefühlen und Bindungen, in Trauer, Depression oder Verzweiflung, in unerfüllten Sehnsüchten und Begierden.

Wenn das Wasser im Gleichgewicht mit dem Element Luft ist, sind Sie in Ihrem Denken beweglich. Sie sind offen für neue Einsichten und fähig, die Richtung Ihrer Entscheidungen zu verändern, sofern es erforderlich sein sollte. Die Verbindung von Idee und Wunsch erzeugt Kraft, die das herbeizieht, was den Keim der Gedanken wachsen und reifen läßt. Die Herausforderung der formgebenden Phase Wasser liegt darin, den Fluß nicht durch starres Handeln einzudämmen. Der schöpferische Geist des Universums hält viel mehr Möglichkeiten für uns bereit, als wir mit unserem begrenzten Erfahrungsschatz auch nur erahnen können.

Erde

Das letzte Stadium im Zyklus der Manifestation ist Erde, die konkrete Umsetzung und Vervollständigung Ihrer Gedanken und Handlungen in Form. Auf dieser Ebene erfassen, erfahren und bearbeiten Sie die Welt durch ihre Sinne. Erde ist die Ernte der Früchte Ihrer Arbeit.

Erde hat die größte Masse und ist damit träge. Es kann Sie Kraft kosten, die der Masse eigene Trägheit zu überwinden, z. B. morgens beim Aufstehen, bei Ihren Übungen oder bei der Überwindung negativer Verhaltensmuster. Ihre physische Form, Ihr Körper, kann sich für Sie anfühlen, als wären Sie in einem Gefängnis eingeschlossen. Auf der anderen Seite gibt Erde Ihnen die Beständigkeit und Kraft, all die vielen praktischen Schritte durchzuführen, die zur Beendigung eines Projekts notwendig sind.

Wenn das Erdelement in Ihnen überrepräsentiert ist, besteht die Gefahr, daß Sie sich an Routinen festhalten und Ihre Vorstellungskraft und Intuition beschränken, wenn es um neue Ideen oder Erfahrungen geht. Falls das Element unterrepräsentiert ist, haben Sie Schwierigkeiten, Ihre Projekte durchzuführren. Sie können leicht in Tagträumen oder in Ihren Gefühlen untergehen.

Erde ist auch das dichteste Element. Dichte können wir als bedrohlich und ängstigend erleben. Denken Sie nur an Massenveranstaltungen, in denen die Gefahr besteht, durch die Masse erdrückt zu werden. Die Angst im Erdelement bezieht sich auf Fragen der physischen Sicherheit und des Überlebens. Auf der energetischen Ebene erleben Sie diese Angst als Kälte oder Rückzug Ihrer Energie nach innen. Hierzu gehört das Gefühl, daß Sie keine Heimat haben, nirgends dazugehören, keine Unterstützung finden oder Ihr Überleben nicht garantieren können.

Erde gehört zum Wurzelchakra zwischen Kreuzbein und Steißbein, dem Ausgangspunkt unseres Rückgrats, das uns ein Fundament, Unterstützung und Erdung gibt. Wenn Ihr Rückgrat schwach oder verbogen ist, wirkt sich das entsprechend aus. Wenn jemand aus Furcht vor der Handlung zurückschreckt, sagen wir: „Er hat kein Rückgrat."

Im Zyklus der Manifestation ist Erde der äußerste Punkt der Verdichtung oder Kontraktion von Energie. Wie bei einem Muskel, der sich am höchsten Punkt der Anspannung von allein löst, kann dieser Punkt der Verdichtung uns die nötige Sprungkraft für den nächsten Zyklus geben. Um diesen Aspekt in diesem Sinne zu nutzen, müssen wir lernen, voll im Hier und Jetzt die Früchte unserer Arbeit zu ernten – ohne Festhalten an der Vergangenheit und ohne Träumereien von der Zukunft.

Fallstricke

Jeder dieser Schritte im Zyklus der Manifestation hat seine Fallstricke.

Äther

Im ersten Stadium der Stille oder des Ätherchakra ist entscheidend, daß Sie sich Ihrer Einheit mit dem universellen Geist bewußt werden. Nur dann erlangen Sie Zugang zu dem schöpferischen Potential.

Die erste Falle liegt darin, daß das individuelle Bewußtsein im allgemeinen einem Tümpel gleicht, der vom Grundwasser abgetrennt ist. Ohne daß Sie sich den Weg freischaufeln zu Ihrer ursprünglichen Quelle, haben Sie wenig Chancen, den Prozeß der Manifestation in Gang zu setzen.

Die zweite Falle wird Ihnen von der christlichen Kirche gelegt. Im kirchlichen Verständnis ist Gott eine äußere Instanz, zu der Sie als Bittsteller kommen. Gott kann Ihre Wünsche befriedigen oder nicht. Wenn Ihre Gebete erhört werden, erfüllen sich Ihre Wünsche.

Diese Beziehung zwischen Gott und Ihnen ist dualer Natur. In einer solchen dualen Beziehung besteht die Gefahr, daß Sie aus einer Position des Mangels heraus bitten. Mangel kann nach dem Gesetz der Resonanz jedoch nur den Mangel erzeugen.

In der dualen Beziehung statten die Menschen das Göttliche oft mit den Zügen der Eltern oder anderer wichtiger Autoritätspersonen aus. Gott thront über Ihnen und gewährt oder verweigert Ihnen Ihre Wünsche, ganz so wie ein unterstützender oder strafender Elternteil. Da diese Beziehungen von menschlichen Unzulänglichkeiten geprägt sind, öffnen Sie damit die Tür zu Zweifeln, Spannungen und Streß. Diese negativen Gefühle sind dem schöpferischen Akt abträglich, schwächen ihn oder verhindern ihn sogar.

Wenn Sie sich dagegen Ihrer Einheit mit dem universellen Geist bewußt sind, arbeiten Sie in schöpferischer Partnerschaft mit dem Göttlichen. Sie werden zum Kanal, durch den das Göttliche in Erscheinung tritt. Sie finden diese Erkenntnis in der Bibel in dem Satz Jesu: „Nicht ich wirke, sondern es ist der Vater in mir, der da wirket."

Äther ist mit dem Kehlchakra verbunden, dem Verbindungs- und Kommunikationszentrum zwischen Kopf und Körper. Bei vielen Menschen ist dieser Bereich blockiert. Das drückt sich in Unfähigkeiten oder Ängsten aus, die eigenen Bedürfnisse, Gefühle oder Meinungen direkt und klar zu äußern. Statt dessen setzen Sie Ihre Willenskraft ein, um Ihre Bedürfnisse indirekt, durch Manipulation anderer, zu befriedigen.

Oft bewirkt die Angst vor der klaren, unmißverständlichen Aussprache, daß Sie Ihre Bedürfnisse und Wünsche überhaupt nicht wahrnehmen. Die Wahrheit kann so weit verschleiert sein, daß es Ihnen selber nicht auffällt, wenn Sie sich etwas vormachen.

Falls Sie die Verbindung zwischen Ihrem Körper und Ihrer Wahrnehmung abschneiden, ist es schwierig, den Raum der Stille auszuhalten, und nahezu unmöglich, mit Ihren tieferliegenden Bedürfnissen in Kontakt zu kommen. Vielleicht kennen Sie die Erfahrung, daß dann, wenn Sie beispielsweise den Fluß der Tränen zulassen, Ihnen plötzlich Ideen kommen, die Sie auch bei angestrengtem Nachdenken nicht gefunden hätten. Mit Hilfe eines inneren Begleiters[28], der Ihnen Schutz und Sicherheit gibt, können Sie das Risiko wagen, sich in die Stille zu begeben und hinzuschauen, was in Ihnen sich verbinden und ausdrücken möchte.

Luft

Wenn sich in der Stille die Gedanken und Ideen formen, achten Sie darauf, daß Sie nicht nur tagträumen oder Luftschlösser bauen. Legen Sie sich ehrlich Rechenschaft ab über Ihre Fähigkeiten und Fertigkeiten, Ihre Motivation und die Ihnen zugänglichen Möglichkeiten. Dazu gehört auch ein Verständnis des zeitlichen Rahmens. Manche Zielsetzungen sind Lebensaufgaben, die Sie in vielen kleinen Schritten in vielen Jahren lösen. Lernen Sie, Ihre Gedanken so zu disziplinieren, daß Sie bewußt auswählen und das Ausgewählte langsam Gestalt annehmen lassen.

Das ist anfangs ein schwieriger Lernprozeß. Viele Menschen können sagen, was sie nicht wollen, und verstummen, wenn es um ihre Wünsche geht. Dies hat viele Gründe. Einen Grund habe ich bereits angeführt: die Blockierung oder Unterbrechung des Kontaktes zwischen Ihrem Körper und Ihrem Verstand. Andere Gründe beziehen sich auf das, was Sie in Ihrer Familie und Ihrem Bekanntenkreis gelernt haben.

In manchen Kreisen gilt es als unschicklich, Bedürfnisse zu

haben oder gar zu äußern. Viele Menschen, die im Grunde wissen, was sie wollen, denken, sie hätten nicht das Recht oder sie riskierten die Liebe der anderen, wenn sie Ansprüche stellen. Vorsichtshalber teilen sie ihre Wünsche erst gar nicht mit. Das erspart ihnen Frustrationen. Oder sie können ihre Wünsche nicht formulieren, weil sie nicht gelernt haben, präzise und klar zu denken. Oder sie vermeiden es, sich festzulegen und sich eigenen Zielsetzungen gegenüber zu verpflichten. Sie ziehen es vor, ihre Ziele vage zu halten, so daß immer ein Schlupfloch da ist, durch das sie den Konsequenzen entkommen können.

Eine andere Falle hat mit widersprüchlichen Motiven im Menschen selbst zu tun. Sie wollen Dinge, die sich beim näheren Hinschauen gegenseitig ausschließen oder erst auf der nächsthöheren Ebene miteinander vereinbar sind. Viele Menschen wünschen sich zum Beispiel einen Partner, der für sie da ist, ohne daß sie bereit wären, im selben Maße für den anderen da zu sein. Oder sie möchten viel Geld, ohne etwas dafür zu tun. Diese Widersprüchlichkeit stammt aus unreifen, kindlichen Bedürfnissen, die sie zunächst nachreifen lassen und aufeinander abstimmen müssen, um das Gewünschte zu erlangen.

Manche Menschen meinen, sie hätten kein Talent für innere Bilder oder Visualisierungen. Ihr Verstand hat Angst, die Kontrolle zu verlieren, wenn sie sich auf ihre Innenwelt einlassen. Oder sie haben eine feste Vorstellung davon, wie ein inneres Bild oder eine Visualisierung auszusehen hat, so daß sie die inneren Bilder, die auftauchen, nicht erkennen. Dieses Problem ist mit etwas Erfahrung und Anleitung leicht zu beheben.

Feuer
Feuer ist eine Energie, die uns in ungesteuerter Form überwältigen und zerstören kann. Wir meinen in der Regel, daß Menschen Angst vor dem Tode haben, doch viel häufiger erschreckt sie die Vitalität der Lebensenergie, die Angst vor dem Ungezügelten, wenn sie die Kontrolle verlieren.

Diese Angst kann durchaus berechtigt sein. In meinen Sitzungen mit Klienten taucht Feuer häufig auf als die Gefährdung in der sexuellen Liebe, die Blitz, Donner und allgemeines Chaos in allen Bereichen des Lebens verursacht und am Ende die Betroffenen verbrennt. Oder das Feuer entfaltet seine ungezügelte Kraft im Solarplexus, steigt in den Kopf und äußert sich in Zornausbrüchen, Machtansprüchen oder ungerichteter Aggression.

In den traditionellen Kulturen gab es Hüter des Feuers, oft weise Frauen, die wußten, wie man die Qualitäten des Feuers so einsetzt, daß alle im Stamm den größten Nutzen daraus ziehen konnten. Dazu gehörte die Fähigkeit, es zu bewahren, Menschen an seinen Flammen warm zu halten, sie vor Angriffen von Tieren zu schützen und sie zu nähren.

In unserer Kultur haben wir weitgehend die Fähigkeit verloren, mit der Lebensenergie Feuer angemessen umzugehen. Wir brennen aus. Oder es fehlt uns ein stabiler, gut gebauter Ofen, der das Feuer in Grenzen hält und seine Kraft in gleichbleibende Wärme umsetzt. So fühlen wir uns rastlos umhergetrieben und vergeuden unsere Energie in sinnlosen Handlungen. Oder wir halten unsere Energie auf kleiner Flamme, um keine Unruhe oder Veränderungen zu provozieren. Doch damit hat unser Feuer nicht die Kraft, die Dinge in unser Leben zu bringen, die wir wollen.

Lernen Sie, das sexuelle Feuer durch die Herzensenergie zu kontrollieren und damit diese Energie für die Liebe und die Freude nutzbar zu machen. Lassen Sie Ihr Licht scheinen und ziehen Sie Dinge, Menschen und Ereignisse an, die Sie brauchen. Gerichtetes und eingegrenztes Feuer gibt Ihnen Ausdauer und Beständigkeit, zwei Qualitäten, die es zu kultivieren lohnt, wenn Sie durch Freude wachsen wollen.

Wasser
Der Umgang mit dem Fluß des Lebens hat seine Tücken. Wasser bahnt sich seinen eigenen Weg. Es ist die weiche Kraft, die den Stein bricht, sich durchschlängelt oder alles mit sich reißt. Wasser ist auch das Becken unserer Kraft, unser Reservoir, aus dem wir schöpfen, wenn wir es gut gefüllt halten.

Wasser steht für die Gefühle, das Begehren oder die Wünsche. Sie können die Kraft des Begehrens einsetzen und den Strom in die gewählte Richtung lenken, oder Sie können sich von den Wünschen kontrollieren lassen. Dann unterliegen Sie den Stimmungen, die Sie mal in die eine, mal in die andere Richtung treiben. Diese Schwankungen verhindern, daß Ihre Ideen Form annehmen. Sie bleiben einer Phantasiewelt verhaftet, die angefüllt ist von den unbewußten Erfahrungen und Reaktionen der Kindheit.

Wenn Sie sich auf die Erfüllung der Wünsche fixieren, werden Sie von ihnen abhängig und Sie setzen alles daran, sie zu befriedigen. Damit lenken Sie Ihre Energie weg von der Verwirklichung Ihrer Ideen und Ideale auf die niedrigere Frequenz Ihrer stimmungsabhängigen Bedürfnisse und Wünsche. In der Fixierung blockieren Sie zugleich die Wege, mit denen der universelle Geist Sie bei der Erfüllung Ihrer Pläne stützen möchte.

Andere Wasseraspekte, mit denen Sie verhindern, daß Ihre Ideen Form annehmen, sind Angst und Zweifel. Sie lenken den Fluß der Manifestation in die Gegenrichtung, von Ihnen weg. Angst und Zweifel bewirken, daß Sie abstoßen, was Sie möchten, so daß Ihre Ideen keine Gestalt erlangen. Angst ist der negative Pol der Anziehung, der Erzfeind der Liebe. Angst ist das Gesetz der Abstoßung.

Erde
Erde ist die Vollendung und zugleich der Same für den nächsten Zyklus. Viele Menschen verschwenden ihre Energie, indem sie sie an unerledigte Geschäfte der Vergangenheit binden und an einem Kreislauf des Immergleichen festhalten. Statt sich auf die nächste Stufe hin zu entwickeln, laufen sie im Kreis herum.

Unerledigte Geschäfte kann es in allen Bereichen des Lebens geben. Es ist der übervolle Mülleimer, der Sie jedesmal beim Verlassen der Wohnung an Ihre Schlampigkeit erinnert, ein abgerissenes Stück Stoff am Sessel, das Sie an Ihre Unfähigkeit gemahnt, Dinge gleich zu erledigen. Der Stapel unbewältigter Arbeit auf dem Fernsehapparat bürgt dafür, daß Sie sich auch in Ihrer Freizeit nicht erholen.

Unerledigte Geschäfte sind das „Réchaud"-System, mit dem viele Menschen verhindern wollen, daß sie allein sind. Statt sich verbindlich auf einen Menschen oder eine Sache einzulassen, werden viele auf kleiner Flamme gehalten, so daß man bei Bedarf immer auf jemanden oder eine Sache zurückgreifen kann.

Unerledigte Geschäfte stellen sicher, daß Ihre Energie zerstreut ist. Damit garantieren Sie, daß Sie nichts Neues anfangen, da Sie das Alte nicht abgeschlossen haben.

Das Element Erde in seiner negativen Form stattet uns auch mit einem übermäßigen Sicherheitsbedürfnis aus, das sich aus dem Gefühl der Trennung und Vereinzelung ergibt. Wenn Sie nicht glauben, daß es ‚Grundwasser' gibt, das Ihren persönlichen ‚Tümpel' mit dem notwendigen Nachschub an Wasser versorgt, verteidigen Sie Ihren ‚Tümpel' gegen andere. Sie richten Ihre Energie auf die Befriedigung Ihrer eigenen Bedürfnisse und berücksichtigen nicht die Situation der anderen. Aus der Tümpelperspektive sind andere eine potentielle Gefährdung und nicht Weggenossen. Sie halten fest an dem, was Sie haben, und verhindern jede Veränderung. Damit schließen Sie den offenen Rahmen der Wendeltreppe und ziehen sich zurück in ein geschlossenes System.

Fallbeispiel: Der Bau meines Hauses in Findhorn
Am Beispiel meines Hauses in Findhorn will ich Ihnen die verschiedenen Schritte und Fallen verdeutlichen.

Äther
Die Idee des Hauses kam aus dem Ätherbereich. Lange bevor ich von Findhorn gehört hatte, sah ich in einem inneren Bild für den Bruchteil einer Sekunde ein Holzhaus in einem Kreis anderer Holzhäuser stehen, das ich in einer englischsprachigen Gemeinschaft gebaut hatte. Als ich Jahre später zum erstenmal nach Findhorn kam, erkannte ich den Ort.

Luft

Die konkrete Ausformung des Gedankenimpulses zu einem Konzept, die Domäne der Luft, ist ein schöpferischer Prozeß, der in meinem Fall geraume Zeit in Anspruch nahm. So sah ich in der momenthaften Aufnahme meiner Zukunft, daß es sich bei dem Haus um eine Holzkonstruktion handelte. Ein Holzhaus kann im Detail jedoch sehr unterschiedliche Formen annehmen. Und es brauchte mehrere Jahre intensiver Forschungsarbeit, um diesem Impuls ein planbares Design zu geben: ein ökologisches Haus mit atmenden Wänden und einer ausgewogenen Kombination von Raum, Licht und Wärme.

Feuer

Feuer gibt uns die Kraft, ein Projekt durch alle Widrigkeiten und Widerstände hindurch zu tragen. Die spontane Vision des Hauses zehn Jahre vor seiner Realisierung erwies sich als ein zentraler motivierender Faktor. Meine Ersparnisse hatten solch ein Projekt nicht vorgesehen. So konnte ich nur darauf vertrauen, daß die in Findhorn erprobten Gesetze der Manifestation auch in meinem Fall wirken würden. Ich mußte nur lernen, sie richtig anzuwenden.

Wasser

Das Element Wasser gibt einem Gedanken Form. Dazu sind viele Handlungsschritte auf der materiellen Ebene notwendig. Die Kunst liegt darin, aufmerksam zu sein für das, was an Unerwartetem zu unserer Hilfe herbeieilt, und zugleich die Schritte zu unternehmen, die zur Umsetzung unserer Absicht notwendig sind. Das setzt Bereitschaft und Fähigkeit voraus, sich auch unbequemen Situationen zu stellen und offen zu sein für neue Möglichkeiten. Der formgebende Prozeß ist eine subtile Balance zwischen Geschehenlassen und eigener Aktivität.

An Gelegenheiten, diese Bereitschaft und Fähigkeiten zu entwickeln, fehlte es mir beim Hausbau nicht. In nahezu endlosen Diskussionen wurde ein dritter Weg zwischen Gemeinschaftsinteressen und privater Initiative gesucht. Diese Herausforderung berührte alle Bereiche: Planung, Finanzierung, den legalen Rahmen und den aktuellen Bau. Ich erkundete Modelle ökologischen Bauens und erarbeitete mit einem Architekten die Pläne. Ich stellte mein Bauteam zusammen und sah mich unerwartet mit der Bauleitung konfrontiert, als mein Architekt zu Beginn des Baugeschehens seiner inneren Stimme zu einer Pilgerfahrt folgte. Nach gut fünf Monaten ging mir das Geld aus, und ich war gezwungen, in kurzer Zeit die notwendigen Fähigkeiten zu erwerben, um die Innenarbeiten selbst durchführen zu können.

Ich setzte zunächst meinen Willen ein, um das Projekt trotz aller Widrigkeiten zum festgesetzten Zeitpunkt abzuschließen. Nach einer langen Phase innerer Zweifel, materieller Sorgen und körperlicher Erschöpfung sah ich ein, daß ich allein mit meinem Willen das Projekt nicht wie vorgesehen beenden konnte. Ich ergab mich in mein Schicksal und gestattete damit dem universellen Geist, mir zur Hilfe zu eilen. Zu meiner Überraschung geschah das Unerwartete. Menschen kamen und halfen mir bei den zeitraubenden Anstreicharbeiten. Freunde boten mir Möbel an, um das Haus als Frühstückspension einzurichten, und auf dem internationalen Aktienmarkt, der meine einzige Geldanlage aufgesogen hatte, verschoben sich die Kurse so, daß das noch fehlende Geld zur Finanzierung des Hauses plötzlich da war.

Erde
Erde ist die Vollendung und zugleich der Same für den nächsten Zyklus. Zum festgesetzten Zeitpunkt, meinem 45. Geburtstag, eröffnete ich das Haus als Frühstückspension. Es sollte noch gut ein Jahr dauern, bis ich mich von der körperlichen Erschöpfung erholt hatte. Während der Zeit richtete ich mich mit Gardinen, Bettüberzügen und eigenem Mobiliar wohnlich ein und legte den Samen für einen schönen Garten. Damit war der nächste Zyklus auf der Spirale vorbereitet: das Leben im Haus zusammen mit Gästen und Freunden.

DER PUNKT DER WAHL:
DRAMA ODER FREUDE

Wenn Sie die Wahl hätten zwischen Freude oder Drama in Ihrem Leben, was würden Sie wählen? Spontan sagen Sie vermutlich: die Freude. Halten Sie einen Moment inne. Wären Sie wirklich bereit, für die Freude Ihr Unglück loszulassen? Oder meinen Sie, daß Freude und Drama nebeneinander existieren können?

Dies wäre ein Irrtum. Sie schließen sich aus. Das Drama nährt sich aus Gefühlen der Selbstabwertung und des Scheiterns, und es bestätigt und rechtfertigt das Leiden. Um diese Rechtfertigung aufrechtzuerhalten, braucht es immer mehr Nahrung. Je dramatischer die Situationen werden, desto größer wird die Gefahr, in den Sog einer selbstzerstörerischen Sucht zu geraten.

Für viele Menschen ist ihr Lebensdrama die Basis ihrer Identität. Ihr Leben ist darauf ausgerichtet, Anerkennung für das Leiden zu bekommen, das sie durchlitten haben. Das ist ein sehr menschliches und legitimes Bedürfnis. Das Problem besteht darin, daß die Anerkennung das Leiden nicht heilt. Im Gegenteil. Die Erfahrung, daß sich Ihnen andere aufgrund Ihres Unglücks mitfühlend zuwenden, gibt ihm zusätzlichen Wert. Das eigene Elend wird zu einem Mittel, Zuwendung zu erhalten. Damit verfestigt es sich, und es wird noch schwieriger, sich aus seinen Fängen zu befreien.

Die täglichen kleinen Katastrophen sind für viele Menschen auch ein Weg, sich lebendig zu fühlen. Manchmal ist es der einzig bekannte Weg, am Leben teilzuhaben. Drama speist sich aus Intensität und Hochspannung der Gefühle. Unsere Zeit ist geprägt von der Vorstellung der sechziger und siebziger Jahre, daß ein Ausleben der Gefühle Leben bedeutet.

Vielleicht haben Sie einmal an Wochenendseminaren teilgenommen, in denen Sie Menschen auf der Bühne stehen sahen, die ihr Innerstes nach außen kehrten. Lange Jahre habe ich mit Schreck und Faszination zugeschaut; mit Faszination, weil mir solcher Exhibitionismus nicht möglich war, und mit Schreck, weil diese Darstellungen oft so eingeübt aussahen, daß ich mich fragte, ob sie Leiden wirklich beseitigen konnten.

Ich habe auch an Gruppen teilgenommen, wo Menschen mit ihrem inneren Schmerz oder tiefliegenden Mustern in Kontakt kamen, die über diesen Kontakt bewußt wurden und damit ihre Kraft verloren. Der Unterschied zwischen beiden ist die Lautstärke und Intensität, die mit der Erkenntnis verbunden ist.

Wirkliche Veränderungen ereignen sich meist in kleinen und unauffälligen Schritten. Oft stellen Sie erst im nachhinein fest, daß eine vertraute Reaktion von Ihnen abgefallen ist. Statt auf eine spitze Bemerkung Ihrer Kollegin sofort anzuspringen, nehmen Sie plötzlich wahr, daß es ihr nicht gutgeht und daß die Bemerkung nichts mit Ihnen zu tun hat. Statt in Selbstzweifel und Scham zu versinken, gehen Sie plötzlich mit Kritik an Ihrem Verhalten gelassen um, ja, Sie sind geradezu dankbar, wenn jemand Sie auf ein Fehlverhalten aufmerksam macht.

Menschen, die ich in meiner Praxis sehe, können sich oft gar nicht vorstellen, wie man sich lebendig fühlen kann, ohne in Hochspannung zu sein. Die Freude, die aus der Stille das innere Wesen füllt, scheint damit verglichen langweilig, besonders wenn diese Erfahrung zunächst nicht zugänglich ist und erst in der täglichen Praxis aufgebaut werden muß. Es braucht diesen Vorschuß an Vertrauen, daß die tägliche konsequente Praxis einen aus dem Sumpf des Leidens hinausgeleitet wird, auch wenn der Erfolg sich nicht unmittelbar einstellt.

Dies gelingt nur, wenn Sie an einem Punkt Ihres Lebens angelangt sind, wo Sie der Katastrophen überdrüssig sind und das Leiden größer wird als der Gewinn, den Sie daraus ziehen. Diesen Punkt nenne ich den Punkt der Wahl. Der Sog des Dramas oder Ihr selbstzerstörerischer Anteil und Ihr Wunsch nach einem erfüllenden und lohnenden Leben halten sich hier die Waage. Mit einem hundertprozentigen Ja zum Leben senken Sie die Waagschalen zu Ihren Gunsten. Damit polen Sie die Spirale von der Abwärtsbewegung in die Aufwärtsbewegung um. Die Arbeit ist damit nicht beendet, doch wird sie von nun an leichter, weil die befriedigenden Erfahrungen die Bewegung nach oben beschleunigen.

Die Frage ist, wie man zu diesem Punkt der Wahl kommt.

Ein breites Spektrum an Techniken und Methoden zielt darauf ab, alte Strukturen aufzulösen und neue Denk- und Handlungsweisen zu etablieren. Der Prozeß der Transformation vom Drama zur Freude erfordert eine doppelte Strategie. Stufe für Stufe kultivieren Sie die Freude, so daß die Energie des Dramas einen Behälter vorfindet, in den sie sich ergießen und in dem sie sich umwandeln kann. Je stärker der Behälter der Freude wird, desto mehr lösen Sie von dem Leiden auf, und je mehr Sie auflösen, desto stärker wird der Behälter Ihrer Freude.

Vielen Menschen gelingt die Umwandlung mit Hilfe einer guten Anleitung, wie ich sie im nächsten Kapitel vorstelle. Ihr liegen bestimmte Prinzipien zugrunde, die sich über die Zeiten und Kulturen bewährt haben. Sie sind einfach und kraftvoll, so einfach, daß wir nicht glauben wollen, daß sie wirken.

Zunächst einmal fehlt vielen Menschen, trotz allen Wissens und aller guten Vorsätze, die notwendige physische und psychische Stärke, das zu tun, was gut für sie ist. Der eigene selbstzerstörerische Teil gewinnt immer wieder die Oberhand. Hier geht es einmal um den Aufbau der inneren und körperlichen Kraft, für den Sie die Grundpulsation des Lebens nutzen können. Zum andern können Sie das holographische Neustrukturieren nutzen, um Ihre Resonanz mit schlechten Gewohnheiten und destruktiven Denk- und Verhaltensweisen zugunsten von lebensbejahenden Strategien zu verändern.

Viele Menschen haben kein Bild davon, wie ihr Leben anders aussehen könnte. Es fehlt an innerer Vorstellungskraft, Modellen und Zielsetzungen. Sie wissen nicht, wer sie sein, was sie tun und was sie haben möchten. Ein einfach zu behebender Grund liegt in mangelnder Übung. Folgen Sie in diesem Fall den Anleitungen zur Entwicklung und Gestaltung Ihrer Vorstellungskraft.

In anderen Fällen ist die innere Bühne so besetzt von bedrohlichen Gestalten und Ungeheuern, daß zunächst einmal gar kein

Raum da ist für positive Gestaltungen. Statt innerer Bilder im Sinne von Visualisierungen beherrschen Tagträume oder Phantasien die innere Bühne. Sie haben in der Regel wenig Realitätsgehalt, sondern gleichen Gefühle des Unwerts, der Schuld und Scham aus.

In solchen Fällen schaffen Sie sich zunächst Raum, indem Sie die bedrohlichen Gestalten und Monster zu Bündnispartnern umwandeln. Der Schlüssel liegt darin, daß Sie verstehen, welchen Dienst Ihnen die inneren Ungeheuer erweisen. Sie schützen in der Regel Ihr Leben oder bewahren Ihre Würde. Wenn Sie die Monster aus der Dunkelkammer des Unbewußten hervorholen und sich ihrer Aufgabe bewußt werden, verlieren sie ihre bedrohliche Macht. Sie werden in abgewandelter Form zu Bündnispartnern, die Ihnen helfen, Ihr Leben in den Griff zu bekommen.

Das folgende Kapitel gibt Ihnen detaillierte Anweisungen, wie Sie die tief verankerten Muster des Leidens in lebensbejahende Muster der Freude umwandeln können. Das Kapitel ist gedacht als eine Arbeitsanleitung, die meine persönlichen und therapeutischen Erfahrungen und mein Fallmaterial nutzt, um Techniken zu veranschaulichen, die Sie in Ihrem täglichen Leben anwenden können.

TRANSFORMATION

DIE GRUNDPULSATION DES LEBENS

Im Rhythmus des Atems

Atem ist die Quelle der seelischen und körperlichen Kraft. Atem ist Rhythmus, Rhythmus ist Polarität, und Polarität durchdringt alle Aspekte des menschlichen Seins. Der Grundfunktion des Ein- und Ausatmens entspricht auf der körperlichen Ebene das Ausdehnen und Zusammenziehen unserer Muskeln, auf der emotionalen Ebene die Polarität von Liebe (Ausdehnung) und Furcht (Zusammenziehen) und auf der sozialen Ebene die Balance zwischen Mit-anderen-Sein und Mit-mir-Sein.

Selbst Lebenszyklen, die ich im vorigen Kapitel beschrieben habe, folgen diesem Prinzip der Polarität. Wir werden geboren und entfalten unser Potential, indem wir uns in die Welt hinein ausdehnen. Wenn wir das mittlere Alter erreichen, beginnen wir, unsere Energie in unser Zentrum zurückzuziehen. Wir ernten die Früchte unserer Arbeit in der zweiten Lebenshälfte bis zu unserem Tod.

Wenn wir unser Bewußtsein noch weiter ausdehnen, können wir das ganze Universum als einen Ausdruck von Gottes Atem sehen. Mit dem Einatmen dehnt sich die Schöpfung aus, bis sie ihren äußersten Punkt der Dichte erreicht, unsere physische Welt. Diese Bewegung der ‚Involution', der Manifestation von Geist in Materie, wird gefolgt von der ‚Evolution', die uns durch die Kontraktion zurückzieht zur Quelle der Schöpfung. Diese Bewegung der Kontraktion entspricht dem Ausatmen Gottes. In der esoterischen Tradition umschließt ein Atemzug Gottes (oder Brahmas) einen kosmischen Tag, der viele Billionen Erdenjahre umfaßt.

151

Diese beiden Bewegungen der Involution und Evolution oder Expansion und Kontraktion von Energie erzeugen die Grundpulsation des Lebens. Alle Aspekte des Lebens reflektieren diese Polarität der Bewegung. Nehmen Sie den Wechsel der Jahreszeiten. Wenn Sie die Pflanzen betrachten, sehen Sie, wie die Energie im Winter in die Wurzeln und Knollen zurückgezogen wird. Im Frühjahr brechen die neuen Triebe aus den so gestärkten Wurzeln und Knollen hervor und dehnen die Lebenskraft in die Blüten und Früchte während des Sommers und Spätsommers aus. Im Herbst sterben die Pflanzen ab, und die Energie wird erneut zurückgezogen, um danach den nächsten Zyklus der Expansion und Kontraktion oder Involution und Evolution einzuleiten.

Ich erinnere mich noch sehr gut an den Moment, als ich zum ersten Mal diese pulsierende Kraft durch meinen Körper strömen fühlte. Ich fühlte mich ganz unerwartet belohnt für eine zehnjährige tägliche Praxis im Tao Yoga, in Meridiandehnungen, Körpertherapie und Rolfing, mit der ich mich bemüht hatte, meinen Körper zu seiner eigenen Lebenskraft zu erwekken.

In unserer Alltagssprache bezeichnen wir die Bewegung von zwei aufeinanderfolgenden Phasen als Rhythmus. Unsere Sprache drückt die Bedeutung des Rhythmus in vielfacher Weise aus: Wenn Sie gesund und lebendig sind, sind Sie in-takt. In Ihrer Beziehung zu anderen Menschen haben Sie Kon-takt. Haben Sie ein gutes Gespür für die Sensibilität anderer und achten Sie ihre Würde, sind Sie takt-voll. Können Sie schlecht zwischen sich und anderen unterscheiden, geraten Sie in Gefahr, takt-los zu sein. Und wenn Sie beim Tanzen Ihrer Partnerin auf die Zehen treten, sind Sie vermutlich aus dem Takt gekommen, oder es fehlt Ihnen an Takt-gefühl.

Rhythmus besteht aus einer polaren Bewegung. Sie öffnen sich nach außen und nehmen universelle Energien auf, und Sie wenden sich nach innen und sammeln, verdauen und integrieren das Aufgenommene. Beide Abläufe sind gleich wichtig und brauchen dieselbe Zeit und Aufmerksamkeit.

Rhythmus ist Herzschlag. Den ersten Kontakt damit haben Sie im Leib der Mutter. Im Laufe der Zeit verlieren die meisten Menschen diese grundlegende Verbindung zum Puls des Lebens. Frustrierende oder gar traumatische Ereignisse zwingen sie, den Atem anzuhalten, die Muskeln zu verspannen und die Welt zu fürchten.

Wenn die Energie Ihres Körpers frei pulsiert, wird der Körper zum Kanal für universelle und erdgebundene Energien. Sie erleben dies als Liebe, Freude und Erfüllung. Wenn Sie aus dem Rhythmus geraten, fühlen Sie sich steckengeblieben, bedroht oder gar tot. Der Fluß und das Gleichgewicht zwischen innerer und äußerer Bewegung, innerer und äußerer Realität entscheiden über die Qualität des Lebens. Die Tiefe und die Bewegung des Atems sind ein guter Maßstab dafür, wie harmonisch Sie mit dieser Polarität in Ihrem Leben umgehen.

Wenn Sie sich oder andere beobachten, fällt Ihnen möglicherweise auf, daß manche Menschen kaum atmen. Der Körper sieht bewegungslos und manchmal sogar tot aus. Wenn Sie diese Menschen fragen, wie sie sich fühlen, sagen sie Ihnen, daß das Leben langweilig oder sinnlos ist. Nichts kann sie berühren oder begeistern. Neue Gedanken, Inspiration hängen von ,inspirare', dem Einatmen und Aufnehmen von Sauerstoff ab. Ohne Sauerstoff keine freudige Erregung.

Andere Menschen atmen ansatzweise in ihren Bauch, ohne daß diese Bewegung ihre Brust erreicht. Der Brustkorb sieht geradezu eingefallen aus. Wenn Sie diese Menschen fragen, wie sie sich fühlen, erhalten Sie zur Antwort, daß sie recht deprimiert und traurig sind. Auch hier gilt: Ohne Sauerstoff keine freudige Erregung.

Vielleicht bemerken Sie manchmal Menschen, die in ihren Brustkorb atmen, während der Bauch flach und bewegungslos ist. Wenn Sie näher hinsehen, werden Sie feststellen, daß diese Menschen mehr ein- als ausatmen. Es ist so, als würden sie ihren Atem anhalten. Wenn Sie sie fragen, wie sie sich fühlen, antworten sie, daß das Leben in Ordnung ist, solange sie die Kontrolle haben. Wenn sie die Kontrolle verlieren, befürchten sie, vom Leben überwältigt zu werden. Deshalb versuchen sie über ihren Verstand das Leben im Griff zu behalten. Diese Menschen finden es sehr schwierig, voll auszuatmen und sich dem Fluß des Lebens zu überlassen.

Eine andere Variante sind Menschen, die in Bauch und Brustkorb atmen, doch sieht die Atembewegung eher gewollt als fließend aus. Solch eine Person „macht das Atmen", statt dem Atem zu erlauben, sie durch das Leben zu tragen. Es ist mehr ein Tun als ein Sein, ein weiterer Versuch, den Verlauf des Lebens zu kontrollieren.

Mittlerweile mögen Sie sich fragen, wie eine Atembewegung aussieht, die im Rhythmus des Lebens pulsiert. In diesem Fall fließt der Atem wie eine Welle durch den Körper. Die Energie tritt durch das Wurzelchakra am Beckenboden ein und füllt und rundet Bauch und Brust bis zum Hals. Das Nabelzentrum ruht auf dem Kamm dieser Welle. Im Rückfluß, im Loslassen sinkt das Nabelzentrum zurück. Der Atem dehnt den Rücken rund und aktiviert und füllt dabei die Nieren, den Speicher der Lebensenergie. Dann tritt der Atem durch das Wurzelchakra aus und beginnt nach einer kurzen Pause mit der nächsten Welle. Der Fluß durch das Wurzelchakra verankert Sie im Boden. Sie fließen mit den Ereignissen des Lebens mit, ohne Ihr Zentrum oder Ihre Verbindung zum Boden zu verlieren.

Der Fluß der Bewegung erfordert Koordination und Integration. Die Grundpulsation vereint die vier Ebenen unseres Seins, Körper, Gefühl, Verstand und Seele in harmonischem Einklang. Ein Mensch, dessen Körper in diesem Rhythmus schwingt, ist frei von Überlebenszwängen, Ängsten und Konflikten. Er fühlt sich dem Leben verpflichtet, ist mit dem Universum tief verbunden und in seinem Körper und auf dieser Erde zu Hause.

Aus dem Takt

Kulturelle Werte und die sozialen Bedingungen, unter denen wir aufwachsen, verhindern in der Regel, daß wir diese Harmonie in uns entwickeln. Konflikte innerhalb unserer Gedanken,

Gefühle und Handlungen unterbrechen den freien Fluß der Energie. Wir halten unsere Atmung an, entwickeln bestimmte Spannungsmuster und Körperhaltungen oder spalten die Einheit zwischen Körper, Geist und Seele, um mit den kulturellen oder familiären Anforderungen zurechtzukommen. Dies ist kein bewußter Akt, sondern eine Reaktion auf äußere Anforderungen und ein Schutz gegen Frustrationen, Bedrohungen und Schmerzen, die jenseits des kindlichen Fassungsvermögens liegen. Im Laufe der Zeit verankern sich diese schützenden Haltungen im Körper, in den Gefühlen und Gedanken. Ihre verinnerlichten Mechanismen verleiten den Erwachsenen dazu, die Frustrationen und Schmerzen der Kindheit immer wieder neu herzustellen.

Diese Dynamik gehört ebenso zur ‚normalen‘ Erziehung wie zu schweren traumatischen Erfahrungen.

Im Verlauf jeder Erziehung hören wir, daß dieses oder jenes nicht in Ordnung ist. Zum Beispiel lernen wir, daß wir nicht nach den Dingen streben sollen, die wir begehren. Statt dessen sollen wir bescheiden und zufrieden sein mit dem, was uns angeboten wird. In diesem Fall blockieren wir den Fluß der Energie in Schultern und Armen. Dann sind wir nicht mehr in der Lage, nach den guten Dingen des Lebens zu greifen oder Schönes zu empfangen. Menschen, die diesen Block in ihren Schultern und Armen haben, sehen oft gekreuzigt aus, wenn sie ihre Arme nach oben hin öffnen.

Wir lernen, daß es nicht in Ordnung ist zu weinen, weil es die Mutter Schuldgefühle empfinden läßt oder weil es sich für Jungen nicht gehört. Wir lernen, daß niedliche kleine Mädchen nicht böse sind und daß es wichtiger ist, gute Noten in der Schule zu bekommen und im Leben etwas zu leisten als zu fühlen, zu spüren oder zu sein.

Kinder sind auf die Eltern angewiesen. Sie lieben sie und wollen ihnen gefallen. So bilden sie Atembewegungen und muskuläre Haltungen aus, die unliebsame Gefühle unterdrükken.

ÜBUNG

- Achten Sie einmal darauf, was geschieht, wenn Sie traurig oder zornig sind:

o Würgen Sie diese Impulse in Ihrer Kehle ab und verhindern Sie damit ihren Ausdruck?

Straffen Sie Ihr Kinn und drücken Sie es ein, um den Fluß im Hals zu beschränken?

Spannen Sie Ihre Arme und Schultern an gegen den Impuls zu schlagen?

Bildet sich Schleim im Hals? Oder beginnt Ihre Kehle zu schmerzen?

Unsere Umgangssprache kennt diese Zusammenhänge. „Ich habe einen Kloß im Hals" spricht unsere unterdrückte Traurigkeit an, „Ich habe einen dicken Hals" unsere unterdrückte Wut.

Wenn Sie in einer Umgebung aufwachsen, die Sie ständig dazu auffordert, Ihre Gefühle zu unterdrücken, programmiert sich diese Einschränkung in Ihren Körper ein. Was zunächst als Schutz dient, um die Liebe der Eltern zu erhalten, wird später zu einem Gefängnis, das Sie daran hindert, Liebe, Freude und Erfüllung zu finden. Denn leider sind von diesem Mechanismus nicht nur die bedrückenden, sondern auch die heiteren Gefühle betroffen.

Sie können auch in einer „perfekten" Familie aufwachsen, die alle Werte und Auflagen der Kultur vollkommen erfüllt. Der westlichen Kultur entsprechend bewerten Sie dann intellektuelle Fertigkeiten höher als intuitive oder emotionale Qualitäten. Entsprechend der kulturellen Prägung halten Sie den Körper für ein Instrument, das gesund und fit erhalten werden muß. Er soll den Verstand bei seiner Arbeit unterstützen. Ihre Energien richten sich nach oben und außen. Sie überfluten Ihr Gehirn mit so viel Energie, daß Sie gar nicht aufhören zu denken, selbst wenn Sie Ihren Arbeitsplatz schon verlassen haben. Sie entwickeln die

Illusion, daß Sie Ihr Leben vom Kopfe aus steuern und beherrschen können.

Wenn Sie zu diesen Menschen zählen, stehen Sie nicht allein da. In den siebziger Jahren entdeckten Sozialwissenschaftler das Auftauchen eines neuen Kulturtyps. Nach ihrer Beschreibung ist er distanziert, kühl, formell, arrogant, schüchtern, aber ‚smart‘. Sozialer Status und Erfolg ziehen ihn an. Er kann sich ausgezeichnet gegenüber anderen durchsetzen und hat dadurch gute Chancen, die Karriereleiter zu erklimmen.

Im Vergleich zu seiner Leistungsfähigkeit im Beruf ist sein Privatleben eher karg. Er vermeidet tiefe Gefühle und spontane Impulse und bevorzugt statt dessen eine oberflächliche Sinnlichkeit. Er scheut die Verbindlichkeit von intimen Beziehungen und isoliert sich damit. Der Mangel an Kontakt und die emotionale Verarmung führen zu innerer Leere, Ängsten, Depression und zum Verlust an Lebenssinn. Diesem schmerzhaften Zustand versucht er durch Alkohol, Drogen, Pillen oder Arbeitssucht zu entfliehen.

Intimität setzt voraus, daß Sie Taktgefühl haben. Taktgefühl heißt, daß Sie in Ihren Beziehungen mit Nähe und Distanz umgehen können. Es hilft, wenn Sie dazu in-takt sind, im Takt mit sich selber, im Takt mit Ihrem natürlichen Rhythmus.

Wenn ein Mensch seinen Körperrhythmus oder sein Gleichgewicht nicht entwickeln konnte, findet er es schwierig, sich mit anderen Menschen wohlzufühlen. Dies gilt in besonderem Maße für Opfer von Mißbrauch.

Im Falle von Mißbrauch werden die persönlichen Grenzen überschritten oder zerstört oder können sich nicht angemessen ausbilden. Menschen mit diesem Hintergrund übernehmen daher leicht die Energien anderer. Es fällt ihnen schwer, zwischen sich und anderen zu unterscheiden. Sie ‚überidentifizieren‘ sich beispielsweise mit anderen Menschen und erfahren deren Schmerz und Frustration als ihre eigenen. Oder sie kommen anderen zu nahe und verlieren sich in ihnen. Diese Menschen finden es schwierig, wenn nicht unmöglich, Taktgefühl zu entwickeln.

Aus dem Takt zu sein ist in unserer Kultur eher die Regel als die Ausnahme. Viele Menschen sind auf den Rhythmus der Uhr programmiert, der mit unserem natürlichen Rhythmus wenig zu tun hat. Im Tick-Tack der Uhr wird der natürliche Fluß des Lebens zu säuberlich aufgereihten Kalenderblättern und die Nacht zum Tag. Tick-Tack aktiviert den Roboter in uns und stellt das selbständige Denken ab. Tick-Tack ist der Tod der Neugier und des Forscherdrangs, der Kindern noch zu eigen ist.

In-Takt

Wie schaffen wir es, intakt zu sein? Was können wir tun, um unseren natürlichen Rhythmus wiederzufinden, um uns mit der Erde neu zu verbinden und unsere physischen, emotionalen, geistigen und seelischen Bereiche ins Gleichgewicht zu bringen?

Meiner Ansicht nach gibt es zwei Schlüsselfaktoren: Atem und Erdung. Erdung ist ein Begriff der Bioenergetischen Analyse, der die Verwurzelung, die Verbindung mit der Erde bezeichnet. Wenn Sie unter Bedingungen aufwachsen, unter denen Sie sich nicht sicher fühlen können, ziehen Sie Ihre Energie von der Erde weg und suchen Zuflucht in Ihrem Verstand.

Drehen Sie dieses eingeschliffene Verhalten um. Lenken Sie Ihre Energie in Ihr Nabelzentrum und in Ihre Füße. Stehen Sie für sich ein, so daß Ihre Bedürfnisse gehört und erfüllt werden. Setzen Sie Ihre Qualitäten und Fähigkeiten dort ein, wo sie in der Welt gebraucht werden. Laufen Sie nicht länger vor Schmerz oder schwierigen Situationen davon. Lernen Sie, durch den Schmerz hindurch zu atmen, so daß er sich in Freude und Anmut verwandeln kann.

Wie eben ausgeführt, haben sich die meisten Menschen in unserer Kultur einen ‚Überlebenspanzer' zugelegt, der sie vor Gefahren und Verletzungen schützen soll. Statt uns in dieser Weise abzusichern, liegt unsere Überlebenschance darin, unsere Verletzlichkeit als Teil der menschlichen Grundbedingungen anzunehmen und zu unserem Grundrhythmus zurückzukehren.

Wenn Sie bislang Ihren Körper als Instrument oder sogar Feind angesehen haben, wird es Zeit, daß Sie sich mit ihm anfreunden, ihn sorgfältig nähren und, wenn nötig, Funktionen neu aufbauen oder stärken.[29] Bedenken Sie, daß Ihr Körper Ihr Gefährt für dieses Leben ist. Wie gut sorgen Sie für Ihr Auto? Geben Sie Ihrem Körper mindestens doppelt so viel Aufmerksamkeit. Denn einen neuen Körper können Sie sich nicht einfach im nächsten Laden kaufen.

Der Aufbau oder die Stärkung von körperlichen Funktionen erfordert tägliche Übung. Damit erhöhen Sie Ihr allgemeines Energieniveau. Sie stärken den Körper, entwickeln Ihr Durchsetzungsvermögen, bauen Grenzen in sozialen Interaktionen auf und überprüfen Ihre Wahrnehmungen und Vorstellungen von der Welt anhand der Wirklichkeit. Die tägliche Praxis gibt Ihnen die Selbstachtung, Stärke und Kraft, Ihr Leben in die eigene Hand zu nehmen. Damit können Sie die Wirklichkeit erschaffen, die Sie sich wünschen.

Liegt Ihre Herausforderung darin, daß Ihr Körper sich gegen den Fluß des Lebens abschirmt und versteift, ist das Loslassen für Sie wichtiger als das Aufbauen und Stärken. Chronische Muskelspannungen und die anfangs beschriebenen Atemmuster verhindern bestimmte Bewegungen und damit den Ausdruck von Gefühlen. Gefühle sind die Farbe des Lebens. Ohne sie ist es langweilig. Erlauben Sie sich, jeden Tag Bewegungen spielerisch zu erproben, die Ihnen versagt waren. Schlagen Sie doch einmal mit der Faust auf den Tisch, strampeln Sie sich Ihren Ärger vom Hals, springen Sie vor Freude in die Luft oder schlagen Sie Purzelbäume. Wählen Sie die Bewegungen, die Ihnen guttun und die Sie ermutigen, sich auszudrücken. Es lockert den Körperpanzer, belebt die blockierte Energie und erzeugt das Vertrauen, mit dem Sie sich dem Fluß des Lebens überlassen können.

HOLOGRAPHISCHE ANALYSE:
DIE KRAFT INNERER BILDER

Im Abschnitt über das Holographische Universum habe ich ausgeführt, wie tief verankerte Gedanken und Gefühle unser Leben und unsere Zukunft bestimmen. Diese Gedanken und Gefühle sind meist unbewußt und eingebettet in die verhüllten Ordnungen des Universums. Sie entstammen Erfahrungen der Kindheit oder sind Strukturen vergangener Leben, die wir hierher mitgebracht haben. Gemessen an unserem Erwachsenenbewußtsein sind es ‚unreife‘ Formen, die dem kindlichen Verständnis einer jeweiligen Situation entsprechen.

Das Kind interpretiert Ereignisse gemäß den geistigen Kräften und Erfahrungen des Lebensabschnittes, in denen die Muster entstanden sind. Aus der Sicht eines Erwachsenen stellen sich diese Situationen meist anders dar. Unsere Aufgabe liegt darin, Zugang zu diesen Gedankenfeldern zu finden, ihre Funktion zu verstehen und sie nachreifen zu lassen.

Diese Aufgabe wird erleichtert, wenn wir die Eigenschaften solch eines Ablaufs als Hologramm verstehen. Jeder Teil enthält das Ganze, das heißt, Sie rufen das gesamte Bild hervor, wenn Sie Zugang finden zu einem Teil. Dieser Teil kann eine Sinneswahrnehmung sein, beispielsweise der Geruch eines Essens, ein bestimmtes Geräusch oder das Sehen eines Gegenstandes oder ein inneres Bild, aus dem heraus sich die gesamte Szene entfaltet.

Über viele Jahre beschäftigte mich die Frage, wie ich Zugang zu dem Erinnerungsspeicher finden könnte, in dem die inneren Bilder aufbewahrt werden, die den Fluß unseres Lebens bestimmen. Wie konnte ich ihre Natur so verändern, daß sie uns den Weg zu einem erfüllten Leben weisen, statt uns im Leiden zu halten? Im Verlaufe meiner Arbeit schälten sich einige zentrale Schritte heraus, die ich innere Alchimie nenne: die Umwandlung von Elend in Gold. In diesem Prozeß münzen Sie Schwäche in psychische Stärke um.

Intuition

Über Ihre intuitive Wahrnehmung erhalten Sie Zugang zu den Bildern, die in Ihrem Erinnerungsspeicher abgelagert sind. Intuition erlaubt Ihnen, die inneren Gestalten Ihrer Kindheit in ihrem Wesen zu erfassen, ihre positiven Funktionen in reiferen Formen zu bewahren und die negativen Anteile loszulassen.

Die Intuition bedient sich aller Sinne. Manche Menschen sind hellsichtig und sehen Ereignisse in inneren Bildern. Andere sind auditiv und hören vielleicht Geräusche, Musik oder Sätze. Statt über Bilder erhalten sie ihre Informationen über eine innere Stimme. Wieder andere nehmen vorwiegend über Körperempfindungen, den kinästhetischen Sinn wahr. Erfahrungen sind im Körper verankert und werden über Körpersensationen neu erlebbar und nachvollziehbar. Und die vierten ‚wissen' es einfach. Es ist dieser ‚Aha'-Effekt, der auf leisen Sohlen daherkommt.

Alle Menschen, die ich kenne, nutzen in der einen oder anderen Weise Intuition. Intuition ist im Spiel, wenn Sie plötzlich im Wohnzimmer wissen, daß die Milch in der Küche überläuft, daß eines ihrer Kinder gerade Unsinn macht oder daß Blumen Wasser brauchen. Sie nutzen Ihre intuitive Wahrnehmung viel häufiger, als Sie meinen. Sie nutzen sie nur nicht bewußt bzw. nicht in der Weise, in der Sie es erwarten. Fixieren Sie sich nicht auf die Idee, daß Sie etwas sehen müssen, um eine innere Gestalt zu erfassen.

Während unsere Sinne an die Außenwelt gebunden sind, erlaubt uns unsere Intuition den Zugang zu anderen Dimensionen. Je nach Ihrer persönlichen Weltanschauung begreifen Sie diese Dimensionen als etwas, das außerhalb von Ihnen liegt oder Ihren tiefsten Kern ausmacht.

Wenn wir uns das Universum als ein Riesenhologramm oder als einen bewußten Raum vorstellen, dann liegt hinter der Ebene der Erscheinungen eine tiefere Seinsrealität, von der wir ein Teil sind. Wir nehmen sie in unserem dualistischen Verständnis zunächst nur als uns etwas Äußerliches wahr, bis wir uns der

Einheit mit dieser Seinsebene bewußt werden. Es spielt für die Wirksamkeit der hier vorgestellten Übungen keine Rolle, wie Sie diese tiefere Seinsebene in Ihrem Leben erfahren oder wie Sie sie bezeichnen. Sie können sie wie im Christentum Gott nennen, wie im Buddhismus ‚Rigpa‘, den Urgrund, wie in der Quantenphysik das Quantenfeld oder allgemein den universellen Geist. Alle diese Begriffe beziehen sich aus unterschiedlichen Traditionen auf denselben Sachverhalt.

Wesentlich ist, daß Sie Zugang finden zu dieser Seinsebene und zu der Weisheit und Liebe, die dieser Seinsebene zu eigen ist. Mit Hilfe eines inneren Begleiters umgehen Sie die Tücken des Verstandes und zapfen das Wissen an, das in Ihrem Unbewußten schlummert. Wenn Ihnen das Konzept eines inneren Begleiters fremd ist, empfehle ich Ihnen den „Tempelhüter“, den Sie oben schon kennengelernt haben.

Ich arbeite in meinen Sitzungen mit dem ‚Höheren Selbst‘ des Klienten, jener Instanz, die jedem Menschen als innerer Begleiter und Führer zur Verfügung steht. Das ‚Höhere Selbst‘ ist ein psychologischer Begriff für die Seele oder das ‚wahre Selbst‘ des Menschen. Ich nenne es auch den ‚inneren Heiler‘, da es nach meiner Erfahrung besser als unser Verstand weiß, welche Schritte für den eigenen Heilungsprozeß notwendig sind. Wenn Sie sich mit einem weisen Lehrer oder einer inneren Gestalt bereits verbunden fühlen, nutzen Sie diese Quelle. Im folgenden werde ich allgemein vom inneren Begleiter sprechen, der jede Gestalt und jede Form sein kann.

Entspannung

Den Zugang zu Ihrer inneren Quelle finden Sie, wenn Sie in die Stille einzutauchen. Dazu brauchen Sie die Fähigkeit, sich zu entspannen. Sie können diesen Prozeß nicht mit Ihrem Verstand kontrollieren. Sie können Ihre linke Gehirnhälfte als Verbündeten und Diener in diesem Prozeß nutzen, nicht aber als Kontrolleur. Wenn Sie Angst haben, sich auf sich selber einzulassen, sollten Sie erst mit verschiedenen Entspannungstechniken experimentieren. Dazu zählen Atemtechniken, Körperarbeit, autogenes Training oder das breite Spektrum meditativer Verfahren.

ÜBUNG

- Programmieren Sie Ihr Unbewußtes auf Entspannung, indem Sie sich den Satz: „Entspanne dich" immer wieder vorsagen. Atmen Sie dabei tief und gleichmäßig, und lassen Sie mit jedem Ausatmen alles los, was Sie gerade beschäftigt.

Ich persönlich liebe das ‚innere Lächeln', das Mantak Chia in seinem Buch: Tao Yoga[30] ausführlich beschreibt.

ÜBUNG

- Stellen Sie sich ein lächelndes Gesicht vor ihrem dritten Auge vor, und lassen Sie diese nährende, warme Energie in Ihre Stirn, Ihre Augen und Ihr Gesicht eintreten. Leiten Sie diesen warmen Strom in drei Kanälen durch Ihren Körper. Der vordere Kanal umfaßt Nacken, Lungen, Herz, Leber, Nieren, Milz, Bauchspeicheldrüse und die Geschlechtsorgane, der mittlere Kanal den Verdauungstrakt und der hintere Kanal die beiden Gehirnhälften und das Rückgrat. Am wirkungsvollsten ist es, wenn Sie in all diese Teile hineingehen, anstatt es sich nur vorzustellen. Mit etwas Übung und Erfahrung leiten Sie die lächelnde Energie wie einen Wasserfall durch die drei Kanäle hindurch und waschen damit alle Spannungen aus Ihrem System heraus.

Es lohnt die Zeit und den Aufwand, eine bestimmte Entspannungstechnik zu etablieren. Sie brauchen Ihrem Unbewußten dann nur noch ein Zeichen zu geben, und Ihr Körper und Ihr Wesen entspannen sich innerhalb von Sekunden.

Während einer Sitzung arbeite ich mit den Klienten gewöhnlich im Liegen, da die meisten Menschen so besser loslassen. Sie können sich selber im Sitzen vielleicht besser entspannen. Probieren Sie aus, was Ihnen am meisten dient.

Ich bitte meine Klienten, die Hände auf den Bauchnabel zu legen und die Aufmerksamkeit auf den Atem zu richten, der die Hände bewegt. Die Energie folgt der Richtung Ihrer Aufmerk-

samkeit. Sie bereiten den Weg für Ihre intuitive Wahrnehmung, wenn Sie Ihre Aufmerksamkeit von Ihrem Verstand weg
auf Ihr Nabelzentrum richten.

Das Nabelzentrum vereint im Solarplexus den bewußten
und unbewußten Geist. Der Solarplexus, das Sonnengeflecht an
der Rückseite des Magens, beherbergt das sympathische Nervensystem, das die unbewußten, vitalen Prozesse steuert. Über
den Vagusnerv verbindet es sich mit der Gehirnregion, dem
Zentrum des willentlichen Systems, das die bewußten Handlungen lenkt.[31]

Das Sonnengeflecht ist, wie der Name schon sagt, ein wichti-
ges Energieverteilungszentrum. Es gleicht der Sonne, die uns
mit Licht und Wärme versorgt. Wenn der Solarplexus entspannt ist, strahlt er Leben und Vitalität in jeden Teil unseres
Körpers aus.

Je tiefer Sie diesen Bereich entspannen, desto mehr Energie
strahlen Sie aus. Und je mehr Energie Sie ausstrahlen, desto
stärker ziehen Sie günstige Ereignisse, Umstände und Menschen in ihr Leben. Sie nutzen das Gesetz der Anziehung, das
Dinge, Ereignisse und Personen mit der gleichen Schwingungsfrequenz zusammenbringt.

Schutz

Wenn Ihr Bauch angespannt ist, atmen Sie in die Spannung hinein, bis sich die Spannung löst. Wenn ein Problem viele Ängste
und Sorgen in Ihnen auslöst, brauchen Sie zunächst eine Zone
der Beruhigung und Geborgenheit. Stellen Sie sicher, daß Sie
bequem liegen und sich beschützt fühlen. Manchmal gibt Ihnen
das Auftreten des inneren Begleiters die notwendige Sicherheit,
manchmal brauchen Sie noch zusätzlich ein Symbol, das Ihnen
Schutz gibt.

Bitten Sie Ihren inneren Begleiter um ein Symbol des Schut-
zes. Fragen Sie nach seinen Qualitäten. Dann lassen Sie das
Symbol in Ihren Körper eintreten und sich in alle Richtungen
ausdehnen, vom Scheitel zu den Zehen, bis es alle Körperteile

umschließt. Lassen Sie seine Energie und Qualitäten über Ihre Hautgrenze hinaus Ihr elektromagnetisches Feld um Ihren Körper herum erfüllen.

Dieses elektromagnetische Feld, das auch Aura genannt wird, ist ein Schwingungsfeld, das jeden Menschen umgibt. Je nach Ihrer ,Ausstrahlung' kann dieses Feld eng oder weit, ganz oder löcherig sein. Sie nehmen die Kraft eines Symbols, füllen das Feld damit auf und schließen es. In Ihrer persönlichen Erfahrung erleben Sie es wie einen Schutz oder als Gefühl der Geborgenheit und Sicherheit.

Der innere Begleiter

Wenn meine Klienten genügend entspannt sind, bitte ich sie, den inneren Begleiter Gestalt annehmen zu lassen. Diese Gestalt kann jegliche Form, Farbe oder Konfiguration sein. Ich arbeite mit dem ersten Bild, das kommt.

Wenn Sie keine Erfahrung mit inneren Bildern haben und sich von ihrem religiösen oder spirituellen Hintergrund her mit niemandem verbunden fühlen, erleichtert es den Zugang, wenn Sie sich eine weiße Leinwand vorstellen, auf der Sie Ihren inneren Begleiter auftauchen lassen. Je offener Sie sind, Dinge geschehen zu lassen, desto einfacher ist der Zugang. Legen Sie sich nicht auf eine bestimmte Form fest, die Sie erwarten. Diese Erwartung blockiert das Erscheinen der Gestalt, die für diese Sitzung wichtig ist.

Mir hilft das Bild einer Abenteuerreise in unbekanntes Gelände, bei der ich nicht weiß, wem ich begegnen werde. Ich erlaube mir ein neugieriges, neutrales Interesse, mit dem ich auf die Reise gehe, und ich vertraue darauf, daß ich auf dieser Reise geführt werde. Dafür ist der innere Begleiter eine notwendige Voraussetzung.

Die Begleitung kann sich in vielen Facetten zeigen:

- als geometrische Figur wie ein Dreieck, Quadrat oder Kreis;

- als Farbpunkte oder -wolken;

- als Planet, Pflanze oder Tier;

- als weise Gestalt einer religiösen oder spirituellen Tradition.

Tiergestalten als weise Führer gehören zum indianischen Volksgut. Jesus oder die Jungfrau Maria verweisen auf ein christliches Erbe, chinesische Weise auf das geistige Erbe des Taoismus. Auch weise Menschen, zu denen Sie eine enge Beziehung pflegen, erscheinen als innerer Begleiter wie Sai Baba oder Mutter Meera. Ihr Begleiter kann dem eigenen Geschlecht angehören (die weise Frau oder der alte weise Mann) oder anderen Dimensionen wie Engel oder Feen. Die Gestalt der inneren Begleitung hat Bezug zu Ihren Glaubensvorstellungen und Traditionen.

Manchmal tauchen im ersten Bild Figuren auf, die eher bedrohliche Züge aufweisen wie Monster, Drachen, Kobolde, Wärter, Polizisten und Soldaten. Diese Geschöpfe sind Hinweise auf ein Thema, das Sie in der Sitzung bearbeiten. Die Gestaltungen des ‚Höheren Selbst‘ sind daran erkennbar, daß sie von einer Atmosphäre der Güte, Weisheit und Liebe umgeben sind. Sie vermitteln ein Gefühl von Schutz, Sicherheit und Geborgenheit. Wenn Sie bei Ihrer Begleitung dieses Gefühl nicht haben, bitten Sie Ihr ‚höheres Selbst‘ erneut, Gestalt anzunehmen. Oder befragen Sie das Bild, das Ihnen suspekt erscheint, danach, ob es Ihr ‚höheres Selbst‘ ist oder Teil eines Vorgangs, der zur Umwandlung ansteht.

Am Anfang sind die Figuren oft vage und nehmen erst im Laufe der Zeit konkretere Formen an. Wenn Sie sehr mißtrauisch sind, kann die Gestalt in weiter Ferne weilen und sich erst mit zunehmendem Vertrauen nähern. Der Begleiter kann über viele Sitzungen in seiner Form konstant bleiben, was in der Regel der Fall ist, wenn Sie sich mit einem persönlichen Meister verbunden fühlen, oder er kann seine Gestalt von Sitzung zu Sitzung wechseln. Im letzteren Fall ist die Form meist ein Hinweis auf das Thema der Sitzung.

Das Spektrum der Erscheinungsformen ist so breit wie die

Vielfalt menschlicher Erfahrung und zu breit, um es hier detailliert darzustellen. Erlauben Sie sich, auszuprobieren und Erfahrungen zu sammeln. Das Tröstliche am inneren Begleiter ist, daß Sie ihn nach allem fragen können. Manchmal brauchen die Antworten etwas länger, und sie kommen von Seiten und Ecken, von denen Sie sie nicht erwarten. Lassen Sie sich davon nicht einschüchtern. Wie bei allem im Leben, ist auch dies eine Sache der Übung und Erfahrung. Bleiben Sie entspannt und offen. Verfeinern Sie Ihre Wahrnehmung und lernen Sie, Ihre Bilder zu verstehen.

Manchmal erscheint keine Gestalt auf der Leinwand, obwohl Sie entspannt sind, sich sicher fühlen und all Ihre Erwartungen losgelassen haben. In diesem Falle prüfen Sie, ob Sie sich wirklich mit dem anstehenden Thema auseinandersetzen wollen. Erst, wenn Sie zu 100 Prozent bereit sind hinzuschauen, werden die Informationen zugänglich.

Menschen sind in sich widersprüchlich, besonders wenn es um schwerwiegende Erlebnisse und unlösbar scheinende Konflikte geht. Heftige Gefühle verstellen dann den Blick. In diesen Fällen brauchen Sie eine äußere Begleitung, einen Menschen, der Ihnen hilft, die Situation aus einem anderen Blickwinkel zu sehen. Dies ist selbst dann notwendig, wenn Sie viel Erfahrung in der Arbeit mit sich selber haben. Sie stoßen an Ihre Grenzen. Unsere ,blinden Flecken' bewahren uns vor Erkenntnissen, denen wir nicht gewachsen wären.

Beginnen Sie nicht mit dem Schwersten. Diese Strategie führt zum Scheitern. Beginnen Sie mit schlechten Gewohnheiten, eingefahrenen Reaktionen, körperlichen Symptomen, negativen Gefühlen oder Ihrem Widerstand gegen das Hinschauen und arbeiten Sie sich von da aus weiter vor. Wenn Sie die Möglichkeit haben, tun Sie sich mit jemandem zusammen und erkunden Sie das Feld gemeinsam. Am Anfang sehen zwei mehr als einer.

Die Gestaltung des Problems

ÜBUNG

- Beginnen Sie damit, daß Sie die Verantwortung für das Problem übernehmen, das Sie sich anschauen wollen. Sie können nur etwas verändern, das Sie selber erschaffen haben. Dann beschreiben Sie die Situation so detailliert wie möglich. Fragen Sie sich:

  o Was ist mein Anteil an diesem Geschehen?

  Welche Gefühle verbinde ich damit?

  Wie habe ich dieses Problem erschaffen?

  Bin ich bereit, es zu verändern?

Gestalten Sie die Szene auf einer Bühne. Schauen Sie sich die Einzelheiten von allen Seiten an, ohne daß Sie sich mit dem Geschehen identifizieren. Erlauben Sie sich, Ihre Gefühle, die mit der Situation verbunden sind, noch einmal zu erleben, doch dieses Mal als Zeuge oder Beobachter des Handlungsablaufs. Sie brauchen Distanz, damit Sie den Hergang aus einem anderen Blickwinkel sehen. Und Sie brauchen die Verbindung zu den Gefühlen, um das Problem zu verändern. Gefühle strukturieren die Ereignisse eines Ablaufs in ein Muster. Wenn Sie die Gefühle loslassen, zerfällt das Muster in seine Einzelteile.

Wenn Sie sich den Vorgang genügend verdeutlicht haben, bitten Sie ihn, Gestalt anzunehmen. Damit fassen Sie alle Einzelheiten in einem ganzheitlichen Bild zusammen. Wie im Falle des inneren Begleiters ist das Spektrum der Gestaltungsformen so breit wie die Vielfalt menschlicher Erfahrung. Die Gestalt, die Ihnen erscheint, ist Ihnen in der Regel vertraut und hat Bedeutungsgehalt für Sie. Manche Gestaltungen sind körperliche Wahrnehmungen, manche innere Bilder. Sie finden Beispiele dazu in der Falldarstellung weiter unten in diesem Kapitel.

ÜBUNG

- Schauen Sie sich diese Gestalt genau an.

○ Welche Form und welche Farbe hat sie?

Riechen, schmecken oder fühlen Sie sie?

Ist diese Gestalt irgendwo in Ihrem Körper verankert?

Kann Ihr Körper die Gestalt einnehmen?

- Wenn Sie nicht weiterkommen, bitten Sie Ihren inneren Begleiter um Hilfe. Bitten Sie ihn, Ihnen die angemessene Gestalt zu zeigen oder Ihnen zu helfen, Distanz zu wahren. Sobald Sie sich identifizieren, werden Sie von Ihren Gefühlen bestimmt. Damit verlieren Sie die für diese Arbeit notwendige Position des neutralen Beobachters.

Wenn Sie die Verantwortung für die Situation oder Ihr Handeln übernommen und ihm Gestalt gegeben haben, sind Sie bereit für den nächsten entscheidenden Schritt: die Umwandlung des Geschehens von einem Problem zum Bündnispartner.

Die Umwandlung vom Monster zum Bündnispartner

Einen großen Teil meines Lebens habe ich damit verbracht, gegen Ereignisse oder Situationen anzukämpfen, die in meinem Leben schmerzhaft waren. Ich wollte sie loswerden. Ich verstand nicht, weshalb diese Strategie die Programme eher zu nähren und zu verfestigen schien als sie aufzulösen. Je mehr ich mich dagegen sträubte, je wilder ich sie bekämpfte, desto stärker wurden auch sie. Es ist wie mit Bakterien und Viren. Je stärker die Waffen werden, mit denen wir gegen sie vorgehen, desto mächtiger und gefährlicher werden sie.

Es dauerte lange, bis mir deutlich wurde, daß ich den Menschen oder der Sache, die ich bekämpfe, Energie zuführe, statt sie abzuziehen. Die Energie geht in das hinein, worauf wir uns konzentrieren. Konzentrieren wir uns auf das, was wir nicht wollen, verstärken wir diese Seite. Das, was wir wollen, ergibt sich nicht automatisch aus dem Nicht-wollen. Wir müssen das, was wir anstreben, formulieren und bekräftigen, um es zu bekommen.

Wie aber gehen wir dann mit der Schattenseite um, mit dem, was im Untergrund schlummert und aus dem Unbewußten heraus seine Macht entfaltet?

Die einfachste Form liegt darin, diese Schattenseite liebend als Teil unserer Erfahrung und menschlichen Existenz anzunehmen. Wenn sie ans Licht des Bewußtseins drängt, verwandelt sie sich von alleine. Das Negative wie das Positive ist dieselbe Energie; sie ist nur jeweils mit einem der beiden Pole verknüpft.

Wenn Sie versuchen, das Nachteilige loszuwerden, schneiden Sie damit einen Teil Ihrer Energie ab. Wenn Sie an so intensive Gefühle wie Zorn oder Trauer denken, können Sie sich vorstellen, wieviel Ihrer Energie dabei verlorengeht.

Ein Gesetz des Universums besagt, daß Energie sich lediglich wandelt, aber nicht verlorengeht. Energie transformiert sich wie Wasser in Eis oder Dampf. Wenn Sie meinen, daß Sie das Unerwünschte losgeworden sind, haben Sie es vermutlich nur aus Ihrer bewußten Wahrnehmung entfernt, nicht aber aus Ihrem Energiesystem.

Im Unbewußten entfalten Ihre schädlichen Anteile Macht. Sie verfolgen Sie wie Dämonen oder Monster, denen Sie nicht mehr ansehen, daß sie ein Teil von Ihnen sind. Sie erscheinen Ihnen als etwas Äußeres, auf das Sie keinen Einfluß haben. Wenn Sie sich klarmachen, daß alles, das Gute wie das Böse, das Positive wie das Negative, Teil desselben Geistes oder Bewußtseins ist, können Sie Monster schrumpfen lassen und Ihre Energie für die fruchtbare Gestaltung Ihres Lebens einsetzen.

Wie ist das möglich?

Der Trick liegt darin, daß Sie Gegner in Bündnispartner verwandeln. Wenn Sie sich Ihre Anteile anschauen, ohne sie als Gut oder Schlecht zu bewerten, sehen Sie, daß alles in Ihrer inneren Wirklichkeit eine bestimmte Funktion erfüllt. In der Regel handelt es sich um wesentliche Schutzfunktionen wie die

170

Sicherung des Lebens, Schutz vor Schaden und Gewalt, Krankheit oder Isolation.

Der Nachteil liegt darin, daß diese Schutzfunktionen aus der Erwachsenenperspektive unreife oder kindliche Formen darstellen. Sie fordern ihren Preis. Je nach dem Zeitpunkt und der Situation, in der sie im Leben entstanden sind, bestimmen sie strafend oder kontrollierend das Leben mit. Diese belastenden Aspekte stehen für die meisten Menschen so sehr im Vordergrund, daß sie das Geschenk dieser Teile nicht sehen.

Eine meiner Klientinnen beklagte sich, daß sie von ihrem inneren Bild her eingezwängt war in eine Holzkiste, in der sie sich kaum bewegen konnte. Sie hockte geduckt mit gesenktem Kopf in der Holzverschalung und hatte die Hände um die angewinkelten Beine geschlungen. Als wir probeweise in ihrem inneren Bild die Holzkiste entfernten, fühlte sie sich schutzlos dem Außen ausgeliefert. Ihr wurde deutlich, daß die enge Kiste ihr Schutz und Geborgenheit gab und daß sie sie nicht einfach entfernen durfte, ohne sie durch einen anderen Schutzraum zu ersetzen. In einem längeren Prozeß erweiterten wir erst die Kiste, damit sie darin stehen konnte, gaben ihr Fenster, damit sie Kontakt zur Außenwelt aufnehmen konnte, und verwandelten sie am Ende in ein Haus, das sie nach eigenem Gutdünken aufsuchen und verlassen konnte.

Dieses Beispiel beschreibt ein wesentliches Prinzip der Holographischen Analyse. Sie können die begrenzenden Anteile nicht einfach loswerden. Was also statt dessen tun?

Verstehen Sie zuerst, in welcher Weise ein Problem Ihnen dient. Dann bewahren Sie seine nützliche Funktion in einer Form auf, die Ihrem heutigen Bedürfnis und Bewußtsein entspricht. Im Falle des obigen Beispiels erfüllt das Haus dieselbe Schutzfunktion wie die Kiste, ohne zugleich Gefängnis zu sein. Das Haus gibt Bewegungsfreiheit und die Möglichkeit, es je nach Bedarf zu nutzen. Schauen Sie sich also Ihr ‚Übel‘ noch einmal unter der Perspektive der Dankbarkeit an. Fragen Sie sich:

ÜBUNG

- Was ist das Geschenk meines Problems?

  Was gibt es mir?

  Welche wichtige Funktion erfüllt es in meinem Leben?

In der Regel handelt es sich dabei um Überlebensbedürfnisse, also Werte wie Schutz vor Schaden, Sicherheit, Kontrolle, Wärme und Geborgenheit, Durchhaltekraft, Selbstwert und Würde. Können Sie sehen, was Ihr vertrautes Problem für Sie geleistet hat, und es dankbar annehmen?

Bedenken Sie, daß diese Anteile Ihrer Persönlichkeit Ihr eigenes Leben entfaltet haben und daß Sie nicht ohne weiteres bereit wären, es aufzugeben. Sie sind oft mit viel Tränen und Ärger genährt worden und enthalten daher viel Energie. Energie läßt sich nicht einfach abschieben, sondern nur umwandeln. Und umwandeln können Sie Energie nur, wenn Sie ihre Funktion vollständig verstanden und dankbar angenommen haben.

ÜBUNG

- Wenn Sie bereit sind, sich von Ihrem vertrauten Programm zu verabschieden, bitten Sie Ihren Begleiter, Ihnen ein Symbol für die reifere Form zu geben. Prüfen Sie, wie Sie sich mit der neuen Gestalt fühlen. Gibt sie Ihnen Schutz und Sicherheit? Vertrauen Sie ihr? Ist diese Gestalt bereit, die Funktion des alten Programms zu übernehmen?

  Fragen Sie sie und achten Sie auf die Antwort. Die Antwort kann als Bild, inneres Gefühl, innere Stimme oder inneres Wissen auftauchen. Fixieren Sie sich nicht auf einen bestimmten Kanal der Wahrnehmung. Es gibt viele Wege, eine Antwort zu erhalten.

Wenn Ihr Muster trotz Ihrer Bereitschaft und Dankbarkeit darauf besteht zu bleiben, haben Sie vermutlich noch nicht all seine Funktionen erfaßt.

Ein Mann, der in seiner Kindheit viel Gewalt erfahren hatte, spürte diese Gewalt von seinem körperlichen Erleben her wie einen starken Schmerz im Rücken. Dieser Schmerz drückte sich im inneren Bild aus als eine Faust. Als wir uns diese Faust näher anschauten, war ihre erste Funktion, daß sie ihm Kraft gab, aufrecht zu bleiben. Wir verwandelten sie in einen Stab, der ihm Rückhalt gab. Doch damit war die Faust noch nicht bereit, sich in den Stab aufzulösen.

Ich frage an diesen Stellen in der Sitzung, welchen Anteil der verarbeitete Aspekt an der Gesamtfunktion des inneren Bildes hat. In diesem Falle waren es zwanzig Prozent. Wesentlicher als der Rückhalt war das Gefühl der Kraft und Macht, das mit dieser Faust verbunden war. Die Faust bewegte ihn durchs Leben, trieb ihn zum Durchhalten an und befähigte ihn, Hindernisse zu überwinden. Für diese Stärke bezahlte er damit, daß er sich nur selten Ruhe gönnen oder sein Leben in aller Stille genießen konnte. Der ständige Druck im Rücken erlaubte ihm nicht zu verweilen. Mit dem Verständnis der Dynamik bot sich eine Lösung jenseits von Druck und Selbsterschöpfung an. Er entdeckte in sich eine gelassene Kraft, die weiß, wann sie handeln und wann sie ruhen muß. Diese Kraft nahm die Form eines weisen Begleiters an, den er um Rat fragen konnte.

ÜBUNG

- Wenn sich Ihr Programm nicht verabschieden will, prüfen Sie, ob sie *alle* Aspekte erfaßt haben, und folgen Sie obigem Beispiel. Sie erreichen den Punkt, an dem sich Ihr altes Muster gewürdigt fühlt und bereit ist, die Energie an die höhere Form abzugeben. Lassen Sie an diesem Punkt die alte und die neue Form zusammenkommen und schauen Sie zu, wie sich die alte in der neuen auflöst.

Eine Frau, die zu mir kam, weil ihre Beziehungen zu Männern scheiterten, sah sich in einem inneren Bild als fleischfressende Pflanze. Ihre geheimnisvolle trichterförmige Röhre zog vor allem Männer in ihren Bann. Sie wanderten scharenweise in diese fluoreszierende Öffnung mit den schwebenden Lockfäden. Doch wehe, sie waren drin. Der Eingang verschloß sich, Haifischzähne wurden ausgefahren und schlugen blutige Wunden, bevor ein Zersetzungsprozeß mit ätzenden Verdauungssäften einsetzte. Dieses Pflanzenwesen lebte unter Wasser in tiefer Dunkelheit ohne Zeit. Es wollte nichts Böses. Es wollte nur überleben. Es kannte keine andere Nahrung als Menschen. Das war seine Natur. Ohne Nahrung mußte es sterben.

Die Transformation dieses Organismus war überraschend einfach: Er stülpte sein Innerstes nach außen. Die lange Verdauungsröhre wurde zu einem Stiel, fest verwurzelt im Grund des Wassers, und der Trichter wurde zu einer weißen Seerose mit leuchtendgelbem Fruchtstand. Die Lockfäden verwandelten sich in breite tragende Blätter, auf denen kleine Lebewesen verweilten. Nach der Transformation lebt dieser Organismus in einem Seerosenfeld auf einem flachen Teich in einem kleinen Park. Er ernährt sich von Licht statt Dunkelheit, und seine Schönheit erfreut die Betrachter.

Die neue Form hat die Funktion eines weisen Beraters, an den Sie sich jederzeit wenden können. Klären Sie mit der neuen Gestalt, ob Sie bereit ist, Sie all das zu lehren, was Sie zur Lösung des Problems brauchen. Stellen Sie sicher, daß die neue Gestalt Ihren inneren Werten verpflichtet ist wie Wahrheit, Rechtschaffenheit, Frieden, Liebe und Gewaltlosigkeit. Klären Sie, welche spezifische Aufgabe Ihr neuer Begleiter wahrnehmen will. Im Laufe der Zeit bilden Sie eine ganze Gruppe von reifen Anteilen aus, die Sie wie in einer Tischrunde zur Beratung versammeln. Sie alle haben eine spezifische Funktion, die Ihnen helfen wird, die Dinge in Ihrem Leben zu erreichen, die Sie möchten.

Doch müssen Sie erst den Kontakt etablieren, bevor Ihnen diese Möglichkeit einfällt, wenn Sie sie brauchen. Ich empfehle meinen Klienten, am Anfang eine feste Zeit für das Treffen mit dem inneren Begleiter zu vereinbaren und einzuhalten. Ihre alten Reaktionen haben Macht. Wenn Sie die neuen Formen nicht fest in sich verankern, kehren die alten Verhaltensweisen zurück. In der Regel brauchen Sie drei Wochen lang den täglichen Kontakt, um sich mit Ihrem neuen inneren Begleiter anzufreunden. Schauen Sie, welche Zeit für Sie günstig ist, und verpflichten Sie sich, diese Verabredung über die nächsten drei Wochen einzuhalten. Mit dieser Verpflichtung teilen Sie Ihrem Unbewußten mit, daß Sie sich und Ihr Wohlergehen ernst nehmen. Dies ist ein wesentlicher Schritt zum Erfolg.

Die Rückkehr in die Kindheit

Die meisten Programme, die unser Leben steuern, sind Überlebensstrategien, die aus der Kindheit herrühren. An ihrer Entstehung waren in der Regel verschiedene Personen beteiligt. Wann immer Sie einer Person in Ihrem Erwachsenenleben begegnen, die Sie, bewußt oder unbewußt, an wichtige Gestalten Ihrer Kindheit erinnert, fallen Sie leicht in das damalige Verhalten zurück. Dies liegt daran, daß Ihre alten Programme wie Hologramme funktionieren. Sie erinnern sich an den Abschnitt über das holographische Universum? Jeder Teil enthält die Botschaft des Ganzen. Jede Einzelheit kann Ihr altes Verhalten auslösen.

Wenn Sie mit den Sie belastenden Denk- und Verhaltensweisen aufräumen wollen, kehren Sie zur Quelle ihrer Entstehungsgeschichte zurück. Wenn Ihre Seele die Situation klar sieht und die Dynamik versteht, löst sich das Programm auf.

Um klar zu sehen, brauchen Sie die Bereitschaft, sich von der vertrauten Geschichte zu verabschieden. Dies hat seine Fallen, wie ich im Kapitel über die Verantwortung ausgeführt habe. Von daher hilft es zu Beginn dieser Arbeit, sich mit einem Partner zusammenzuschließen. Die Aufgabe des Partners liegt nicht darin, Ihnen Lösungen anzubieten, denn der beste Heiler sitzt in Ihnen selbst. Seine Aufgabe liegt vielmehr darin, die folgenden Fragen zu wiederholen und Sie damit zu ermutigen, hinzuschauen. Sein Nachfragen hilft Ihnen außerdem, die auftauchenden Bilder ins Zentrum Ihrer Aufmerksamkeit und auf den Punkt zu bringen.

Nachdem Sie sich entspannt und Kontakt mit Ihrem inneren Begleiter aufgenommen haben, bitten Sie ihn, Sie in die Situation zurückzuführen, in der der Schlüssel zur Lösung Ihres gegenwärtigen Problems liegt. Denken Sie daran, daß Ihr Höheres Selbst sehr viel besser als Ihr Verstand oder Ihre bewußte Erinnerung weiß, wo dieser Schlüssel zu finden ist. Diese Situation mag zunächst nur ganz vage auftauchen. Bringen Sie sie ins Zentrum Ihrer Aufmerksamkeit, indem Sie anfangen zu beschreiben, was Sie wahrnehmen.

ÜBUNG

● Beschreiben Sie zunächst die Umgebung. Schauen Sie sich um:

○ Wo sind Sie?

Wie sieht es dort aus? Wie hört es sich an?

Was geschieht um Sie herum?

● Betrachten Sie nun das Kind, das Sie damals waren. Konzentrieren Sie sich zunächst auf seine äußeren Merkmale.

○ Wie alt ist es?

Welche Kleidung trägt es?

Welche Haltung hat es?

Was tut es?

● Schauen Sie dann auf den Gesichtsausdruck. Schauen Sie auf Mund und Augen. Der Ausdruck gibt Ihnen Hinweise auf die damalige emotionale Befindlichkeit des Kindes.

○ Was empfindet das Kind, was denkt es?

Auf wen beziehen sich seine Gefühle und Gedanken?

Gibt es noch eine andere Person in dem Bild?

● Falls niemand da ist, gehen Sie zurück in der Zeit.

○ Was hat zu dieser Situation geführt?

● Falls von dort keine Informationen kommen, gehen Sie vorwärts durch die Zeit.

176

○ Was geschieht? Kommt jemand in den Raum?

Verändert sich das Bild des Kindes?

Falls Sie keine Informationen erhalten, prüfen Sie, ob die Zeit reif dafür ist, sich mit dieser Situation auseinanderzusetzen. Nur wenn sie zu 100 Prozent bereit sind, sehen Sie klar.

Bitten Sie Ihren inneren Begleiter um eine Zahl zwischen 0 und 100, die Ihnen angibt, wieviel Prozent Ihrer Energie Ihren Wunsch nach Klärung unterstützen. Stehen Sie bei 80 Prozent, arbeiten Sie an den restlichen 20. Bitten Sie die 20 Prozent, Gestalt anzunehmen, so daß Sie verstehen, wo Ihre Ängste und Unsicherheiten liegen. Ihr Widerstand ist Ihr Verbündeter. Er gibt Ihnen Hinweise auf die Aspekte, die Sie lieber nicht so genau wissen wollen. Und bedenken Sie: Diese Dinge haben im verborgenen viel mehr Macht, als wenn Sie Ihr Unbehagen oder Ihre Befürchtungen bei Tageslicht betrachten.

ÜBUNG

● Wenn Sie ein klares Bild von der damaligen Situation und den daran beteiligten Personen haben, gehen Sie in den Körper des Kindes hinein. Beschreiben Sie, wie sich der Körper anfühlt.

○ Welche Spannungen nehmen Sie wahr?

Wo sitzen die Spannungen?

Sind Ihnen diese Spannungen heute noch vertraut?

Welche Gefühle und Gedanken sind mit diesen Spannungen verbunden?

Denken Sie daran: Sie sind Beobachter und Zeuge des Geschehens. Identifizieren Sie sich nicht mit dem Kind in diesem Stadium. Der Sinn dieser Übung ist nicht, mit dem Leiden des Kindes zu verschmelzen. Es geht darum, zu verstehen und nachzuempfinden, wie es dem Kind damals ergangen ist. Alles, was Sie brauchen, ist die Information. Diese Information schließt das körperliche Empfinden, die Gedanken und die Gefühle mit ein, nicht aber Ihre Identifikation mit dem Ereignis.

ÜBUNG

● Wenn Sie ein klares Gespür für Ihre damalige Situation als Kind haben, gehen Sie in den Körper der Person hinein, die in Ihrem Bild auftaucht und an der damaligen Situation beteiligt war. Handelt es sich um mehrere Personen, erarbeiten Sie für jede Person einzeln die folgenden Sequenzen bis zur Verabschiedung.

○ Welche Spannungen nehmen Sie wahr?

Wo sitzen die Spannungen?

Sind Ihnen diese Spannungen von Ihrem Körper vertraut?

Welche Gefühle und Gedanken sind mit diesen Spannungen verbunden?

Sind diese Gefühle, Gedanken und Spannungen Ihnen von Ihren Eltern oder Großeltern her bekannt?

● Und dann schauen Sie weiter:

○ In welcher Lebenssituation befindet sich die Person?

Was beschäftigt sie?

Was sind ihre Lebensumstände?

Was sind ihre Sorgen und Nöte?

● Betrachten Sie vor diesem Hintergrund das Verhältnis zwischen Ihnen und dieser Person.

○ Wie stark betrifft Sie das Verhalten oder die Reaktion dieser Person?

Was haben Sie zu der Situation beigetragen?

○ Wie sieht die Dynamik zwischen Ihnen und der anderen Person aus?

Es mag Ihnen merkwürdig vorkommen, daß Sie in der Lage sein sollen, in den Körper einer anderen Person hineinzugehen und wahrzunehmen, was sich in dieser Person abspielt oder in welchen Lebensumständen sie sich befindet. Zu Anfang dieser Arbeit war ich selber erstaunt, wie einfach der Zugang für meine Klienten war und wie viele Informationen sie gewannen. Das ist nicht verwunderlich, wenn Sie bedenken, daß Kinder sich vor den Erwachsenen dadurch schützen, daß sie deren Stimmungen und Absichten ,lesen', besonders in Situationen, in denen sie sich bedroht fühlen.

Anfangs überraschte mich die Tatsache, daß fast alle Klienten das Spannungsmuster der Person, die an der damaligen Situation beteiligt war, auch in sich selber kannten. Erst über das Verständnis des Universums als holographische Einheit verstand ich, daß wir alle energetisch miteinander verbunden sind. Dies hat zur Folge, daß Kinder energetisch die Haltungen der Eltern übernehmen, besonders in Situationen, die für sie einschneidende Erlebnisse sind.

Aus der Psychologie kennen wir den Begriff der ,Identifikation mit dem Aggressor'. Er besagt, daß wir uns mit jemandem, der uns angreift, identifizieren. Damit schützen wir uns. Dieser Prozeß ist nicht nur ein psychischer Mechanismus. Er ist ein energetisches Geschehen. Es bewirkt, daß wir dieselben Muster von Generation zu Generation weitertragen. So entstehen über ganze Generationen hinweg Muster, in denen dasselbe Verhalten ,vererbt' wird. Ich benutze hier bewußt den Begriff ,Vererbung', da diese Programme energetisch in unserer Körperlichkeit verankert sind. Doch ist es möglich, diese Familien- und Ahnengeschichten zu beenden, indem wir die energetische Verknüpfung auflösen.[32]

Im Bild einer jungen Frau stellte sich diese Ahnengeschichte als ein Bandwurm dar, der sich im Herzen festgefressen hatte und sich um Teile des Magens und der Leber schlang. Er hatte die innere Quelle und alles, was in seiner Reichweite lag, vergiftet. Jedes einzelne Stück haftete mit Widerhaken und mußte vorsichtig abgelöst werden, damit keine Faser zurückblieb. Nach der mühsamen ,Operation' sprudelte die innere Quelle klar.

Die Ablösung von Spannungsmustern

Wenn Sie die Situation klar sehen und die Dynamik verstehen, stellt sich Ihnen die Frage, ob Sie bereit sind, die Situation aufzulösen.

Ich bitte meine Klienten an diesem Punkt, sich eine liegende ‚Acht' vorzustellen, in der sie und die beteiligte Person von damals sich in je einem der beiden Kreise befinden. Dabei überlasse ich es den Klienten, ob sie sich als Kind wie in der damaligen Situation oder als Erwachsene in dem Kreis sehen.

Ich bitte sie, die Kreise auseinanderrücken zu lassen, bis sie sich in einer für sie angenehmen Distanz voneinander befinden. Die getrennten Kreise symbolisieren die Fähigkeit, den ‚anderen' als getrennt von sich wahrzunehmen. Diese Fähigkeit entwickelt sich im Lauf der ersten drei Lebensjahre. Wenn die beiden Kreise sich überlappen, deutet das darauf hin, daß sich ein Kind noch nicht weit genug vom Elternteil abgelöst hat, um eine eigene Identität aufzubauen. In diesem Fall ist die folgende Technik noch nicht für Sie geeignet. Nehmen Sie sich erst die Zeit, Ihre innere Struktur zu stärken.

ÜBUNG

- Stellen Sie sich das Bild einer liegenden Acht vor. Lassen Sie die beiden Kreise der Figur ‚Acht' voneinander abrücken, so daß sie sich in einer für Sie angenehmen Distanz voneinander befinden. Etablieren Sie klare Kreisgrenzen und stellen Sie die betreffende Gestalt aus Ihrer Kindheit und sich selbst in je einen Kreis. Beschreiben Sie, wie die beiden Personen jetzt aussehen.

○ Sind Sie noch ein Kind oder erwachsen?

Wie ‚stehen' Sie zueinander? Sind Sie einander zu- oder abgewandt?

Was sagt der Gesichtsausdruck aus über die Gefühle, die Sie füreinander haben?

- Wenn die Beziehung zwischen Ihnen klar ist, geben Sie dem gesamten System, den Körperspannungen, Gefühlen und Gedanken eine symbolische Gestalt. Nehmen Sie das Bild, das Ihnen als erstes kommt. Geben Sie diese Gestalt an den Kreis der anderen Person zurück. In der Regel nimmt die andere Person sie an, wenn das Geschehen Teil ihrer persönlichen Verantwortung war. Sie lehnt die Gestalt ab, wenn es sich um die Ahnengeschichte handelt. In diesem Fall bitten Sie Ihren inneren Begleiter, sich dieser Gestalt anzunehmen und deren Energie ihrer nächsten Bestimmung zuzuführen. Diesem Schritt liegt die Überlegung zugrunde, daß Energie nicht vernichtet, sondern nur umgewandelt werden kann. Indem Sie die Gestalt Ihrem inneren Begleiter anvertrauen, stellen Sie sicher, daß die Energie einem positiven Zweck zugeführt wird.

Die Ablösung fühlt sich an, als würde ein Berg von Ihnen abfallen. Zugleich verlieren Sie damit eine Last, die Ihnen vertraut geworden ist. In manchen Fällen fühlt es sich so an, als hinterließe das Herausnehmen des Musters, dem Sie Gestalt verliehen haben, eine tiefe Wunde. Bitten Sie in diesem Fall Ihren inneren Begleiter, die Wunde zu schließen oder Ihnen ein Balsam zu geben, mit dem Sie die Wunde reinigen und heilen lassen. Die Entfernung solch eines Musters kann sich sehr ähnlich anfühlen wie eine schwere Operation. Wenn Sie sich erschöpft fühlen, gönnen Sie sich eine Zeit der Genesung.

Das Prinzip dieser Arbeit besagt, daß Sie nichts aus dem Energiesystem herausnehmen dürfen, ohne es zu ersetzen. Der Ersatz ist das Symbol einer reinen Energie. Je nach Situation kann dieses Symbol von einer guten Figur wie dem inneren Begleiter oder von der beteiligten Person selber kommen.

Beispiele dafür finden Sie in der Fallgeschichte.

Abschied

Wenn Sie bereit sind, sich von den Schatten der Vergangenheit zu lösen, kommt die Zeit des Abschieds. Bei wichtigen Gestalten Ihrer Kindheit wie Mutter oder Vater handelt es sich dabei nicht um die reale Person in Ihrem jetzigen Leben, sondern um Ihr Bild von dieser Person aus der Situation der Kindheit. Wie bei der Umwandlung eines Musters gilt auch hier, daß Sie nur dann

181

einen Menschen gehen lassen können, wenn Sie ihn in Dankbarkeit verabschieden.

ÜBUNG

• Bitten Sie Ihren inneren Begleiter um ein symbolisches Geschenk, das Sie dieser Gestalt Ihrer Kindheit als Zeichen Ihres jetzigen Verständnisses anbieten. Damit drücken Sie zugleich Ihre Bereitschaft aus, die alte Situation aufzulösen. Ihr Geschenk muß den andern eindeutig würdigen, damit es diesen Zweck erfüllt. Prüfen Sie die Qualitäten, die dem Symbol zu eigen sind. Dann bieten Sie es dem Gegenüber in dem anderen Kreis an.

Wenn Ihr Gegenüber es nicht gewohnt ist, von Ihnen freundlich behandelt zu werden, mag es überrascht und zögernd reagieren. Nach meiner Erfahrung wird ein von Herzen gegebenes Geschenk jedoch immer angenommen, und es löst Erleichterung und Dankbarkeit in der anderen Person aus. Häufig erlebe ich, daß sich Menschen, zu denen der Kontakt über Jahre abgebrochen war, nach dieser Versöhnung von sich aus melden. Ihre innere Arbeit hat Außenwirkungen.

ÜBUNG

• Bitten Sie danach die Gestalt Ihrer Kindheit um ein Geschenk. Dieses Andenken kommt in symbolischer Form. Prüfen Sie die Qualitäten, damit Sie sicher sind, daß es eine reine Gabe der Liebe, Anerkennung, Wertschätzung oder Fürsorge des anderen ist. Lassen Sie das Symbol in Ihren Körper eintreten, so daß es sich in Ihrer energetischen Struktur verankern kann. Die Kraft dieses Symbols ersetzt das Muster, das Sie zuvor abgegeben haben.

Wenn es sich dabei um ein Elternteil handelt, dem Sie nichts vergeben wollen, so bedenken Sie zweierlei: Ihre Eltern haben Ihnen das Leben geschenkt. Zu mehr sind sie nicht verpflichtet. Was Sie aus den Umständen Ihres Lebens machen, haben Sie zu verantworten.

Wie alle Menschen haben auch Ihre Eltern Schwächen. Sie

waren aufgrund ihrer persönlichen Herausforderungen im Leben oft nicht in der Lage, ihre Liebe oder Fürsorge so an die Kinder weiterzugeben, wie Sie es sich vielleicht gewünscht hätten. Wenn Sie selber mittlerweile Kinder haben, wissen Sie, daß die Eltern ihre Schwachstellen oft selber kennen und darunter leiden. Geben Sie ihnen die Gelegenheit, auf der inneren Ebene ihre positiven Absichten auszudrücken, und geben Sie sich die Gelegenheit, die alte Haltung durch eine nährende Form zu ersetzen.

Mit dieser Verankerung erleben viele meiner Klienten ein Gefühl der Erleichterung und Befriedigung. In Fällen von konfliktreichen Beziehungen empfinden sie die Genugtuung, endlich Frieden mit ihrer Geschichte gefunden zu haben. Geben Sie sich Zeit für diese Gefühle. Lassen Sie das symbolische Geschenk weiter in Ihnen wirken und Ihnen das geben, was Sie ihr Leben lang vermißt haben. Dann wird aus diesem Geschenk eine positive Kraft, die Sie nährt, stärkt und versöhnt.

ÜBUNG

- Zum Schluß der Sitzung verabschieden Sie sich von dieser wichtigen Gestalt. Lassen Sie den Kreis, in dem sie weilt, sich von Ihnen fort und auf den Horizont zu bewegen. Beobachten Sie, wie der Kreis immer kleiner wird und schließlich am Horizont entschwindet. Bedanken Sie sich bei Ihrem inneren Begleiter für seine Führung. Und geben Sie sich Zeit. Bedenken Sie, daß diese Arbeit mindestens so tief und wirkungsvoll sein kann wie eine schwere körperliche Operation. Seien Sie in den folgenden Tagen gut zu sich. Gönnen Sie sich Zeit zur Genesung und Verankerung der neuen Erfahrung.

Das entfaltete Selbst

In vielen Fällen ist es hilfreich, probeweise mit der neuen Gestalt in Ihrem Inneren alte Situationen durchzuspielen. Dadurch werden Sie mit den Qualitäten Ihrer neuen Gestalt vertraut, so daß es Ihnen viel leichter gelingt, Ihre neuen Sicht-

und Verhaltensweisen in den realen Situationen des Lebens anzuwenden. Wir wissen aus Untersuchungen, daß Sportler, die sich vorwiegend in Ihrer Vorstellungskraft auf einen Wettbewerb vorbereiten, bessere Ergebnisse erzielen als Sportler, die tagtäglich nur trainieren.

Sie können für diesen Schritt die reife Gestalt Ihres alten Musters oder das Geschenk Ihres Partners aus der Kindheit wählen. Entspannen Sie sich zunächst, bevor Sie den nächsten Schritt unternehmen.

ÜBUNG

- Legen Sie Ihre Hände auf den Bauch und lassen Sie durch den Atem Ihre Hände bewegen. Lassen Sie alle Ihre Gedanken los und bitten Sie Ihr Höheres Selbst, Gestalt anzunehmen.

Bitten Sie darum, daß die reife Gestalt Ihres umgewandelten Problems oder das symbolische Geschenk Ihres Partners auftaucht. Lassen Sie es in Ihren Körper eintreten. Füllen Sie sich mit seinen Qualitäten, und lassen Sie diese Qualitäten sich über die Körpergrenzen hinaus ausdehnen und Ihre Aura, das elektromagnetische Feld, ausfüllen.

Werden Sie all diese Qualitäten. Fragen Sie sich:

○ Was spüre ich in meinem Körper, wenn ich diese neue Gestalt, dieses Symbol bin?

Was fühle ich als diese Gestalt?

Welche Gedanken gehen mir durch den Kopf?

Was ist mir wichtig im Leben, wenn ich so bin? Worauf kommt es an?

- Geben Sie dieser Gestalt Zeit, sich voll in Ihnen zu entfalten. Dies kann in Ihrem Inneren Tage, Wochen, Monate oder Jahre dauern. Reisen Sie vorwärts durch die Zeit, bis Sie eins geworden sind mit dieser neuen Gestalt.

- Und dann gehen Sie als diese Gestalt in die Welt hinein. Schauen Sie, welche Situation als erste in Ihrem Inneren auftaucht. Sie kann vertraut oder ungewohnt sein. Nehmen Sie wahr, wie die Welt Ihnen als dieser Gestalt begegnet. Fragen Sie sich:

○ Wie fühle ich mich mit anderen Menschen oder mit meiner Umwelt? Wie fühle ich mich, wenn ich mein volles Potential lebe?

● Geben Sie dieser Szene Zeit, sich voll zu entfalten. Achten Sie auf Details: auf Gedanken, Gefühle und Interaktionen. Wenn weitere Situationen auftauchen, lassen Sie sie wie einen Bilderbogen an sich vorbeiziehen. Konzentrieren Sie sich auf das Gemeinsame. Was will der Bilderreigen Ihnen sagen oder zeigen?

● Schauen Sie von diesem Punkt in der Zukunft zurück auf Ihre jetzige Situation und auf die Person, die Sie im Moment sind.

Was ist anders? Was ist gleich geblieben?

Wie groß ist die Spannung zwischen diesen beiden Bildern?

Diese Spannung ist struktureller und nicht psychologischer Natur. Wenn Ihnen die Spannung so groß erscheint, daß es Sie in Angst und Schrecken versetzt, bitten Sie Ihren inneren Begleiter, Ihnen die jetzt angemessene Stufe Ihres verwirklichten Potentials zu zeigen.

Umfassen Sie beide Szenen, Ihr Zukunftsbild und Ihre jetzige Situation, mit zwei Kreisen, die sich in größerem Abstand voneinander befinden. Stellen Sie sich vor, daß beide Kreise wie durch ein Gummiband verbunden sind. Erlauben Sie Ihrem zukünftigen Selbst, Ihr jetziges Bild mühelos zu sich heranzuziehen, bis die beiden Kreise miteinander verschmelzen.

Kehren Sie in der Ihnen angemessenen Zeit in Ihren Raum als diese neue Gestalt zurück.

Wenn Sie die neue Gestalt in sich verankert haben, können Sie sie nutzen, um schwierige oder bedrohliche Situationen vorher durchzuspielen. Sie werden feststellen, daß allein schon das Probehandeln die realen Situationen so verändert, daß Sie viel gelassener mit der Wirklichkeit umgehen.

Die Verbindung zum inneren Kern: ein Fallbeispiel

Anhand einer Sitzung will ich Ihnen die beschriebenen Prinzipien noch einmal veranschaulichen. In dieser Sitzung ging es um den bevorstehenden Ortswechsel einer Klientin. Damit waren einschneidende Veränderungen im Beruf und in vielen persönlichen Beziehungen verbunden. Marianne wußte noch nicht, was sie in ihrer neuen Umgebung erwartete. Die unbekannte Zukunft machte ihr Angst und löste Gefühle der Heimatlosigkeit und Orientierungslosigkeit in ihr aus. Diese Ängste äußerten sich als Schmerzen in der Brust.

Zwei Träume standen in enger Beziehung zu dieser Situation. Im ersten Traum befand sie sich in einem Haus mit vielen Ebenen und Leuten, doch fehlte das Dach. Im zweiten Traum saß sie als Beifahrerin in einem Auto, das rückwärts durch die Straßen fuhr.

1. Wir beginnen mit Entspannung. Ich lenke ihre Aufmerksamkeit auf ihren Solarplexus und bitte sie dann, ihr Höheres Selbst Gestalt annehmen zu lassen.

„Es ist eine Zwiebel."

„Aah, viele Schichten, schön. Wir würden gern zur Mitte vordringen."

Ich interpretiere die Zwiebel als Hinweis darauf, daß wir durch verschiedene Schichten zum Zentrum vordringen sollen. Und in der Tat lenkt uns Mariannes Höheres Selbst zunächst durch die verschiedenen Aspekte der folgenden beiden Eingangsbilder, bevor wir zum Kern des Problems gelangen.

2. Sie empfindet einen starken Schmerz im Herzchakra.

„Wie fühlt sich der Schmerz an?"

„Wie eine offene Wunde..."

„Bitte den Schmerz, Gestalt anzunehmen."

„Es sieht aus wie ein V oder ein Tal. Es läuft gegen Ende spitz zu. Es ist dunkel, und es sieht so aus, als wäre darunter eine Höhle mit viel Rot und Orange darin. Es kocht darin, und es

sieht so aus, als lägen viel Drähte ,rum' die unterbrochen sind.
Es ist ein großes Durcheinander."

Schmerz ist etwas Abstraktes, oft Unfaßbares. Wenn wir den Schmerz Gestalt annehmen lassen, eröffnen wir uns damit die Möglichkeit, seine Botschaft zu entschlüsseln. In Mariannes erstem Bild ist viel Feuer und Chaos, was ihrer momentanen Gefühlslage entspricht. Ihr Gemütszustand kommt im nächsten Bild noch einmal in der Verlorenheit in der Wüste und der Katastrophenstimmung zum Ausdruck.

3. *"Bitte die Zwiebel, uns zu zeigen, um welche Situation es sich hier handelt."*

"Ich bin in einer Wüste. Ich fühle mich wie verloren in der großen leeren Fläche. In der Ferne sehe ich einen Punkt. Er sieht aus wie eine Öffnung. Ich bin alleine und komme mir vor, als hätte ich als einzige eine Katastrophe überlebt."

"Beschreibe mir, wie du aussiehst."

"Ich bin ein merkwürdiges Wesen mit großen schwarzen Augen, wie ein Eichhörnchen, nur mit schuppiger Haut. Neben mir oder gleichzeitig ist dort ein Mensch in einer Rüstung, wie in einer Mondlandschaft."

"Eine Art Astronaut?"

"Ja."

"Sind dies ein oder zwei Personen?"

"Zwei. Sie stehen nebeneinander und schauen in dieselbe Richtung."

"Beschreibe mir die Landschaft. Wie sieht sie aus?"

"Weiß, wie Schnee oder Sand oder Staub."

"Gibt es den schwarzen Punkt noch?"

"Ja, er ist jetzt eine Höhle, die zu dem kleinen Wesen gehört."

"Geh in das kleine Wesen hinein."

Marianne, überrascht... *"Es fühlt sich dort zu Hause, es kennt nichts anderes."*

"Ach, es fühlt sich wohl?"

"Ja, sehr, es ist eins mit dieser Landschaft, der Höhle, es fühlt

sich sicher, und es ist eins mit sich selbst. Es fehlt ihm nichts, es ist zufrieden."

„Es hat also genau das, was dir fehlt?"

Marianne, überrascht ... „Ja."

Die innere Einstellung und die Interpretation sind zunächst auf das Bedrohliche ausgerichtet, auf eine Katastrophe. In der Entfaltung des Bildes zeigt sich, daß es nicht, wie ursprünglich vermutet, um etwas Schlimmes geht. Das kleine Wesen besitzt etwas, das ihr fehlt: Sicherheit, ein Zuhause und eine Verankerung.

Seien Sie in Ihren Sitzungen auf der Hut vor zu schnellen Interpretationen. Oft entfalten sich die Bilder in ganz anderer Richtung als ursprünglich angenommen. Das zunächst unattraktiv wirkende kleine Wesen entpuppt sich als ein stabiler, in sich ruhender Kern, der sich eins fühlt mit seiner Welt.

4. *„Schön, dann bitte das kleine Wesen, in deinen Körper einzutreten und sich dort auszubreiten, und sag mir, wo es eintritt."*

„... im Herzen ..."

„Schön, laß es die Wunde des Herzens füllen und von dort aus sich ausbreiten."

Ich gebe ihr Zeit, die Energie durch die verschiedenen Teile des Körpers zu leiten und sich mit diesem Gefühl des Zuhauseseins auszufüllen.

„Die Energie geht nicht durch meine Arme durch."

„ Aha, wie fühlt sich das an?"

„Wie ein Widerstand."

„Gib diesem Widerstand eine Gestalt."

„Es ist eine Agave mit stacheligen Blättern, die sich nach außen richten."

„Was ist die Botschaft?"

„Komm mir nicht zu nahe."

„Und wie geht es der Agave dabei?"

„Auf der einen Seite gut, weil sie sich Menschen vom Hals halten kann, auf der anderen Seite braucht sie aber auch Wasser."

„Das hört sich an wie ein Dilemma. Sie möchte Aufmerksamkeit und Abstand und weiß nicht, wie beides zugleich möglich ist?"

„Ja, so fühlt es sich an. Das Dilemma ist mir vertraut."

Ich verstehe die Agave als Ausdruck des Schutzbedürfnisses, mit dem sich Marianne gegen andere Menschen abschirmt. Gleichzeitig aber braucht sie auch Aufmerksamkeit. Die Frage ist, wie sie für sich sichere Grenzen setzen und zugleich die Aufmerksamkeit erhalten kann.

5. „Sehen wir uns den Astronauten ein wenig näher an. Geh in seinen Körper hinein und beschreibe mir, was du wahrnimmst."

„Er steckt in seiner Rüstung und kann nur geradeaus sehen."

„Sein Blickfeld ist eingeengt?"

„Ja, er kann das kleine Wesen zum Beispiel nicht sehen. Er blickt in die Ferne."

„Ach, fühlt er sich sicher in der Rüstung?"

„Ja sehr, er hat keine Gefühle, sondern nur einen wissenschaftlichen Kopf."

„Ist das so, als würde er auch keine Angst wahrnehmen, weil er ganz auf die Beobachtung in der Ferne konzentriert ist?"

„Ja, er ist ganz fixiert darauf zu überleben."

Ich interpretiere den Astronauten als das Gehirn oder den Verstand, der ganz aufs Überleben fixiert ist. Er ist so darauf fixiert, daß er das kleine Wesen nicht sehen kann. Als ich seine Aufmerksamkeit auf das kleine Wesen lenke, macht er sich darüber lustig und verunglimpft es. Wie sich am Schluß der Sitzung herausstellt, ist die Ablehnung und das Lächerlichmachen des kleinen Wesens, ihres inneren Kerns, Teil der Familiengeschichte. Der Preis liegt darin, daß sie damit die Verbindung zu ihrem Kern, dem inneren Führer verloren hat. Um diese Verbindung wieder herzustellen, lasse ich die guten Aspekte wie das kleine Wesen in den Körper eintreten. Dies ist oft nicht so einfach, wie es sich anhört. Manche Körperteile verweigern sich oder sind so abgestumpft, daß sie die Energie zunächst nicht aufnehmen können.

6. *„Gut, dann kümmern wir uns mal um die Drähte vom ersten Bild."*

„Ja, irgendwie müssen wir diese Drähte zusammenknüpfen."

„Frag die Zwiebel, ob dies stimmt. Möglicherweise sind die Drähte mittlerweile nutzlos, da sie ihren Zweck erfüllt haben, und wir können sie ganz einfach ausräumen."

Marianne fragt ihr Höheres Selbst und sagt ganz überrascht: *„Ja, das stimmt. Sie sind übriggeblieben von meiner Vergangenheit. Ich brauche sie nicht mehr."*

„Gut, dann schicken wir das kleine Wesen in die Herzhöhle und bitten es, die Höhle freizuräumen."

(Nach kurzer Zeit)

„Da liegen noch mehr 'rum in meiner Beckenhöhle."

„Gut, dann lassen wir das kleine Wesen dort weiterarbeiten, Bitte es, alles auszuräumen und auf einen großen Haufen zu schichten, so daß wir den ganzen alten Plunder los sind."

Das kleine Wesen baut einen großen Haufen aus den Drähten außerhalb des Körpers.

„Frag diesen Haufen nach seinem Geschenk."

„Er gibt mir ein Gefühl für den Schmerz, für das Leid des Menschseins und der Menschheit, all das Grauen und der Schrecken vieler Generationen."

„Ach, das verbindet dich mit der Menschheit?"

„Ja."

„Schau, ob wir den Haufen verbrennen sollen oder ob du ihn brauchst als Verbindung zu deinem Menschsein und dem Schicksal der Menschheit."

Sie sinnt und spürt nach. *„Ich brauche die Drähte als Verbindung."*

„Gut, dann bauen wir ihnen ein Archiv, sozusagen die Bibliothek der Menschheit neben der Höhle, mit einer großen Tür und einem Schlüssel, so daß du Zugang dazu hast, wenn

du es möchtest, ohne daß das Leiden dich überschwemmen kann."

Sie freut sich über das Archiv und fühlt sich erleichtert.

Viele Menschen meinen, es sei nötig, alles bis ins letzte aufzuräumen wie beim Beispiel mit den Drähten. Die Lösung ist oft viel einfacher und hat mit Ihrer Fähigkeit zu tun, Dinge loszulassen. Wenn Sie die positive Funktion eines Geschehens verstehen, würdigen und annehmen, befreit sich die Seele von der Last der Erfahrung und bewahrt das Lernergebnis auf. Alles, worum es geht, ist das Lernergebnis. Dem Lernergebnis ist es gleich, unter wie vielen Schmerzen und Enttäuschungen Sie es erlangen. Der Weg hat mit unserer kulturellen Konditionierung zu tun. Sie können ebenso gut wählen, mit Leichtigkeit, Freude und Dankbarkeit Ihre Lektionen zu lernen.

In Mariannes Fall stellen die Drähte ihre Verbindung zum kollektiven Schicksal der Menschheit, der Geschichte von Schmerz und Leiden her. Sie garantiert Zugehörigkeit und Menschsein. Aus diesem Grunde bewahren wir die Erfahrung im Archiv auf, zu dem sie nach ihrem Willen Zugang hat, so daß das Leiden sie nicht überschwemmt oder ihren Weg bestimmt.

7. Im nächsten Bild taucht die Landschaft unter der dicken Staubschicht auf.

„Das Weiße ist wie eine Staubschicht, die auf der Landschaft liegt. Man kann die Staubschicht wegpusten."

„Wie sieht die Landschaft aus?"

„Grün, wie eine Stelle, die ich aus meiner Heimatstadt kenne mit Blick auf See und Berge. Wie kitschig, daß immer wieder dieser See auftaucht."

„Das ist deine Heimat, und mit deiner Heimat hast du deinen Frieden noch nicht geschlossen. Was liegt hinter der Stelle?"

„Das Meer."

„Gut, schauen wir, wie deine neue Höhle aussehen muß."

Hier spiele ich auf den Wohnort und den Wohnungswechsel an.

„Freistehend, mit viel Platz und Licht, wo ich mit Menschen sein kann, die lehren."

„Möchtest du von ihnen lernen?"

Nachdem wir ihre menschliche Verbindung hergestellt haben, wird die Landschaft unter der dicken Staubschicht sichtbar. Sie ist die Heimat, der sie sich verbunden fühlt und von der sie zugleich wegstrebt. Sie hat ihre Wohnung aufgegeben und muß nun eine neue Heimat finden. Ihre Sehnsucht zieht sie zu einem Platz mit viel Licht und Wärme, einem Platz, in dem sie zur Ruhe und zu sich selber kommen kann.

8. „Ja, aber dann kommt mein ganzer Widerstand dagegen rein."

„Was sagt dein Widerstand?"

„Du brauchst nicht von anderen zu lernen. Du kannst das alleine."

„Wer sagt das?"

„Mein Vater."

„Gib dieser Stimme eine Gestalt."

„Sie ist wie ein glänzender scharfer Dolch, der alles durchschneidet."

„Was macht das kleine Wesen damit?"

Sie lacht... „Es näht einen Überzug mit einem Band, damit es sich nicht schneidet und das Messer hinter sich herziehen kann."

„Was will es damit machen?"

„Es benutzt es als Rutsche und kleine Bank zum Ausruhen."

Wir lachen beide. Das kleine Wesen hat viel spielerischen Humor.

Widerstände geben uns wichtige Hinweise darauf, wie wir gelernt haben zu überleben. Werten Sie also den Widerstand als Bündnispartner und nicht als Gegner.

In Mariannes Fall hat der Widerstand eine väterliche und eine mütterliche Komponente. Ihr Vater hat mit seinem Verstand die Dinge seziert, wie der Astronaut zu Beginn ihrer

Visualisierung. Dadurch ist der Verstand zu einer Waffe geworden, die sich gegen sie selber richtet. Sie muß diese Waffe mit dem Überzug erst einmal neutralisieren, sie sich als Stütze (Bank) zunutze machen und lernen, spielerisch damit umzugehen (die Rutsche).

9. *„Kannst du dir vorstellen, das du die nächsten zehn Wochen jeden Morgen und jeden Abend eine halbe Stunde lang mit dem kleinen Wesen redest?"*

„Das würde ich gerne, aber ich habe zu viel Widerstand."

„Was sagt jetzt dieser Widerstand?"

„Ich mache nur das, wozu ich Lust habe. Ich lasse mich nicht auf irgend etwas festlegen."

„Gegen wen richtet sich das?"

„Gegen meine Mutter."

„Gib diesem Widerstand eine Gestalt."

„Eine Silberdistel, total scharf und stachelig."

„Was ist das Geschenk?"

„Freiheit."

„Ja, das ist das rebellische Kind, das sich gegen die Mutter behauptet und abgrenzt und damit seine eigene Identität aufbaut. Das Problem ist nur, daß diese Form der Selbstbehauptung dich davon abhält, das zu bekommen, was du möchtest."

Sie nickt nachdenklich und zustimmend.

„Bitte deine Zwiebel, dir eine reife Form für dein Bedürfnis nach Selbstbehauptung zu zeigen."

„Ein Granatapfel mit vielen verschiedenen Kernen, differenziert und doch eingebunden in eine Ordnung."

„Gut, das bist du mit all deinen verschiedenen Teilen. Damit haben wir das Chaos vom Anfang neu sortiert."

Der zweite Widerstand, die Silberdistel, stammt aus der Beziehung zur Mutter. Sie gehört in die Zeit der Identitätsbildung. Die Form ist an die kleinkindliche Rebellion, das Neinsagen gebunden und erlaubt Marianne nicht, diese Kraft fürs Jasagen, für die positive Gestaltung ihres Lebens zu benutzen. Wir verhelfen der Form, nachzureifen. Der Granatapfel ist eine integrierte Form, die alle Kerne = Unterpersönlichkeiten enthält und sie mit einer klar begrenzten Schale umschließt. Damit hat sich das Chaos der Drähte in eine neue Form verwandelt.

10. *„Und was mache ich mit dem Dolch?"*

„Wir warten, bis dein Kontakt mit dem kleinen Wesen so gut ist, das du diesen Dolch oder den Verstand zu deinen Gunsten einsetzen kannst. Dein Vater hat ihn benutzt, um alle Verbindungen abzuschneiden. Damit hast du dich auch von deinem inneren Kern abgeschnitten. Wenn die Zeit reif ist und du diesen Dolch handhaben kannst, setzt du den Dolch ein, um dir deinen Weg zu bahnen. Dazu mußt du mit diesen Symbolen arbeiten, damit deine innere Bühne sich neu gestalten kann."

„Wie soll ich das tun?"

„Du redest jeden Tag mit dem kleinen Wesen, sitzt dabei auf dem Erbe deines Vaters: dem gebändigten Dolch und hältst den Granatapfel in deiner Hand."

„Ich komme mir dabei albern vor. Ich schäme mich, wenn ich so etwas mache."

„Gut, dann machen wir jetzt einen Probedialog, und du sagst dem kleinen Wesen all das, was du im Moment empfindest."

In einem inneren Dialog drückt Marianne beide Positionen aus, die des kleinen Wesens und die ihres Widerstandes.

„Okay, kleines Wesen, ich finde es lächerlich, mit dir zu reden."

„Das kann ich spüren, und das verstehe ich, denn deine Eltern haben mich nicht gesehen. Du kannst es lächerlich finden, doch ich rede mit dir. Ich stelle dir Fragen, und du antwortest."

„Ja, das ist in Ordnung. Und worüber sollen wir reden?"

„Du kannst mir von deiner Angst in der Nacht berichten, wenn du magst."

„Gut, und was machen wir als nächstes?"

„Ich frage dich, wie der Tag aussieht, und du sagst mir, was

du für Vorstellungen hast. Dann sage ich dir, was ich mir vorstelle, und wir schauen, ob es zusammenpaßt."

"*Gut, das ist ein brauchbarer Vorschlag. Ich bin bereit, das auszuprobieren.*"

Der letzte Schritt ist ein Probehandeln mit dem Ziel, den elterlichen ‚Block‘ im Umgang mit dem kleinen Wesen zu überwinden. Um etwas im Leben zu ändern, müssen wir es am Ende wirklich tun.

Der Umgang mit traumatischen Situationen

Manchmal ist das, was geschehen ist, so tief verletzend und schwerwiegend, daß Sie sich diese Ereignisse ohne äußere Hilfe nicht ansehen wollen. Dazu gehört ein Komplex, der in den letzten Jahren große Aufmerksamkeit auf sich gezogen hat: sexueller Mißbrauch. Ich habe mit vielen Menschen gearbeitet, die in ihrer Kindheit in der einen oder anderen Form mit dieser Art von Trauma konfrontiert waren. Aus dieser Arbeit stammen einige andere Techniken, für die ich Ihnen anfänglich die Arbeit mit einem Partner oder Therapeuten empfehle. Mit etwas Erfahrung können Sie sie allein anwenden.

Mißbrauch ist ein Angriff auf die emotionale und physische Integrität, ein Aufgeben oder sogar eine Ermordung der Seele. Im Falle eines kontinuierlichen oder einmaligen traumatischen Angriffs auf die persönliche Integrität reagiert die Seele durch Rückzug, Einfrieren oder Spaltung. Die Einheit von Körper und Geist, die in der Figur des Zentaurs symbolisiert wird, spaltet sich in einen Reiter: den Verstand, und das Pferd: den Körper.

Der Körper wird zum Gegenstand von Scham, besonders wenn er in der betreffenden Situation Lust empfunden hat. Statt des Körpers wird der Verstand zur Grundlage der Identität. Er reitet den Körper in Grund und Boden aus Scham, Schuld und Selbstbestrafung. Der Verstand erkennt dieses selbstzerstörerische Verhalten nicht, da es durch kulturell verbreitete Genußgifte unterstützt wird. Rauchen, Alkohol, Tablettenkonsum, Arbeits-, Sex- und Beziehungssucht sind ein Versuch, Schmerz und Einsamkeit zu meiden.

Mehrere Schritte sind notwendig, um die Situation aufzuarbeiten und die Spaltung zwischen Körper, Verstand und Seele zu heilen. Es geht darum, Körper- und Ich-Funktionen nachreifen zu lassen und Grenzen, die während des Mißbrauchs überschritten wurden, neu aufzubauen. Dazu muß der Körper als Grundlage der Identität vorbereitet werden, indem wir ihn vom Stigma des Mißbrauchs befreien.

Der Körper wird besonders dann für das Geschehen verantwortlich gemacht, wenn er dabei Lust empfunden hat. Für die Klienten ist dieser Aspekt meist der schwierigste. Das zerbrechliche Ich fühlt sich in Gefahr, von der Bedürftigkeit oder dem Luststreben des Körpers überwältigt zu werden. Der Körper wird folglich als schmutzig, unzuverlässig oder feindlich angesehen und muß bestraft oder zumindest in Ketten gehalten werden, besonders in den Fällen, in denen Bulimie oder Anorexie als Bewältigungsmechanismen dienen.

Um den Körper von aller Schuld reinzuwaschen, wähle ich ein rituelles, symbolisches Bad. Ich bitte die Klienten, sich einen Bach, einen See oder einen Wasserfall vorzustellen und dort einzutauchen, bis ihr Körper von allem Schmutz befreit ist.

In einem weiteren Schritt löse ich das Energiesystem des Opfers von dem des Mißbrauchers ab. Dazu nutze ich das Verfahren, das ich im Abschnitt über die ‚Ablösung von Spannungsmustern‘ beschrieben habe. Danach sind Verstand und Seele in der Regel willens, den Körper als gleichberechtigten Partner zu akzeptieren, und ich beginne mit einer Neustrukturierung zwischen den drei Anteilen.

Der Verstand ist gewöhnlich für die Sicherheit der Betroffenen verantwortlich und hat aus diesem Grund die Herrschaft übernommen. Der Verstand verurteilt den Körper moralisch und lastet ihm das Geschehen an. Ich erkläre dem Verstand, daß der Körper nach den Prinzipien von Lust und Unlust funktioniert und nicht nach moralischen Maßstäben. Ich schlage ihm vor, die Seele zum Leiter des ‚Teams‘ Körper-Geist-Seele zu machen und sie durch seine scharfe Wahrnehmung zu unterstützen. Wir vereinbaren, daß die Seele und der Verstand den Körper nähren und seine Entwicklung unterstützen. Unter diesen Bedingungen erklärt sich die Seele meist bereit, in den Körper zurückzukehren und ihn mit Leben zu füllen, nachdem wir ihn von der ‚Schande' und der ‚Scham' gereinigt haben.

Die Rückkehr geschieht in symbolischer Weise. Ich bitte die Seele, Gestalt anzunehmen und in den Körper einzutreten. Dann stelle ich sicher, daß die Energie alle Teile des Körpers füllt. Dies kann beträchtliche Zeit in Anspruch nehmen, weil oft der ganze Körper oder Teile davon kein Gespür mehr haben. Oft bitte ich die Klienten, sich Röhren in den blockierten Gelenken vorzustellen, durch die Energie hindurchfließt.

Im nächsten Schritt bespreche ich, wie meine Klienten für ihren Körper sorgen und ihn neu aufbauen können. Im Falle von Eßstörungen treffe ich konkrete Vereinbarungen über den Umgang mit Nahrung. Auf der inneren Ebene benutze ich das ‚Innere Lächeln', eine Technik, die von Mantak Chias Tao Yoga stammt und die dem Körper Entspannung, Wärme und Stärkung zuführt. Ich habe diese Technik im Abschnitt über die Entspannung vorgestellt.

Erfolgreiche Verhandlungen sind ein Schlüsselfaktor für die Bereitschaft der Betroffenen, die tägliche Arbeit zu tun, die für die Heilung des Mißbrauchs notwendig ist. Das neue Gleichgewicht zwischen Körper, Verstand und Seele ist eine Voraussetzung für das Nachreifen des Organismus.

Erfolgreiche Verhandlungen sind vergleichbar mit Friedensverhandlungen zwischen verfeindeten Truppen. Ausdauer und Geschicklichkeit sind notwendig, um die Teile im Dialog miteinander zu halten. Der Therapeut ist der Vermittler, der die unterschiedlichen Gesichtspunkte und die Sprache der drei Anteile – Körper, Geist und Seele – versteht und ihnen die gebührende Anerkennung zollt für die Beiträge, die sie zur Bewältigung einer schwierigen Situation geleistet haben.

Der Aufbau einer integrierten Identität kann je nach dem Schweregrad der Störungen mehrere Jahre in Anspruch nehmen. Wir brauchen eine gewisse Stärke, bevor wir uns unsere Lebensgeschichte aus dem Blickwinkel unseres Seelenvertrages betrachten und die Gefühle, Schmerzen und Begrenzungen loslassen und integrieren können, mit denen wir konfrontiert waren.

Wenn wir tief und lang genug gearbeitet haben, erreichen wir den ‚Punkt der Wahl' zwischen Drama und Freude, den ich oben beschrieben habe. Wir haben die Wahl, uns weiterhin elend zu fühlen oder die Schwächen und Mängel umzuwandeln in innere Stärke. Wenn wir uns für den Weg der inneren Stärke entscheiden, bereichern wir damit nicht nur unser eigenes Leben, sondern wir helfen durch unser Beispiel auch anderen, diese Wahl zu treffen.

HOLOGRAPHISCHES NEUSTRUKTURIEREN: DAS GESETZ DER RESONANZ

Körper, Geist und Seele als Schwingungsfeld

Im Kapitel über den Zyklus der Manifestation habe ich ausgeführt, daß sich unsere Gedanken, Gefühle und physischen Prozesse auf das Wirken und Zusammenspiel von fünf Elementen zurückführen lassen. Diese fünf Elemente Äther, Luft, Feuer, Wasser und Erde sind Namen für bestimmte Energie- und Bewußtseinsqualitäten, die von einem darunterliegenden pulsierenden Energiefeld gespeist werden. Diese Grundpulsation mit ihrer Ausdehnung und Kontraktion liegt allem Leben zugrunde. Unsere körperlichen Prozesse, Organe und Systeme schwingen ebenso darin mit wie unsere Gedanken, Gefühle und Verhaltensweisen.

Diese Schwingung läßt sich messen. Physiker wählen als Maßeinheit die Frequenz Hertz. Jedes Organ im Körper hat beispielsweise eine andere Frequenz, bei der es optimal funktioniert. Dieses Wissen nutzen Sie, wenn Sie den Körper über heilende Laute ausbalancieren und harmonisieren.

Auch unsere Sinne nehmen die Umwelt in Frequenzen wahr:

als Licht-, Ton-, Geschmacks-, Geruchs- oder Tastfrequenzen. Wir sehen, hören, riechen, schmecken und berühren allerdings nur innerhalb einer bestimmten Bandbreite. So nimmt unser Ohr beispielsweise nur Wellen zwischen 16 Hz. und ca. 20.000 Hz. auf. Der Schrei der Fledermaus entgeht uns. Wir sehen ein Skelett nur auf einer Röntgenaufnahme, und wir sind nicht in der Lage, radioaktive Strahlen durch unsere Sinne aufzunehmen. Manche Gifte entziehen sich unserem Geruchssinn, und Raucher wissen, wie sehr ihr Geschmackssinn eingeschränkt ist. Trotzdem sind alle Frequenzen in unserem Leben wirksam, auch wenn wir sie mit unseren Sinnen nicht erfassen können.

Wenn Sie im Fluß des Lebens sind, heißt dies in der Sprache der Frequenzen, daß Ihr Körper-Geist-System in optimaler Weise schwingt. Im Abschnitt über die ‚Grundpulsation des Lebens' habe ich ausgeführt, wie solch ein optimaler Bewegungsfluß aussieht. Sie fühlen sich mit der Erde, den Menschen und dem Universum verbunden und erleben das als Liebe, Freude und Erfüllung.

Häufig ist diese Grundpulsation jedoch aufgrund von Lebensumständen unterbrochen, eingedämmt oder blockiert. Sie halten den Atem an, panzern die Muskeln oder stellen sich gar tot. Ihr Körper reagiert mit Verspannungen und schließlich Krankheit auf dieses Ungleichgewicht. Ihre Seele erlebt es als Schmerz, Depression, Konflikte, Arbeitsschwierigkeiten, unglückliche Beziehungen oder ganz allgemein als die Unfähigkeit, Glück und Freude zu empfinden.

Wenn sich all diese Symptome auf Frequenzen zurückführen lassen, bedeutet das, daß wir die Schwingungsstärke verändern und sie damit auflösen können. Das ist so einfach wie das Einstellen von Sendern im Radio oder Fernsehen. Auch da verändern Sie lediglich die Frequenz, um eine andere Sendestation zu finden. Alles, was Sie also brauchen, ist ein System, das diese Funktion erfüllt.

Solch ein System ist der Sechs-Schritte-Prozeß des Holographischen Neustrukturierens (HR™)[33], den Chloe Wordsworth entwickelt hat. Sie verbindet darin viele verschiedene traditionelle und moderne Heilverfahren zu einem detailliert ausgearbeiteten System, das Ihnen erlaubt herauszufinden, welche Aspekte in Ihrem Körper-Geist-System ihre optimale Frequenz verloren haben und welche Selbstheilungsmodalität Sie brauchen, um Ihre optimale Schwingung wiederzugewinnen. Dazu zählen die Polaritätstherapie, chinesische Akupunktur, Edu-Kineosologie, die japanischen Jin Shin-Harmonisierungspunkte, indische Yogaverfahren und die Arbeit mit Tonfrequenzen.

Sie können dieses System innerhalb von drei Wochenendseminaren selber lernen, sich an einen erfahrenen Praktiker wenden oder sich an einem Kurs beteiligen, bei dem ein Praktiker das Schwingungsfeld eines bestimmten Themas für eine ganze Gruppe verändert.[34]

Im folgenden gebe ich Ihnen zunächst einen Überblick über den Sechs-Schritte-Prozeß und dann über das Verfahren.

Der Sechs-Schritte-Prozeß[35]

Schritt 1: Vorbereitung
Im ersten Schritt geht es um Ihre Bereitschaft, Ihr Leben zu verbessern oder Ihren Horizont zu erweitern. Wir ändern uns nur, wenn wir bereit sind, uns zu ändern. So banal, wie der Satz klingt, ist er nicht. Oft eilt unser Verstand oder unser Wille unserer emotionalen Bereitschaft voraus.

Eine tiefgehende Veränderung erfolgt nur, wenn Ihr gesamtes System, Ihre Gedanken, Gefühle und Ihr Wille darauf ausgerichtet sind. Manchmal sind Sie trotz Ihrer erklärten Absicht emotional nicht bereit, sich Ihre Lebensstrategien anzuschauen und zu verändern. In diesem Falle müssen Sie zunächst Ihren Körper und Geist darauf einstimmen, die Sitzung zu Ihrem Besten zu nutzen.

200

Schritt 2: Motivation

Wir ändern uns nur, wenn wir motiviert sind, uns zu ändern. Um diese Motivation geht es im zweiten Schritt.

Solange Sie dem Leiden verpflichtet sind, entstammen die Impulse zur Veränderung vorwiegend diesem Bereich. Die meisten Menschen bewegen sich in dem einmal abgesteckten Rahmen so lange, bis äußere Umstände sie aus der Bahn werfen. Dazu gehören Krankheiten, Trennungen, Verluste, Arbeitslosigkeit oder Entwurzelungen, also Umstände, die sehr schmerzhaft und einschneidend in das Leben hineinwirken. Wenn Sie diese Ereignisse positiv sehen, wirken sie wie ein Wecker, der Sie auffordert, aufzuwachen und Ihr Leben in eine neue Richtung zu lenken.

Meist motivieren äußere Ereignisse den Menschen, Hilfe und Unterstützung zu suchen. In den Sitzungen zeigt sich, daß diese Anlässe Hebel für eine tieferliegende Problematik sind. So dient das ursprüngliche Problem nur als Eingangspforte für eine längere Entdeckungsreise zu Ihrem Selbst. In den Sitzungen eröffnet sich über den motivierenden Faktor ein ganzes Gewebe unerwarteter und miteinander verflochtener Bereiche, die altvertraute Themen in neuen Perspektiven erscheinen lassen.

Schritt 3: Positive Zielsetzung

Statt sich von äußeren Umständen bestimmen zu lassen, haben Sie auch die Möglichkeit, Ihre Entwicklung selber in die Wege zu leiten. Hierbei geht es darum, Ihr Potential zu entfalten. Sie drücken dies im dritten Schritt des Sechs-Schritte-Prozesses in positiven Absichten oder Affirmationen dessen aus, was Sie erreichen wollen.

Eine Affirmation besteht aus einer Anzahl bewußt gewählter Worte, die Ihren Vorsatz ausdrücken oder unterstützen. Solch eine Affirmation ist zum Beispiel: „Ich bin liebevoll" oder: „Ich bin gesund und vital." Affirmationen geben Ihrer Energie ein positives Ziel.

Affirmationen löschen alte Programme und ersetzen sie durch neue Ideen, Ansichten und Zielvorstellungen. Eine Klientin, die in ihrem Leben immer wieder scheiterte, veränderte

ihren Blickwinkel mit der Affirmation: „Ich bin erfolgreich".
Eine andere Klientin, deren Leben von Fallangst bestimmt war,
veränderte ihre Lebensperspektive mit dem Satz: „Ich bewege
mich aktiv auf positive Veränderung und Wachstum hin."

Ihre Gefühle oder Handlungen sabotieren oft Ihre besten
Absichten, weil sie auf einer niedrigeren Schwingungsebene
operieren als Ihre ideale Situation. So wünschen Sie sich
Gesundheit und sind zugleich auf schlechte Nahrung fixiert.
Oder Sie sehnen sich nach einer guten Partnerschaft und sind
zugleich voller Feindseligkeit und Mißtrauen gegenüber dem
anderen Geschlecht.

Mit Hilfe des Holographischen Neustrukturierens stellen
Sie die optimale Frequenz für Ihre positive Absicht her, so daß
alle Ebenen Ihres Seins sich harmonisch hinter dieser Zielsetzung vereinen. Wenn Sie im Gleichklang mit Ihren Idealen
schwingen, bewegt sich Ihr Leben unaufhaltsam auf die Verwirklichung dieser Ideale hin.

Schritt 4: Unbewußte Muster und Energiekonstruktionen
Der vierte Schritt befaßt sich mit den unbewußten Mustern, die
Ihre einengenden Strategien stützen und Sie an der Verwirkli-
chung Ihrer lebensbejahenden Ziele hindern.

Das Holographische Neustrukturieren arbeitet mit drei
grundlegenden Typen unbewußter Strukturen:

- Grundüberzeugungen, die sich in Ihrem Selbstbild und Ihrer
  Sprache niederschlagen,

- Überlebensstrategien, die Ihnen halfen, traumatische Situationen zu bewältigen, und die Sie heute an einem erfüllten
  Leben hindern,

- energetische Blockaden in Ihren Elementen, Ihren Chakren
  und Ihrem Meridiansystem.

Ich handele diese drei Bereiche nacheinander ab.

Was wir denken, sind wir. Und zunächst sind wir das, was wir über unsere Umwelt: Eltern, Lehrer und Medien gehört und erfahren haben. Dieses Geflecht an Meinungen, Urteilen und Vorurteilen bestimmt, wie wir die Wirklichkeit sehen und erschaffen. Negative Einstellungen bewirken, daß die Frequenzen, die unser Leben bestimmen, unterhalb ihres Optimums liegen. Unsere Fähigkeit, eine positive Wirklichkeit herzustellen, ist damit eingeschränkt. Erst wenn wir die zugrundeliegenden Strukturen transformieren, erreichen wir eine permanente Veränderung, die es uns erlaubt, unser volles Potential zu entfalten.

Überlebensstrategien sind in unserem animalischen Teil, dem Stammhirn verankert. Sie steuern von dort aus unsere Reaktion auf gegenwärtige Situationen, die uns an frühere traumatische Ereignisse erinnern. Unser animalischer Teil reagiert auf Gefahren mit Flucht oder Angriff. Wenn der Angriffsimpuls blockiert ist, ziehen wir uns angesichts bedrohlicher Situationen zurück, sind gelähmt oder isolieren uns. Wenn der Fluchtimpuls blockiert ist, geraten wir in Panik oder nutzen unsererseits Gewalt, Kampf und Kontrolle. Diese einprogrammierten Reaktionen verhindern, daß wir auf mögliche Gefahren angemessen reagieren. Sie erlauben uns nicht, uns im Vertrauen darauf zu entspannen, daß für unsere Überlebensbedürfnisse und unsere Sicherheit gesorgt ist. Mit dem Holographischen Neustrukturieren verankern wir nützliche und lebensfördernde Reaktionen im Gehirn und Nervensystem.

Der dritte Bereich, der uns an einem erfüllten Leben hindert, sind Blockaden oder Einschränkungen unserer Energie in den Energiezentren und -linien unseres Körpers.

Im Abschnitt über den ‚Zyklus der Manifestation' habe ich ausgeführt, wie im ayurvedischen Modell die Elemente Äther, Luft, Feuer, Wasser und Erde unsere Gedanken, Gefühle und physischen Prozesse steuern. Die chinesische Medizin nutzt die fünf Elemente Holz, Feuer, Erde, Metall und Wasser und die damit verbundenen Energielinien, genannt Meridiane, um unsere Grundbefindlichkeit zu bestimmen. Erde steht zum Beispiel für unsere Sicherheit und Erdung, für Nahrung und

Unterstützung. Wenn dieses Element blockiert ist, fühlen wir uns unsicher auf unseren Beinen, leben in unserem Geist statt in unserem Körper oder haben das Gefühl, daß wir die körperliche, emotionale oder geistige Nahrung, die wir brauchen, nicht erhalten können.

Mit Hilfe des Holographischen Neustrukturierens finden Sie heraus, welchen Energieeinschränkungen Ihr System unterliegt und in welchen Bereichen Ihres Lebens sie sich auswirken. Nicht nur Ihr persönlicher Bereich, also Ihr Körper, Ihre Gefühlswelt oder Ihre Gedanken sind davon betroffen, sondern ebenso auch Beziehungen, Ihre Arbeitssituation oder Ihr Verhältnis zum universellen Ganzen.

Die unbewußten Reaktionen gehen überwiegend auf frühere Erfahrungen zurück, in denen grundlegende Lebens- oder geistige Bedürfnisse nicht befriedigt wurden oder nicht angemessen verarbeitet werden konnten. Manche dieser Situationen gehören zum Lebensprozeß wie die Geburt von Geschwistern, Wohnungs- oder Schulwechsel sowie die Trennung der Eltern. Andere sind traumatischer Natur wie das Miterleben eines tödlichen Unfalls, Gewalt oder Mißbrauch. Traumatische Erfahrungen können bis in den Mutterleib zurückreichen oder gar archetypischer Natur sein. Sie verbinden uns mit dem kollektiven Gedächtnis der Menschheit. Um all diese Erfahrungen aufzulösen, genügt es, sich die Aspekte des damaligen Geschehens anzusehen, die Ihr heutiges Erleben mitbestimmen.

Schritt 5: Selbstheilungsmodalitäten
Chloe Wordsworth hat ein breites Repertoire von Selbstheilungsverfahren aus westlichen und östlichen Traditionen zusammengestellt. Dazu gehören Körperbewegungen, Atemtechniken, Akupressur, Singen, Obertöne, Stimmgabelvibrationen, Lichtfrequenzen, kreativer Ausdruck und Affirmationen.

In den Sitzungen testen Sie mit Hilfe des Muskelprüfverfahrens, das ich Ihnen im nächsten Abschnitt vorstelle, welche Energiequellen Sie Ihrem Körper und Geist zuführen müssen, um Ihre optimale Frequenz in bezug auf Ihre Problemstellung wiederzugewinnen.

Schritt 6: Positive Aktion

Manchmal genügt die Zeit in der Sitzung dafür nicht. Sie brauchen eine positive Aktion, die Ihrem System hilft, die neue Schwingungsfrequenz zu integrieren. Eine Liste positiver Aktionen hilft Ihnen, die Handlung zu identifizieren, die Ihr System braucht, um sich auszubalancieren.

Integration

Jedes System braucht eine Zeit der Anpassung an ein neues, höheres Energieniveau. Viele Menschen fühlen sich von der Lebenskraft bedroht und machen die Zunahme an Vitalität durch altbewährte Entlastungsmechanismen wieder zunichte. Dazu gehören übermäßiges Essen, Alkohol, Zigaretten, zwanghaftes Handeln, Konsumieren oder Rückzug vor den Fernseher oder Computer.

Manche fühlen sich nach einer Sitzung sehr erleichtert und verspüren eine unmittelbare Zunahme an Lebenskraft. Andere brauchen Zeit, um alte Programme durchzuarbeiten. Bevor sich die vertrauten Probleme verabschieden, tauchen sie noch einmal in aller Intensität auf. Manche Klienten sind stark verletzlich, fühlen sich wie wund und weinerlich oder werden von wilden Träumen heimgesucht.

Mit zunehmender Erfahrung lernen Sie, daß Ihr System die Veränderungen angemessen steuern und integrieren kann, so daß Sie sich vertrauensvoll auf eine bessere Zukunft hin bewegen.

Muskelprüfung als Biofeedback-System

Das Verfahren innerhalb des Holographischen Neustrukturierens ist das Muskelprüfverfahren, das Sie vielleicht schon einmal im Rahmen der Kineosologie[36] oder bei einem Chiropraktiker kennengelernt haben. Sie nutzen die Stärke oder Schwäche eines Muskels und rufen darüber Informationen ab, die in der ‚Datenbank' Ihres Gehirns und Körpers abgespeichert sind. Diese ‚Datenbank' enthält Ihr Wissen und Ihre Erfahrungen. Das mag Ihnen unglaublich vorkommen. Machen Sie einmal den Versuch, sanft den ausgestreckten Arm eines Bekannten herunterzudrücken, während Sie ihm Anerkennung zollen, und Sie werden feststellen, daß der Arm stark bleibt. Nun drücken Sie wieder sanft auf den Arm, während Sie ihm beleidigende Worte sagen, und der Arm fällt herab.

Was bedeutet das?

Eine starke oder schwache Reaktion im System des Holographischen Neustrukturierens reflektiert eine bestimmte Wellenfrequenz. Wie gesagt, die Sinne empfangen Eindrücke als Frequenzen. Das Gehirn wertet die Botschaften aus und sendet sie in jede Zelle und jeden Muskel weiter. Der ganze Körper ist ein Biofeedback-System, das beständig auf äußere und innere Reize reagiert. Von daher können Sie jeden Muskel nutzen und damit herausfinden, ob ein äußeres Ereignis oder Ihre innere Antwort darauf Ihr physisches, emotionales oder geistiges System stärken oder schwächen.

Doch nicht nur das. Wir sind alle Teil desselben Schwingungsfeldes. Aus diesem Grunde können Sie sich in einen anderen Menschen einfühlen. Sie können sogar Ihren Körper als Biofeedback-System nutzen, um Informationen aus der Datenbank des anderen abzurufen. In diesem Falle überprüfen Sie anhand der Reaktionen Ihres eigenen Muskels, wie der Muskel des anderen auf die entsprechende Information reagieren würde, ob also diese Information das physische, emotionale oder mentale System des anderen stärken oder schwächen würde.

Natürlich setzt dies voraus, daß Sie dazu dessen Erlaubnis haben und daß Sie von persönlichen Motiven und Bedürfnissen in bezug auf das Ergebnis frei sind. Das ist bei Menschen, zu denen Sie eine persönliche Beziehung haben, sehr viel schwieriger als bei Menschen, die beispielsweise zur Beratung zu·Ihnen kommen. Deren Lebensumstände betreffen Sie nicht direkt.

Von daher können Sie diesen Menschen gegenüber eher neutral sein. Ohne diese Neutralität sind Sie in Gefahr, sich oder den anderen zu manipulieren.

Das Schwingungsfeld, von dem wir alle Teil sind, liegt jenseits von Zeit und Raum. Telefone, Radios oder Fernseher nutzen dieses Faktum, um uns über die Kontinente hinweg miteinander zu verbinden. Doch auch ohne die technischen Apparate waren und sind Menschen in der Lage, Geschehnisse aus anderen Zeiten oder anderen Teilen der Welt aufzuspüren. Wir nennen diese Fähigkeit Telepathie. Sie nutzen Sie, wenn Sie plötzlich an jemanden denken und kurz darauf einen Brief von dieser Person erhalten oder wenn Sie das Herannahen eines Unheils spüren.

Im Sechs-Schritte-Prozeß des Holographischen Neustrukturierens nutzt der Praktiker diese Qualitäten des Schwingungsfeldes, um über seinen eigenen Körper als Biofeedback-System den Bereich herauszufinden, der den Schlüssel für das Problem des Klienten und dessen Selbstheilung in sich trägt. Dazu stehen ihm mehrere Manuale zur Verfügung, die Informationen zu Energieblockaden und unbewußten Mustern auflisten. Anhand dieser Listen überprüft er, welche Faktoren das Problem des Klienten begründen und aufrechterhalten. Diese Punkte sind oft unbewußt und gehen auf ungelöste frühere Erfahrungen zurück, die auch weiterhin das Verhalten des Klienten bestimmen. Dazu zählen persönliche Überzeugungen, Überlebensstrategien und Energieblockaden in den fünf Elementen, den Chakren oder dem Meridiansystem. Der Praktiker überprüft, welche positive Absicht dem Klienten hilft, das Problem zu lösen, und welche Selbstheilungsmodalität die Frequenz so verändert, daß der Klient sein optimales Funktionsniveau erlangt.

Für die Qualität der Information spielt es keine Rolle, ob Sie im Raum sind oder nicht. Der erfahrene Praktiker kann über große Entfernungen hinweg Sitzungen für Sie durchführen. Er benutzt dabei seinen Körper als Biofeedback-System, um wichtige Informationen abzufragen. Dies ist nicht anders, als wenn Sie das Radio oder den Fernseher einstellen und Nachrichten aus entfernten Teilen der Welt sehen und hören. Zahlreiche Sitzungen in Holographischem Neustrukturieren haben bewiesen, daß die Informationen äußerst korrekt und präzise sind und ihre Aufdeckung das Leben der betreffenden Person nachhaltig verbessern kann.

Mit Hilfe des Muskelprüfverfahrens wird der Praktiker der persönlichen Situation jedes einzelnen gerecht. In jeder Sitzung überprüft er die Kombination der Faktoren, die das jeweilige Problem des Klienten begründen. Damit berücksichtigt er dessen Bedürfnisse ebenso wie die Komplexität der unbewußten Muster und die Frequenzebenen, die den Mustern zugrunde liegen.

Da wir alle miteinander verbunden sind, haben wir viele Themen gemeinsam, die uns das Leben schwer machen. Ein Praktiker mit Erfahrungen in Fernsitzungen und im Umgang mit kultur- oder gesellschaftsbedingten Problemen, die wir alle kennen, kann diese Strukturen für eine ganze Gruppe verändern. Das wird als Fernseminar angeboten. Jedes Seminar hat ein eigenständiges Thema wie zum Beispiel Fülle, Liebe oder Gesundheit. Das Seminar erstreckt sich über mehrere Monate. Der Praktiker erfragt die speziellen Bedürfnisse der Beteiligten und führt dann jede Woche eine Sitzung zu einem bestimmten Thema durch. Sie erhalten ein Protokoll der Sitzung und Anregungen für ‚Hausarbeiten‘, die Ihnen helfen, die Sitzungen in Ihren Alltag zu integrieren.

Das Fernseminar hilft Ihnen, die Aspekte Ihres Lebens zu verändern, die Ihnen über Ihre Familie oder die Massenmedien weitergegeben wurden. Sie werden feststellen, daß Probleme plötzlich verschwinden, daß Sie neue Einsichten in altvertraute Muster gewinnen oder Altes loslassen und neue Wege wagen können.[37]

VON DER VISION ZUR MANIFESTATION:
DIE VERWIRKLICHUNG IHRER LEBENSZIELE

Die Macht der Elefantendame

Wir ändern uns, wenn wir wissen, was wir wollen. Viele Menschen wissen, was sie nicht wollen, und geben damit dem Unerwünschten ihre Energie. Dafür gibt es viele Gründe, die ich bereits oben erläutert habe.

Menschen mit einer klar formulierten Zielsetzung sind erfolgreicher als Menschen, die ihre Erwartungen niemals niedergeschrieben haben. Verschiedene Studien über Hochschulabsolventen zeigen, daß über 90 Prozent derjenigen, die ihre Zielsetzungen beim Abschluß der Hochschule formulierten, sie nach zwanzig Jahren auch erreichten. Aus der großen Gruppe derjenigen, die ihre Erwartungen nicht niederschrieben, erreichen nur wenige die erwarteten Ziele.

Warum ist das so?

Die Formulierung Ihrer Zielsetzung in schriftlicher Form ist wie eine Verpflichtung, Ihre Ziele zu erreichen. Die Formulierung Ihrer Vorhaben braucht Klarheit, Präzision und Aufmerksamkeit. Ein Ziel bündelt Ihre Energie und richtet sie aus. Ein Ziel erlaubt Ihnen, schwierige Situationen zu überwinden. Ein Ziel bewahrt sie vor der Gefahr, die Heilung zum Selbstzweck zu machen.

Ein Ziel ist so inspirierend wie die Elefantendame in der Geschichte von dem Elefanten, der zeit seines Lebens mit einem Bein an einem Stab festgebunden war. Eines Tages wurde der Strick abgenommen, doch der Elefant rührte sich nicht. Alle Versuche, ihn von dem Stab fortzubewegen, scheiterten. Alle Erklärungen über seine neugewonnene Freiheit erwiesen sich als nutzlos. Bis eines Tages am fernen Horizont die schönste Elefantendame auftauchte, die er sich nur vorstellen konnte. Der Elefant vergaß sein angebundenes Bein und rannte los.

Wir alle pflegen in der einen oder anderen Weise ein angebundenes Bein. Dies können die Kinder sein oder der Partner, pflegebedürftige Angehörige oder physische Schwächen und Krankheiten. An Entschuldigungen dafür, daß wir uns nicht fortbewegen, mangelt es uns in der Regel nicht. Es fehlt uns an der Elefantendame, die uns inspiriert und in Bewegung setzt.

Viele warten im Saal des Großen Glücks, wie es in einem Lied heißt. „Sie warten seit gestern auf das Glück von morgen und träumen die Träume von übermorgen, und vergessen, es ist ja noch heute, ach, die armen, armen Leute."

Das Warten auf die Elefantendame bringt diese nicht herbei. Wir müssen uns schon selber an die Arbeit machen und herausfinden, was wir in diesem Leben für uns verwirklichen möchten.

In dem Kapitel über die Selbstfindung habe ich verschiedene Ebenen angesprochen, die uns helfen, Bereiche für unsere Entwicklung abzustecken. Nun stelle ich Ihnen Ziele und Schritte zu ihrer Realisierung vor.

Erkennen Sie Ihre Lebensbestimmung

Wenn ich mein Leben anschaue, zieht sich ein Wort wie ein roter Faden durch viele meiner Erfahrungen. Es ist das Wort ‚Liebe'. Alle Erfahrungen, alle Muster im großen wie im kleinen lassen sich diesem Begriff unterordnen. Ich kenne die Schritte von der bedürftigen Liebe zum universellen Prinzip und all ihre schönen und schmerzhaften Aspekte.

In meinen Seminaren stelle ich fest, daß viele Menschen ihr Leben ebenfalls unter ein Leitwort stellen könnten. Für manche ist es Liebe, für andere Vertrauen, Gerechtigkeit, Hoffnung, Rechtschaffenheit, Offenheit, Weisheit, Glück, Reichtum, Erfüllung, Integrität, Wahrheit, Kreativität, Schönheit, Menschlichkeit, Harmonie, Gesundheit oder Freiheit. Sie können die Liste mit ähnlichen Qualitäten fortsetzen.

Was ist das Leitwort Ihres Lebens oder der Phase, in der Sie sich gerade befinden? Können Sie es aus dem Stegreif benennen? Wenn nicht, schlage ich Ihnen eine kleine Übung vor, die Ihnen helfen kann, sich Ihrem Leitwort anzunähern.

ÜBUNG

- Schreiben Sie, ohne groß nachzudenken, auf einem Zettel alle Qualitäten auf, die Sie an sich mögen. Nennen Sie mindestens zehn. Dann unterstreichen Sie drei bis fünf zentrale Eigenschaften. Aus dieser Gruppe umkreisen Sie das Wort, das Ihnen im Moment am wichtigsten ist.

  Machen Sie eine zweite Liste mit all den Möglichkeiten, die Sie nutzen, um sich in der Welt auszudrücken. Fragen Sie sich:

- ○ Was tue ich gerne oder was würde ich gerne tun oder verstärkt tun?

- Wählen Sie aus dieser Gruppe die drei für Sie wichtigsten Tätigkeiten aus.

  Schließen Sie im dritten Schritt Ihre Augen und lassen Sie die Welt, in der Sie leben, vor Ihrem inneren Auge erstehen. Fragen Sie sich:

- ○ Wie sähe diese Welt aus, wenn ich sie nach meinen Wünschen gestalten könnte?

- Bestimmen Sie auch hier als dritten Schritt die drei wichtigsten Qualitäten.

- Fassen Sie nun Ihre unterstrichenen und eingekreisten Qualitäten in einem Satz zusammen. Beginnen Sie mit den Worten:

- Meine Lebensbestimmung liegt darin, mein(e)

  . . . . (das Wort des ersten Schrittes) auszudrücken und anzuwenden. Ich tue dies, indem ich

  . . . . (die Tätigkeiten des zweiten Schrittes) um eine Welt zu erschaffen, die

  . . . . (die Qualitäten des dritten Schrittes)

Engagieren Sie Ihren inneren Begleiter

Wenn die Wahlentscheidungen Sie angesprochen haben, schauen Sie, vor welcher Wahl Sie stehen. Hier ist Ihre Ehrlichkeit gefordert. Sie tun sich keinen Gefallen, wenn Sie Ihren eigenen

Standort unter- oder überbewerten. Wenn Sie im Auto von Stuttgart nach Rom reisen wollen und Sie nehmen fälschlicherweise an, Sie seien an einem ganz anderen Ort, z. B. in London, kommen Sie in Rom nicht an. Sie können natürlich den Kurs korrigieren, wenn Sie merken, daß Sie sich über Ihren Ausgangspunkt geirrt haben. Kurskorrekturen gehören zum Leben. Lassen Sie sich nicht abschrecken, wenn Sie nicht genau wissen, wo Sie stehen. Seien Sie so ehrlich wie möglich.

Engagieren Sie Ihren inneren Begleiter. Fragen Sie ihn oder sie, an welchem Punkt in Ihrem Leben Sie sich befinden, und hören Sie auf die Antwort. Wenn Sie nicht wissen, wie Sie mit dem inneren Begleiter umgehen sollen, lesen Sie dazu noch einmal die Kapitel weiter oben.

Nehmen Sie sich die Zeit, in die Stille einzutauchen. In dieser Stille formen sich die Worte, das Wissen und die Antworten. Wenn es nicht gleich gelingt, erinnern Sie sich daran: Das ist lediglich eine Frage der Übung – und des Loslassens. Antworten tauchen oft unerwartet auf, durch Begegnungen, die Ihnen Ideen bringen; durch Buchseiten, die Sie aufschlagen; über Sätze, die Sie beim Fernsehen aufschnappen; durch plötzliche Einsichten, die in Ihnen aufblitzen. Die Vielfalt der Möglichkeiten ist unendlich. Begrenzen Sie sie nicht, indem Sie sich darauf fixieren, daß die Antwort in einer bestimmten Weise kommen soll.

ÜBUNG

- Fragen Sie Ihren inneren Begleiter, worum es für Sie geht an diesem Punkt Ihres Lebens. Wenn Sie an die Skala der Wahlentscheidungen denken, fragen Sie sich:

○ Vor welcher Wahl stehe ich?

Wie oder wodurch vermeide ich eine Entscheidung?

Was hilft mir, sie zu treffen?

Wenn Sie zum Beispiel die Wahl zu handeln vermeiden, kann Ihre Blockade darin liegen, daß Sie Angst vor Autoritäten haben. Damit gehört Ihre Vermeidungsstrategie zum selben Bereich wie Ihre Wahl. Sie können sich aber auch davor drücken zu handeln, weil Sie Angst haben, jemanden zu verletzen (zwischenmenschlicher Bereich), einen Fehler zu machen (persönlicher Bereich) oder Ihre finanzielle Absicherung zu gefährden (physischer Bereich). Schauen Sie, zu welchem Bereich Ihre Vermeidungsstrategie gehört, denn dort liegt die Lösung. Schreiben Sie alles auf, was Ihnen einfällt als Unterstützung dafür, eine positive Wahl zu treffen. Wählen Sie den wichtigsten Aspekt aus und nutzen Sie die Visualisierung und die nächsten Schritte der beiden folgenden Abschnitte, um diese Lösung nutzbringend einzusetzen.

Visualisieren Sie Ihre Zielsetzung

Wenn Sie über Ihr Schicksal entscheiden könnten, wie sollte Ihr Leben aussehen? Welche Wirklichkeit möchten Sie erschaffen? Erinnern Sie sich an das Kapitel über das bewußte Universum: Ihr Denken erschafft Ihre Welt.

Für die Arbeitsweise Ihres Gehirns spielt es keine Rolle, ob die Ereignisse sich außerhalb oder innerhalb Ihres Kopfes abspielen. Ihr Körper reagiert auf Ihre Prüfungsangst oder Ihre Vorstellung, daß Sie in einer Prüfung scheitern werden genauso, als befänden Sie sich in dieser Situation. Diesen Mechanismus, den Sie aus Angst gebrauchen, können Sie sich für die positive Gestaltung Ihres Lebens zunutze machen, wenn Sie seine Gesetzmäßigkeiten verstehen und bewußt einsetzen.

Im Prozeß der Visualisierung können Sie diese Gesetzmäßigkeiten erforschen und anwenden lernen. Er bedeutet, daß Sie sich von dem, was Sie möchten, ein mentales Bild herstellen, ein Muster, auf das Ihre Wirklichkeit sich hin entfaltet.[38]

Im ersten Schritt gestalten Sie Ihre ideale Vorstellung so, wie Sie sich Ihre Zukunft wünschen. Dies ist nicht Tagträumerei, sondern bewußte und präzise Arbeit. Sie füllen diese Zielvorstellung, Ihr Ideal, mit immer mehr Einzelheiten auf, so daß das Bild immer vollkommener, klarer und anschaulicher wird. Dann

Arbeitsanleitung 1: VISION UND GEGENWÄRTIGE WIRKLICHKEIT

Beginnen Sie mit Ihrem Satz aus dem vorigen Abschnitt ‚Erkennen Sie Ihre Lebensbestimmung'
Meine Lebensbestimmung liegt darin

_____

_____

_____

1. Welchen Bereich Ihres Lebens würden Sie gerne verändern?
   (zum Beispiel Beziehungen, Arbeit, einen Aspekt in Ihnen, usw.)

2. Beschreiben Sie Ihre gegen-   3. Gestalten Sie Ihre Vision
   wärtige Wirklichkeit   (das klare Bild eines angestrebten
                                        Ergebnisses)

4. Fassen Sie die Beschreibung Ihrer idealen Situation in wenigen Schlüsselworten zusammen und formen Sie ein entsprechendes Bild in Ihrem Bewußtsein

_____

_____

_____

5. Fragen Sie sich: Wenn ich diese Situation jetzt haben könnte, würde ich sie annehmen?
   Wenn Ihre Antwort ‚nein' ist, verändern Sie das Bild so, daß Sie aus vollem Herzen ‚ja' dazu sagen können.

6. Werden Sie sich des Unterschieds zwischen Ihrer gegenwärtigen Situation und Ihrer Vision bewußt. Halten Sie Ihre jetzige Situation in Ihrem Bewußtsein und lenken Sie zugleich Ihre Aufmerksamkeit auf Ihre Vision. Spannung drängt auf eine Lösung, und wenn Sie sich auf Ihre Vision konzentrieren, wird die Vision Wirklichkeit.

214

verbinden Sie es mit Ihrem Wunsch und Ihrer Ausdauer. Damit ziehen Sie die Menschen und Gegenstände an, die zu seiner Verwirklichung notwendig sind. Im Dialog mit den Mitteln und Wegen konkretisiert und entfaltet sich das Ideal in all seinen Einzelheiten.

Wenn es Ihnen schwerfällt, solch ein mentales Bild herzustellen, üben Sie es zunächst an konkreten Gegenständen. Machen Sie sich ein Bild von Ihrem Stuhl, Ihrem Tisch oder Ihrer Kaffeetasse. Oder stellen Sie sich das Gesicht eines lieben Menschen vor. Lassen Sie dieses Bild so konkret wie möglich, mit all seinen Einzelheiten, vor Ihrem inneren Auge entstehen. Wenn Ihnen dies gelingt, wenden Sie sich der Gestaltung Ihrer Zukunft zu.

ÜBUNG

● Beginnen Sie mit einem Bereich Ihres Lebens: Ihrer Arbeit, Ihrem Partner, Ihren Kindern, Ihren Freunden oder einem Aspekt von Ihnen selbst, den Sie verändern möchten.

Beginnen Sie damit, wie Ihre Situation in diesem Bereich zur Zeit aussieht. Nutzen Sie die Arbeitsanleitung und schreiben Sie in der linken Spalte alle Fakten nieder, Fakten, nicht Ihre Wertungen oder Meinungen. Berücksichtigen Sie positive wie negative Umstände, Ihre Gefühle, Ihre Gedanken, Ihre Vorlieben und Ihre Abneigungen. Seien Sie so ehrlich wie möglich.

Schauen Sie sich die Situation an. Wer oder was in dieser Situation hat Macht? Die Umstände? Ihre Gefühle? Ihre negativen Gedanken? Ihr angebundenes Bein?

Wenden Sie sich dann der rechten Spalte zu. Wie sähe die Situation aus, wenn Sie wüßten, daß Sie gar nicht scheitern können? Begrenzen Sie sich nicht in Ihrer Phantasie. Und gehen Sie ins Detail. Schreiben Sie in der Gegenwartsform, wer Sie in dieser Situation sind, was Sie tun und was Sie haben. Also nicht: Ich wäre gern, sondern: Ich bin. Also nicht: Ich täte gern, sondern: Ich tue. Also nicht: Ich hätte gern, sondern: Ich habe.

Wenn Ihr Gedankenfluß von inneren Sätzen wie: „Das ist ja unmöglich", oder Kommentaren wie ‚reine Spinnerei' unterbrochen wird, kehren Sie zurück zur linken Spalte. Solche Sätze gehören zu Ihrer gegenwärtigen Wirklichkeit. Schreiben Sie sie dort nieder und fahren Sie fort.

Schreiben Sie all das nieder, was Sie *wirklich* möchten. Überprüfen Sie Ihre Sätze von Zeit zu Zeit und fragen Sie sich: Wenn ich dies haben könnte, würde ich es nehmen? Wenn Ihre Antwort darauf ‚nein' lautet, verändern Sie das Bild, bis es für Sie stimmt.

Ihre Vision oder Zielsetzung sollte das klare Bild eines angestrebten Ergebnisses sein.

- Klar heißt, daß Sie es erkennen, wenn es eintrifft. Eine Aussage wie: „Ich möchte glücklich sein" ist zu vage. Glück bedeutet für jeden etwas anderes. Benennen Sie, wenn Sie nach Glück streben, wie dies in Ihrem Leben aussehen würde.

- Bild bedeutet, daß Sie Ihre rechte Gehirnhälfte für diesen Prozeß einsetzen und das Ergebnis bildhaft vor Ihrem inneren Auge erstehen lassen.

- Angestrebt bedeutet, daß Sie dieses Ergebnis wirklich erreichen wollen, und

- Ergebnis heißt, daß es hier nicht um den Prozeß, sondern um das Endresultat geht.

Wenn Sie zum Beispiel viel Geld anstreben, fragen Sie sich, welches Motiv dahintersteht. Geht es Ihnen um Sicherheit oder Anerkennung, die Sie durch das Geld erwerben wollen? Dann wären Sicherheit oder Anerkennung das Endresultat. Möglicherweise erhalten Sie diese auf einem ganz anderen Weg als dem des Geldes. Erlauben Sie sich also nachzufragen und in die Tiefe vorzudringen, bis Sie auf das stoßen, was Sie *wirklich* möchten.

Dieser Prozeß kann sich über mehrere Stufen erstrecken. In der Regel ist es so. Ihre Zielvorstellungen verändern sich in der Auseinandersetzung mit der Wirklichkeit. Sie verfeinern und präzisieren sich. Die Details entfalten sich in dem Maße, wie Mittel und Wege auf Sie zukommen, die zur Realisierung dieses Bildes beitragen.

Es ist wie das Malen eines Bildes. Am Anfang haben Sie eine Vorstellung davon, was das Endergebnis sein soll. Im Prozeß des Malens tauchen Sie in die Einzelheiten des Bildes ein. Sie treten zurück, fassen das Gesamtbild ins Auge und konzentrieren sich auf die Gestaltung des nächsten Details. Am Ende ersteht vor Ihnen das Bild in seiner ausgereiften Form. Es ist das alte, ursprüngliche Bild und doch ein ganz anderes, das durch die Auseinandersetzung mit dem Material geformt und präzisiert wurde.

Halten Sie also nicht rigide an dem einmal Vorgefaßten fest. Die Welt ist ein dynamisches Geflecht von sich enthüllenden und verhüllenden Ordnungen, auf die Ihre Gedanken einwirken und die auf Ihre Gedanken zurückwirken. Wir nennen diese Dynamik Feedback, Kurskorrektur oder Lernen durch Tun.

ÜBUNG

- Wenn Sie das klare Bild eines angestrebten Ergebnisses haben, fassen Sie es in einigen Schlüsselworten zusammen und formen Sie ein inneres Bild daraus. Dieser Prozeß wird Visualisierung genannt. Er engagiert Ihr unbewußtes Selbst ebenso wie Ihr bewußtes Selbst und gibt Ihrer Zielsetzung Ihre vereinte Kraft.

   Überprüfen Sie an diesem Punkt noch einmal, ob Sie das Ergebnis annehmen würden, wenn Sie es haben könnten, und verändern Sie das Bild so lange, bis Sie aus vollem Herzen „Ja" dazu sagen.

   Im letzten Schritt erzeugen Sie eine strukturelle Spannung zwischen Ihrer Vision und Ihrer gegenwärtigen Wirklichkeit. Halten Sie beide Pole in Ihrem Inneren, als wären sie mit einem Gummiband verbunden. Spannung drängt auf eine Lösung. Sie können nicht beides zugleich in sich haben. Konzentrieren Sie sich auf die Vision, und sie wird Wirklichkeit.

Vermeiden Sie jedoch den Fehler, aus der strukturellen Spannung eine seelische oder körperliche Anspannung zu machen.

Wir haben die Tendenz, innere Dissonanz zugunsten des Altbewährten aufzulösen. Wenn Sie den Schritt zwischen Ihrer gegenwärtigen Situation und der Vision zu groß wählen, wird es Ihnen kaum gelingen, die strukturelle Spannung zu halten. Wenn Sie Mietschulden haben und Sie wählen als Ihr Ziel, in einem Jahr Millionär zu sein, fangen Sie vermutlich gar nicht erst an, sich real mit den Möglichkeiten des Gelderwerbs auseinanderzusetzen. Wenn Sie statt dessen als Schritt wählen, in einem halben Jahr Ihre Schulden beglichen zu haben, und zwischen diesem Bild und Ihrer gegenwärtigen Situation eine strukturelle Spannung aufbauen, sind Ihre Chancen ungleich größer, die entsprechenden Geldmittel zu bekommen. Beginnen Sie also mit kleinen Schritten. Mit vielen kleinen Schritten kommen Sie am Ende weiter als mit dem einen großen, den Sie nie ausführen.

Bestimmen Sie die nächsten Schritte

Manche Menschen sind großartig im Entwerfen von Visionen und Plänen, doch werden sie nie Wirklichkeit. Sie kennen dies vermutlich in Ihrem Leben aus den vielen unerfüllten Neujahrsvorsätzen. Es fehlt der Antrieb oder das Begehren, die Vision in die Wirklichkeit umzusetzen. Und manchmal fehlt es einfach an Erfahrung oder dem Wissen, wie man Visionen verwirklicht.

ÜBUNG

- Beginnen Sie mit kleinen Schritten. Fragen Sie sich:

o Welchen ersten Schritt bin ich bereit zu tun, um meine Absichten zu verwirklichen?

o Und welchen zweiten Schritt?

Gehen Sie ins Detail. Vorsätze wie: „Ich will mein Leben ändern" sagen nichts aus. Wie wollen Sie wissen, daß Sie Ihr

Arbeitsanleitung 2: NÄCHSTE SCHRITTE

Ziel dieser Anleitung ist es, praktische Schritte zu erarbeiten, die Ihre Absichten Wirklichkeit werden lassen. Wie können Sie Ihre Einsichten und Ziele umsetzen? Was sind Sie bereit, dafür zu tun? Schreiben Sie jeden Schritt auf.

Welchen ersten Schritt sind Sie bereit zu tun, um Ihre Absichten zu verwirklichen? Seien Sie so spezifisch wie möglich.

_____

_____

Welchen zweiten Schritt sind Sie bereit zu tun?

_____

_____

Wann *genau* werden Sie anfangen? _____

Was könnte Sie daran hindern, diesen Schritt zu tun?

_____

_____

Wie können Sie das Hindernis überwinden?

_____

_____

Mit wem werden Sie über Ihre nächsten Schritte sprechen? Wählen Sie jemanden aus Ihrem Bekanntenkreis, der bereit ist, Sie bei der Verwirklichung Ihrer Ziele zu unterstützen und neue Aspekte Ihres Wesens zu fördern.

Meine Unterstützungsperson ist _____

Schreiben Sie den exakten Wortlaut Ihrer verbindlichen Absicht nieder.

_____

_____

_____

_____

Leben geändert haben, wenn Sie zuvor nicht festlegen, was das bedeutet? Sie umgehen mit solchen allgemeinen Redewendungen die Verbindlichkeit der Handlung.

Überlegen Sie also, was Sie wirklich bereit und in der Lage sind zu tun. Bei konkreten Objekten wie Wohnungs- oder Arbeitswechsel kann dies bedeuten, daß Sie sich informieren oder bestimmte Kontakte aufnehmen. Wenn es um Ihre Gesundheit geht, kann dies bedeuten, daß Sie täglich zu einer bestimmten Zeit für eine bestimmte Dauer Übungen machen, Ihre Ernährung umstellen oder einen Arzt oder Heilpraktiker konsultieren. Wenn es um die Klärung einer Beziehung geht, kann dies bedeuten, daß Sie einen Brief schreiben oder einen Gesprächstermin mit der betreffenden Person vereinbaren.

ÜBUNG

- Legen Sie fest, wann genau Sie Ihre Schritte beginnen werden. Genau bedeutet: an dem und dem Tag um soundsoviel Uhr, nicht: morgen oder nächste Woche.

- Fragen Sie sich dann:

○ Wie sabotiere ich mich darin, meine Vereinbarungen mit mir einzuhalten?

Was kommt mir „normalerweise" dazwischen? Ein Termin, den ich übersehen habe? Andere Menschen mit ihren Bedürfnissen? Mein eigener Widerstand?

Schauen Sie genau hin. Je besser Sie Ihren ‚Feind' kennen, um so größer sind Ihre Chancen, ihn zu besiegen.

ÜBUNG

- Denken Sie an Situationen, in denen es Ihnen gelungen ist, den Saboteur in Ihnen zu überlisten. Wie haben Sie das geschafft? Fragen Sie sich:

○ Wodurch unterscheiden sich Situationen, in denen ich mich an meine Vereinbarungen gehalten habe, von denen, in denen ich meinem Saboteur nachgegeben habe?

Wie habe ich mich hinterher in beiden Situationen gefühlt?

Wofür entscheide ich mich diesmal?

Sie wissen mittlerweile: es ist Ihre Wahl.

Schauen Sie sich in Ihrem Freundes- und Bekanntenkreis um. Wer ist bereit, Sie darin zu unterstützen, sich selber ernst und wichtig zu nehmen? Wer ist bereit, die neuen Aspekte Ihres Wesens zu fördern? Darin unterscheiden sich die guten Freunde von den gewöhnlichen Bekannten.

Die Idee, Ihre Freunde um diese Unterstützung zu bitten, mag Ihnen bedenklich vorkommen, besonders wenn es in Ihrem Freundes- und Bekanntenkreis nicht üblich ist, über solch persönliche Themen miteinander zu reden. Wagen Sie den Versuch. Ich bin immer wieder überrascht, wie erleichtert und dankbar Menschen sind, wenn jemand ihnen die Gelegenheit gibt, diese Themen anzusprechen. Wenn Ihnen niemand in den Sinn kommt, ist dies sicherlich ein Thema, an dem es sich zu arbeiten lohnt.

ÜBUNG

- Wählen Sie Ihre Unterstützungsperson und vereinbaren Sie mit ihr eine feste Zeit, in der sie für Sie da ist. Mit ihr feiern Sie ihre Erfolge und halten die eigenen Unzulänglichkeiten in Schach.

  Schreiben Sie am Schluß den exakten Wortlaut Ihrer verbindlichen Absicht nieder. Die Formulierung, die ich verwende, lautet:
  Meine Absicht ist,

  _____

  _____

  _____

  (setzen Sie hier die Fassung unter Punkt 4 des Arbeitsblattes: Vision ein)
  und ich tue dies, indem

  _____

  _____

  _____

  (setzen Sie hier Ihre Schritte ein)

Wiederholen Sie diesen Satz ständig, so daß Ihr Vorbewußtes sich auf das neue Ergebnis einstellen kann und Sie darin unterstützt, es zu erreichen. Hängen Sie sich den Satz in großen Buchstaben über das Bett, in die Küche, an ihren Eßplatz oder über Ihren Schreibtisch. Lehnen Sie sich zurück, entspannen Sie sich und danken Sie für die vielen Wege, mit denen der universelle Geist Ihnen hilft, Ihre Absicht zu verwirklichen, solange Sie damit das Gute wollen und anderen Menschen damit dienen.

Entspannung, Visualisierung und die wiederholte Bestätigung Ihrer Zielsetzung zusammen mit dem Dank dafür, daß Ihnen das Gewünschte schon gegeben ist, sind das Geheimrezept zum Erfolg, das Geheimrezept des Wachsens durch Freude. Nutzen Sie es.

Es liegt an Ihnen, und nur an Ihnen, wie Sie sich entscheiden. Ihr Körper setzt alle Ihre Absichten um, ganz gleich, ob Sie sie bewußt oder unbewußt treffen. Ihre inneren Bilder enthalten Ihre Wünsche ebenso wie Ihre Ängste, Ihre Bestrebungen ebenso wie Ihre Zweifel. Die heute verfügbaren spirituellen Techniken ermöglichen Ihnen, zwischen beiden zu wählen. Sie können Ihre Talente freisetzen und sich Ihre Wirklichkeit so erschaffen, wie *Sie* es wollen. Tun Sie es.

PERSPEKTIVEN

Wir leben in einer Zeit, die uns mit den geistigen Möglichkeiten und den Werkzeugen ausstattet, das alte Paradigma des Leidens in ein Paradigma der Freude zu verwandeln. Freude ist Wärme, die viele Menschen auftaut, die sich wie Eiswürfel fühlen und benehmen.

Freude ist die Qualität des Herzens. Viele haben ihr Herz verschlossen aus der Angst, in der ‚Wunde' der Liebe stehen und bestehen zu müssen, der Wunde, die uns als Menschen verbindet. Es gibt kaum jemanden, der nicht wenigstens einmal an der Liebe in ihren vielfachen Formen gelitten hätte, sei es auf der persönlichen oder der kollektiven Ebene. Die Wunde kann so tief und der Schmerz so unerträglich sein, daß wir sie sogar vor uns selbst verbergen wollen.

Um diese Wunde zu heilen, müssen wir alle Spiele aufgeben und die Masken fallenlassen, mit denen wir uns schützen. Nur wenn wir nackt werden, kann die Seele die Schale der Isolation durchbrechen und uns wieder mit dem Fluß des Lebens verbinden. An diesem Punkt fließen die Tränen des Schmerzes und die Tränen der Freude ineinander und werden eins.

Wenn wir uns dem Fluß des Lebens öffnen, wenn wir der Grundpulsation erlauben, unseren Körper zu nähren und den Zyklus des Lebens zu bestimmen, gehen wir über die Vorurteile, die Schuld und Scham hinaus, die an der Wurzel des Leidens liegen.

Wenn wir mit dem Leben mitfließen, bringt es uns all das, was wir brauchen. Mit Hilfe unserer visionären Fähigkeit erkennen wir unsere Seelen- und Lebensbestimmung. Die Öffnung des Herzens mit seinen Qualitäten der Liebe und Freude zieht all das zu uns heran, was wir brauchen, um unsere Ziele zu verwirklichen. Unser Verstand beginnt die zyklische Natur des

Lebens zu erfassen und vertieft dieses Verständnis auf dem Weg zurück zur Quelle.

In diesem Prozeß werden wir durch den Zeitgeist unterstützt. Viele Prophezeiungen von der Bibel bis zu den Überlieferungen der Maya sagen uns, daß wir an einem Wendepunkt stehen, an dem wir die Rückreise zur Quelle wieder antreten. In unserer Zeit helfen uns viele Kräfte, etablierte und tief verankerte Kulturmuster hinter uns zu lassen, die unser Leben über Jahrtausende bestimmt haben. Je mehr Menschen durch diese Wandlungen hindurchgehen, desto kraftvoller wird das Feld des neuen Bewußtseins, das immer mehr Menschen diesen Übergang erleichtert.

Dank der unsichtbaren Unterstützung und dieses sich rasch ausbreitenden kollektiven Bewußtseins haben wir die Gelegenheit, alte Konditionierungen und Strategien des Lernens durch Leiden zu überwinden und uns der Freude und Liebe als Werkzeuge des Wachstums zu öffnen. Dies geschieht nicht von allein. Wir müssen Schritte wagen, die unsere Bereitschaft signalisieren, diesen Wandel einzuleiten. Dann ziehen wir jene Kräfte zu uns heran, die unsere Lernkurve beschleunigen und uns ungeahnte Möglichkeiten eröffnen.

ANMERKUNGEN

1 Ulla Sebastian: Erfahrungen bei Sai Baba in Indien. München: Goldmann 1992.

2 Vgl. Jolande Jacobi: Die Psychologie von C. G. Jung. Zürich: Rascher 1967. Kapitel 1.

3 Die Findhorn-Gemeinschaft ist ein internationales Bildungszentrum und eine Lebensgemeinschaft im Nordosten Schottlands. Sie wurde 1962 von Eileen und Peter Caddy und Dorothy MacLean gegründet.

4 Die Psychosynthese wurde von Roberto Assagioli in Italien begründet. Sie hat ihre Wurzeln in der Psychoanalyse, erweitert sie jedoch um den Aspekt der Teilpersönlichkeiten und die Arbeit mit dem transpersonalen oder ,Höheren Selbst'. In Kooperation mit der Findhorn-Gemeinschaft fand eine der Ausbildungsgruppen des Londoner Instituts in Findhorn statt.

5 Michael Ende: Momo. Stuttgart: Thienemann 1973.

6 Ich verdanke diesen Begriff Gesprächen mit Carolyne Myss.

7 Jürg Willi: Die Zweierbeziehung. Reinbek: Rowohlt 1975.

8 Ich verdanke diese Perspektive dem Buch von Eugene E. Whitworth: Die neun Gesichter Christi. Horamus Publishing 1995.

9 Vgl. Michael Talbot: Das Holographische Universum. München: Knaur 1992, S. 265.

10 Anregungen zu diesem Abschnitt verdanke ich dem Buch von Sogyal Rinpoche: Das tibetische Buch vom Leben und vom Sterben. Bern: Barth 1966.

11 Vgl. Arthur Koestler: Der göttliche Funke. München: Scherz 1966.

12 Zitate nach Michael Talbot: Das Holographische Universum. München: Knaur 1992, S. 236.

13 Ich habe diese Erfahrungen ausführlich in meinem Buch: Erfahrungen mit Sai Baba in Indien. München: Goldmann 1992 beschrieben.

14 Siehe Bhim S. Goel: Psychoanalyse und Meditation. Genf: Ariston 1988.

15 Zit. nach Michael Talbot: Das Holographische Universum. München: Knaur 1992, S. 235.

16 Die Anregung zu dieser Abbildung und dem Abschnitt verdanke ich dem Buch von Michael Talbot: Das Holographische Universum. München: Knaur 1992, S. 25.

17 Vgl. Michael Talbot: Das Holographische Universum. München: Knaur 1992, S. 43 ff.

18 Zit. nach Michael Talbot: Das Holographische Universum. München: Knaur 1992, S. 308.

19 Michael Talbot: Das Holograpische Universum. München: Knaur 1992, S. 226.

20 Chet Snow: Zukunftsvisionen der Menschheit. Genf: Ariston 1991.

21 In der transpersonalen und esoterischen Psychologie wird zwischen der Persönlichkeit und der Seele unterschieden. Die Persönlichkeit setzt sich aus dem physischen, dem emotionalen und dem Mentalkörper zusammen. Der Mentalkörper umfaßt unsere Konditionierungen und Programme, die von unseren Emotionen gespeist werden. Die Persönlichkeit wird auch als ,Persona' oder ,Maske des Lebens' bezeichnet. Die meisten Menschen identifizieren sich mit Aspekten dieser Persönlichkeit. Die Seele ist das transpersonale Selbst, ,das, was jenseits des Persönlichen ist'. Sie wird auch als das Höhere Selbst oder das Höhere Ich bezeichnet. Das Höhere Selbst ist wesensmäßig eine Bewußtseins-Entität, so, wie die Persönlichkeit eine Entität der Form ist. Jede menschliche Persönlichkeit hat ein Höheres Selbst, welches als innerer Begleiter und Führer handelt.

22 Ich habe diesen Prozeß ausführlich in meinem Buch: Erfahrungen bei Sai Baba in Indien. München: Goldmann 1992 dargestellt. Von daher beschränke ich mich hier auf die wichtigsten Erkenntnisse aus diesem Prozeß.

23 Vgl. Jolande Jacobi: Die Psychologie von C. G. Jung. Zürich: Rascher 1967. S. 14. Der heute nicht mehr gebräuchliche

Begriff des ‚Intuierens' stammt von C. G. Jung.

24 Es gibt eine Reihe von Modellen, die den Wachstumsprozeß beschreiben. Aus der psychologischen Literatur ist Abraham Maslows Stufenmodell vielen bekannt. Ken Wilber hat aus systemtheoretischer Sicht diese Prozesse beschrieben. In meiner praktischen Arbeit habe ich mit Vernon Woolfs Modell gute Erfahrungen gemacht.

25 Gregg Braden: Awakening to Zero Point. The Collective Initiation. Questa: Sacred Spaces/Ancient Wisdom 1994.

26 Vgl. die Abschnitte: ‚Die Wirklichkeit als Hologramm' und ‚Enthüllte und verhüllte Wirklichkeiten' im Kapitel über das Holographische Universum.

27 Ich verdanke die Inspiration zu diesem Kapitel Chloe Wordsworth' Neustrukturierung des Lebenszyklus. Vgl. auch Franklyn Sills: The Polarity Process. Shaftesbury: Element Books 1989.

28 Vgl. die Abschnitte: ‚Die Reise zum inneren Wissen' im Kapitel über die Selbstfindung und ‚Der innere Begleiter' im Kapitel über die Holographische Analyse .

29 Zu den Grundfunktionen gehört die Fähigkeit, nach den Dingen auszugreifen, die Sie möchten, die Fähigkeit, sich die Dinge und Menschen vom Leib zu halten, mit denen Sie nichts zu tun haben wollen, die Koordination und Erdung Ihrer Bewegungen und die Integration der drei Ebenen Ihrer Persönlichkeit zu einem einheitlichen Ausdruck. Vgl. Ulla Sebastian: Vom Reiter/von der Reiterin zum Zentaur. Die Heilung der Spaltung zwischen Körper, Geist und Seele. Fortschritte in der Identitätsentwicklung. In: Forum der Bioenergetischen Analyse 1/96. S. 1–14.

30 Mantak Chia: Tao Yoga. Praktisches Lehrbuch zur Erweckung der heilenden Urkraft Chi. München: W. Ludwig 1985.

31 Ich verdanke diese Sichtweise Leslie Fieger: The Delfin System. Alexandra: Delfin International 1995.

32 Ich verdanke diese Anregung einem Seminar bei Phyllis Krystal. Vgl auch ihr Buch: Die inneren Fesseln sprengen. München: Econ und List 1999.

33 Das englische Wort dafür ist ‚Holographic Repatterning' oder kurz HR™.

34 Hinweise dazu finden Sie am Ende des Buches.

35 Chloe Wordsworth und Anthea Becker haben die Arbeit in zwei Broschüren zusammengefaßt, die ich als Grundlage mitbenutze. Vgl. Chloe Wordsworth: Holographic Repatterning. Model and Process for Positive Change and Transformation. Scottsdale: Wordsworth Productions 1994 und Anthea M. Bekker: Holographic Repatterning Handbook. Sedona 1994. Die beiden Broschüren und Informationen über Seminare und Praktiker des Holographischen Neustrukturierens erhalten Sie über: HR Sales. 6770 West Highway 89-A, #50, Sedona AZ 86336, USA. Tel. 001-520-204 9960, Fax 001-520204 9905; email: hrsales@sedona.net.

36 Der Kern der Kineosologie ist das Muskelprüfverfahren, das heute zum Testen von körperlichen Fehlfunktionen, Nahrungsmittelallergien, Legasthenie, emotionalen und mentalen Störungen und zur Überprüfung von geopathischen und elektromagnetischen Störfeldern eingesetzt wird. Der Begründer ist George Goodheart, ein amerikanischer Chiropraktiker.

37 Am Ende des Buches finden Sie Hinweise zu den verschiedenen Möglichkeiten, die sich im Laufe der nächsten Jahre vermutlich erweitern werden.

38 Ich verdanke diesen Abschnitt meinen Kollegen in Findhorn, mit denen ich zusammen den Workshop: „Life Purpose" entwickelt habe. Die folgende Arbeitsanleitung geht zurück auf ein Seminar von Maria und Roger Benson: Creative Partnerships, und basiert auf Robert Fritz: DMA: Technologies of Creating. Vgl. sein Buch: Der Weg des geringsten Widerstands. München: Heyne 1997.

AUSGEWÄHLTE LITERATUR

Becker, Anthea: Holographic Repatterning Handbook. Sedona 1993

Braden, Gregg: Awakening to Zero Point. The Collective Initiation. Questa: Sacred Spaces/Ancient Wisdom 1994

Chia, Mantak: Tao Yoga. Praktisches Lehrbuch zur Erweckung der heilenden Urkraft Chi. München: W. Ludwig 1985

Fritz, Robert: Der Weg des geringsten Widerstands. München: Heyne 1997

Goel, Bhim S.: Psychoanalyse und Meditation. Genf: Ariston 1988

Jacobi, Jolande: Die Psychologie von C. G. Jung. Zürich: Rascher 1967

Koestler, Arthur: Der göttliche Funke. München: Scherz 1966

Krystal, Phyllis: Die inneren Fesseln sprengen. München: Econ und List 1999

Rinpoche, Sogyal: Das tibetische Buch vom Leben und vom Sterben. Bern: Barth 1966

Sebastian, Ulla: Erfahrungen mit Sai Baba in Indien. München: Goldmann 1992

Sills, Franklyn: The Polarity Process. Shaftesbury: Element Books 1989

Snow, Chet: Zukunftsvisionen der Menschheit. Genf: Ariston 1991

Spangler, David: The Laws of Manifestation. Findhorn: Findhorn Publications 1975

Stone, Joshua D.: The Complete Ascension Manual. Sedona: Light Technology Publishing 1994

Talbot, Michael: Das Holographische Universum. München: Knaur 1992

Whitworth, Eugene E.: Die neun Gesichter Christi. Horamus Publishing 1995

Wilber, Ken: Eros, Kosmos und Logos. Frankfurt/Main: W. Krüger 1996

Woolf, V. Vernon: Holodynamics. Tucson: Harbinger 1990

Wordsworth, Chloe: Holographic Repatterning. Model and Process for Positive Change and Transformation. Scottsdale: Wordsworth Productions 1994

HINWEISE AUF VERANSTALTUNGEN

Seminare und Fernseminare der Autorin
Informationen zu Seminaren und Fernseminaren der Autorin
finden Sie auf der website:
www.visioform.com

Anfragen richten Sie bitte an folgende e-mail-Adresse:
info@visioform.com

*Für Informationen zu Seminaren im Holographischen Neu-
strukturieren (HR™) und eine Liste der zertifizierten Praktiker
im deutschsprachigen Raum wenden Sie sich bitte an:*

> Organisationsleitung HR Deutschland
> Friederike Schultheis
> Bongardstr. 6
> 40479 Düsseldorf
> Tel: 02 11/46 27 78
> Fax: 02 11/48 93 48
> e-mail: hra@holographic.org

*Informationen zu Seminaren im Holographischen Neustruktu-
rieren (HR™) und eine Liste der zertifizierten Praktiker welt-
weit finden Sie auf der website:*
www.holographic.org

> oder wenden Sie sich an
> HR Association
> P.O.Box 204
> Glorieta, NM 87535
> USA
> Tel.: 001 505 757 3883
> Fax: 001 505 757 3140
> e-mail: hra@holographic.org

REGISTER

Absicht 16, 21 f., 29, 50, 52 f., 66,
   97, 133, 144, 179, 183, 200 ff.,
   207, 218 f., 221 f.
Affirmation 201 f., 204
Analyse 61
   Bioenergetische Analyse 27,
      46, 158, 226
   Holographische Analyse 22,
      34, 48, 57, 91, 171, 226
   Psychoanalyse 43 f., 46, 62,
      126, 225
Anerkennung 13, 34, 66, 74, 77,
   82, 146, 182, 198, 206, 216
Angst 23 f., 32, 34, 38, 45 ff., 66,
   80, 84, 101, 119, 122 ff., 137,
   139 f., 142, 162, 185 f., 189,
   195, 212 f., 223
Atem (siehe auch Grundpulsa-
   tion des Lebens) 151, 153 f.,
   158, 163, 184, 199
Aura 60, 165, 184
Ayurvedisch 129, 203

Begehren 130, 134 f., 142, 218
Beschränkung 86, 110, 136, 156,
   225
Bewegung 16, 37, 50, 53, 98,
   130, 132 ff., 148, 151–154, 159,
   171, 199, 210, 226
Bewußtsein 11 f., 14, 16 f., 19,
   23, 30, 36 f., 44, 47, 56, 65 f.,
   86 ff., 90 f., 102 ff., 109, 129–
   132, 138, 151, 170 f., 198, 214,
   224 f.
Bioenergetische Analyse (siehe
   Analyse)
Biofeedback-System (siehe
   Muskelprüfverfahren)
Blockaden 139, 202 f., 212
Bohm, David 52

Chakra 129 f., 202, 207
   Drittes Auge 129, 163
   Herzchakra 129 f., 134, 186
   Kehlchakra 129, 132, 138
   Nabelchakra 134
   Sakralchakra 129 ff., 135
   Scheitelchakra 65, 129
   Wurzelchakra 129, 137, 154
Chinesische Medizin 129, 203

Dankbarkeit 19, 21, 72, 74 ff.,
   120, 134, 171 f., 182, 191
Denken, Das 12, 16, 19, 30, 35 f.,
   38, 43 f., 46 f., 51–54, 57, 68,
   70 f., 74 f., 85 ff., 89 ff., 103,
   133, 136 f., 158, 176 f., 213, 220
   Empirische 89
   Intuitive 17, 86, 89 ff.
Depression 32, 134, 136, 157,
   199
Dienen 21, 25, 27, 29, 33, 35, 77,
   79 f., 82, 98, 107 ff., 113, 132,
   196
Dienst 35, 77 f., 109, 134, 149
Dissonanz 218
Drama 107, 146 ff., 198
dreidimensional 49 f., 52 f.

Ego 134
Ehrlichkeit 113, 124 f., 211
Einschränkung 43, 60, 156, 203
Elemente 46 f., 87, 129–137,
   143 f., 198, 202 ff., 207, 226
   Äther 92, 129, 131 f., 134,
      137 f., 143, 198, 203
   Erde 12, 90, 110, 115, 129 f.,
      132, 136 f., 142 f., 145, 154,
      158, 198 f., 203 f.
   Feuer 129, 132, 134 f., 140 f.,
      144, 187, 198, 203

Luft 94, 96, 129 f., 132–136,
    139, 144, 159, 198, 203
Wasser 46 f., 49, 79, 81, 92,
    94, 129 f., 132, 135 f., 141–
    144, 161, 163, 170, 174, 189,
    196, 198, 203
emotional 38 f., 45, 60, 74, 91,
    106, 112 f., 135, 151, 156 ff.,
    176, 195, 200, 204, 206, 225 f.
Empirisches Denken (siehe Den-
    ken)
Energie 22 f., 29, 33 f., 40, 51, 61,
    68, 71, 77, 81 ff., 97, 101 f.,
    104, 106, 109, 112 f., 129 f.,
    134 f., 137, 140–143, 148, 151–
    159, 163 ff., 169 f., 172 f., 177,
    181, 188, 190, 196 ff., 201–205,
    207, 209
Energieblockaden 159, 207
Energiefeld 33, 198
Energiefluß 84, 106, 155, 197
Energiekonstriktion 202
Energielinien 203
Energieniveau 20, 84, 159,
    205
Energiesystem 129, 170, 181,
    196
Energiezentren 129 f., 203
Lebensenergie 61, 83 f., 102,
    140 f., 154
Umwandlung von Energie
    130
Engagement 12, 103, 107, 211 f.,
    217
enthüllt 52, 129, 217, 226
Entspannung 41, 162 f., 184,
    186, 197, 222
Erdung 26, 137, 158, 204, 226
Erfolg 114, 157, 175, 197, 221 f.
Eßstörungen 197
Evolution 23, 30, 151 f.
Expansion 152

Fa Tsang 54
Fernseminar 208
Form 12 f., 19, 30, 40, 48, 52 f.,
    59, 76, 83, 95, 97 ff., 117 f.,
    121, 130 f., 133–136, 140,
    142 ff., 149, 160 ff., 165 f., 169–
    174, 182 f., 193 ff., 209, 217,
    223, 225
fraktal 51
Freier Wille 42 f., 55
Freiheit 43, 59 f., 67 ff., 77, 81 f.,
    99, 109 f., 117, 127, 193, 209 f.
Frequenz 22 f., 40 f., 92 f., 133,
    142, 164 f., 198 ff., 202 f., 205–
    208
Frequenzebenen 208
Lichtfrequenz 199, 204
optimale Frequenz 200, 202,
    205
optimale Schwingung 200
Schwingungsfeld 133, 165,
    198, 200, 206 f.
Schwingungsfrequenz 40 f.,
    164, 205
Tonfrequenz 199 f.
Wellenfrequenz 206
Freud, S. 17, 48
Freude 11, 13, 20–25, 27, 29, 32,
    34, 38, 47, 50, 57, 74, 77, 99,
    100, 115, 134, 141, 146–149,
    153, 156, 158 f., 191, 198 f.,
    222 ff.
Fühlen, Das 86–91
Empfindende 88 ff.
Intuitive 88–91
Fülle 12, 29 f., 41, 51, 72 ff., 77,
    81 f., 84, 92, 101, 105, 124,
    134, 208
Funktion 48, 52, 85–90, 117,
    128, 159 ff., 170–174, 191, 196,
    200

Ganzheit 52, 87, 117
Gefäß 82 ff.
Gefühl 16, 22 f., 25, 28, 39 f.,
  44 f., 47, 50, 60, 64 f., 68–71,
  85–89, 91 f., 94 f., 102, 109,
  114–117, 120–124, 129, 132 f.,
  135–138, 142 f., 146, 149,
  154–157, 159 f., 165–170,
  172 f., 176 ff., 180, 183, 185 f.,
  188 ff., 198, 200, 202 ff.,
  215
Gegensätze 37, 51, 86, 90, 99
Gehirn 30, 51 f., 55, 64, 85 ff.,
  93, 133, 156, 162 ff., 189, 203,
  206, 213, 216
  linke Gehirnhälfte 86 f., 162 f.
  rechte Gehirnhälfte 86, 93,
    133, 163, 216
Geist, Der 17, 32 ff., 36–40, 43–
  46, 48, 81, 85 f., 92, 108, 132,
  136 ff., 142, 145, 151, 155, 162,
  164, 170, 195, 197–201, 204 f.,
  222, 226
  bewußter 38
  individueller 38
  unbewußter 38, 44, 164
  universeller 32 ff., 36–39, 43,
    92, 132, 137 f., 142, 145,
    162, 222
Geld 20, 73, 80 ff., 110 f., 140,
  145, 216
Geleitete Imagination 93
Gemeinwohl 107, 122 f.
Gesetz 23, 30 ff., 37, 40, 42 f., 69,
  76 f., 80 f., 106, 130, 133, 138,
  142, 144, 164, 170
  der Anziehung 40, 69, 106,
    133, 164
  der Evolution 30
  der Manifestation 76, 144
  der Resonanz 138
  des Universums 77, 80 f., 170

von Ursache und Wirkung 37,
  42
Gesetze, Die 11, 19, 37, 54, 74 f.,
  80, 92, 130
  geistigen 74
  Lebensgesetze 37
  positiven 80
  universellen 11, 54 f., 92
Gestalt 37, 47 f., 51, 95, 116,
  133, 139, 142, 161 f., 165–169,
  172, 174, 177, 180–188, 192 f.,
  197
Gesundheit 41, 74, 101 f., 105,
  202, 208, 210, 220
Gewaltlosigkeit 92, 124 f., 174
Gewohnheiten 12, 21, 39, 61,
  97 f., 119, 128, 148, 167
  gute 61
  schlechte 61, 97, 148, 167
Glaube 19, 36, 41, 74, 117
Glück 67, 72, 74, 111, 199, 210,
  216
Grandiosität 114, 125
Grundpulsation des Lebens 22,
  84, 148, 152, 154, 198 f., 223
  Ausatmen 151, 153, 163
  Einatmen 151, 153
  Rhythmus 93, 113, 151–154,
    157 f.

Haltung 24, 27, 80, 93, 114 f.,
  122, 155, 176, 179, 183
Hauptfunktion 89 ff.
Helfersyndrom 78, 108
Hellsehen 53
Herausforderung 18, 32, 63, 69,
  102, 109 f., 121, 131, 136, 144,
  159, 183
Himmel 32, 34, 126
Hölle 34, 126
holistisch 86, 90
Holobewegung 53

231

holodyne 47
Hologramm 21, 49 ff., 55 f., 129, 160, 175, 226
Holographic Repatterning 226 f.
Holographische Analyse (siehe Analyse)
Holographisches Neustrukturieren 12, 22, 199, 202–208, 226, 228
Holographisches Universum 21, 48, 160, 225 ff.

Identifikation 46, 85, 133, 178 f.
mit dem Angreifer 179
Identität 26, 33, 63, 102, 106, 118, 146, 180, 193, 195 ff.
Illusion 34, 51 f., 111, 157
Innere Begleiter 65, 96, 139, 162, 164–169, 174 f., 177, 181 ff., 185, 211 f., 225 f.
intakt 158
Interferenzmuster 49 ff., 129
Intimität 101 f., 106 f., 157
Intuition 11, 16, 39, 87–91, 93, 136, 161
Intuitive Wahrnehmung (siehe Wahrnehmung)
Intuitives Denken (siehe Denken)
Involution 151 f.

Jung, Carl Gustav 16 f., 48, 53, 87 f., 225 ff.

Karma 37, 42
kausal 38
Kern 42, 97, 107, 125, 161, 186, 188 f., 193 f., 226
Kineosologie 200, 205, 226
Körperhaltungen 26, 60, 155
kollektive Unbewußte, Das 45, 56

Kollusion 27 f.
Konditionierung 191, 224 f.
Konkurrenz 30, 62
Kontrolle 32, 41, 44 ff., 69, 140, 153, 172, 203
Kraft 12 f., 21 ff., 25 f., 34, 39 ff., 47, 55, 60 f., 69, 73, 83 ff., 93, 97 f., 101 105, 108, 112, 133 f., 136, 141 f., 144, 147 f., 151 f., 159, 165, 173, 182 f., 193, 217
Krankheit 16, 65, 74, 78, 101, 113, 171, 199, 201, 210
Kreuz 31, 34 f., 100
Krise 107, 119

Laserstrahl 50
Lebensbestimmung 12, 42, 104, 210 f., 214, 223
Lebensenergie (siehe Energie)
Lebenskraft 105, 152, 205
Lebensstrategien (siehe Strategien)
Lebenszyklus 151, 226
Leiden 11, 13, 20 ff., 26–32, 34 f., 42 f., 47, 50, 59 f., 63 f., 67, 74, 85 f., 100, 109, 113, 126, 146–149, 177, 190 f., 201, 223 f.
Lichtfrequenzen (siehe Frequenz)
Liebe 11, 21, 23 f., 26 f., 34 f., 38, 41, 70, 74, 78, 82, 92, 97, 101, 104–109, 113, 115 f., 124, 130, 134, 140 ff., 151, 153, 156, 162, 166, 174, 182 f., 199, 208, 210, 223 f.
bedürftige 108, 115, 210
reife 106
universelle 106, 109
Wunde der Liebe 27
Loyalität 103

Macht 22, 32, 35, 40, 48, 60, 66,
123, 135, 149, 170, 173 f., 177,
209, 215
Mandelbrot, Benoit 51
Mandelbrot-Set 51
Mangel 29 f., 34, 72, 74 ff., 80 f.,
101, 108, 112, 115, 138, 157
Manifestation 19, 76, 129 ff.,
136 ff., 142, 144, 151, 198, 203,
227
Matrix 87, 89, 92
Meditation 43, 57, 72, 93, 131,
225, 227
menschliche Werte 110, 124 f.
mental 38 f., 60, 74, 87 f., 91,
106, 133, 206, 213, 215, 225 f.
Meridian 152, 202 f., 207
Metaphern 48
Mißbrauch 106, 135, 157,
195 ff., 204
Mitgefühl 23, 26, 66, 104, 109,
134
Modelle 20, 38, 48, 56, 79, 89,
121, 145, 148, 203, 226 f.
Monster 149, 166, 169 f.
Motivation 75, 139, 201
Muskelprüfverfahren 204 f.,
208, 226
Muster 21, 46, 49 ff., 90, 127 ff.,
135, 147, 149, 155, 159 f., 168,
172 f., 179–182, 184, 196, 202,
207 f., 210, 213
Atem- 159
Interferenz- 49 ff., 129
Spannungs- 155, 179 f., 196

Nabelzentrum 129, 135, 154,
158, 164
Nahtodeserfahrungen 34 f., 70
negative Gedanken 45, 215
Neustrukturieren 13, 22, 148,
199, 202–208, 226, 228

Neustrukturierung 196, 226

Ohnmacht 27, 134 f.
Opfer 30, 35, 40, 60, 64, 103,
114, 122, 157, 196
optimale Frequenz (siehe Frequenz)
Optimist 50
Ordnung 52, 100, 102, 107, 111,
129, 153, 155, 160, 193 f., 217

Persönlichkeit 33, 63, 65, 92,
112, 172, 225 f.
Pessimist 50
Phantasie 149, 215
Polarität 37, 151 ff.
Potential 12, 30, 32, 65, 74 ff.,
87, 92, 97 f., 100, 102, 104,
107, 109, 120, 132, 137, 151,
185, 201, 203
Pribram, Karl 51
Prinzipien 17 f., 29 f., 41, 52, 57,
59, 74, 87, 90, 103 f., 107 f.,
111, 118, 148, 151, 171, 181,
186, 196, 210
Prozeß 19, 21 f., 26 f., 38 f., 42 f.,
47, 73, 98 f., 104, 127, 129 f.,
132 f., 138, 144, 148, 160, 162,
164, 171, 179, 198–201, 203,
207, 213, 216 f., 224 ff.
Psychokinese 53
Psychosynthese 17, 225
Punkt der Wahl 20, 147 f., 198

Reichtum 25, 30, 73, 79 f., 105,
210
Reifung 22
Repatterning 226 f.
Resonanz 22 f., 138, 148
Rhythmus 93, 113, 151–154,
157 f.
Rückschau 53

Scham 23, 25, 32, 78, 114, 124,
  135, 147, 149, 195, 197, 223
Schatten 71, 181
Schattenseite 62, 76, 114, 117,
  124, 170
Schmerz 12, 25, 27, 48, 50 f., 59,
  85, 100, 147, 155, 157 f., 173,
  186 f., 190 f., 196, 198 f., 223
Schöpfung 36, 40, 60, 81, 98,
  151
Schuld 23 ff., 28, 31 ff., 35, 43,
  45, 59 f., 67 f., 70 f., 78 f., 114,
  127 f., 135, 149, 195 f., 223
Sechs-Schritte-Prozeß 199 ff.,
  207
Seelenvertrag 70 f., 198
Seinsordnung 52, 55
Selbst, Das 43 f., 46, 65, 92, 97,
  102, 113–117, 122–126, 162,
  166, 176, 183–186, 190, 201,
  217, 225
  bedürftige 117, 122 f., 125
  entfaltete 97, 125, 183
  gereifte 123 f.
  göttliche 125 f., 131
  grandiose 115, 124 ff.
  Höhere 65, 92, 162, 166, 176,
    184, 186, 190, 225
  perfekte 115, 124
  persönliche 65, 102
  transpersonale 225
  unbewußte 44, 46, 217
  wahre 43, 65, 92, 162
Selbst
  -abwertung 68, 106, 114 f.,
    122, 134, 146
  -achtung 159
  -anklagen 26
  -ausbeutung 77
  -bestätigung 105
  -bewußt 102, 217
  -bewußtsein 106, 114

  -bezogenheit 100, 109
  -bild 97, 202
  -disziplin 60 f.
  -erfüllung 106, 115
  -erkenntnis 35, 71
  -findung 210, 226
  -heilung 207
  -heilungsmodalität 200, 204,
    207
  -liebe 105 f., 115
  -mord 111
  -überschätzung 81
  -vergebung 70 f.
  -wertung 106, 120, 122, 172
  -zerstörung 20 101
Sexsucht 105 f., 196
Sexualität 106, 111 ff., 119
sexuelle Abhängigkeit 105 f.
Sicherheit 26, 72, 76, 93, 98,
  107, 137, 139, 164 ff., 172, 188,
  196, 203, 216
Snow, Chet 56, 225, 227
Solarplexus 134 f., 141, 164, 186
Spannung 41, 137 f., 146 f., 155,
  159, 162 ff., 177–180, 184 ff.,
  196 f., 199 214, 217 f., 222
  Anspannung 137, 217
  Entspannung 162 f., 184, 186,
    197, 222
  Entspannungstechniken 41,
    162 f.
  Hochspannung 146 f.
  körperliche Spannung 217
  Muskelspannung 159
  Spannungsmuster 155, 179 f.,
    196
  strukturelle Spannung 217 f.
  Verspannung 199
Spirale 24, 26, 69, 130, 145, 147
Strategien 22, 33, 65, 97 f., 148,
  167, 169, 175, 200, 202 f., 207,
  224

Lebensstrategien 65, 200
Positive Strategien 22
Überlebensstrategien 33, 97, 175, 202 f., 207
Streß 138
strukturelle Spannung (siehe Spannung)
Sucht 25 f., 60, 105 f., 111, 146, 196
Beziehungssucht 106, 196
Leidenssucht 25, 60
Sexsucht 105 f., 196
Symbol 33 f., 48, 164 f., 172, 181 f., 184, 194
Symptom 48, 65, 167, 199
Synchronizität 53
Synergie 101, 107 f.
Synthese 14, 99
System 17, 29, 32, 52, 72, 83, 103 f., 116, 129, 143, 163 f., 180, 198 ff., 204–207, 226 f.

Täter 30, 114
Talbot, Michael 21, 48, 55, 225, 227
Telepathie 53, 207
Ticktack 158
Tod 31, 34, 42, 126 f., 140, 151, 158
Trägheit 136
Transformation 23, 98, 130, 148, 174, 226 f.
Trauma 196

Überlebens
-angst 123
-bedürfnisse 172, 203
-chance 158
-kampf 30
-strategien 33, 97, 175, 202 f., 207
-zwänge 154

Überzeugung 207
Undankbarkeit 75 f., 82
universelle Liebe (siehe Liebe)
universeller Geist (siehe Geist)
Unsicherheit 20, 23, 81, 101 f., 118 f., 177
Ursache und Wirkung 37 f., 42, 89
Urteile 35, 67 f., 70, 101

Veränderung 26, 28, 42, 67, 100, 119, 123, 141, 143, 147, 186, 200–203, 205
Verantwortung 12, 21, 25, 28, 35, 42 f., 59 ff., 63, 66–71, 77, 79 f., 101, 103, f., 123, 168 f., 175, 181
Vergebung 62, 67 ff.
verhüllt 52, 55, 97, 129, 160, 226
Versagen 114
Vertrauen 23, 25, 76, 95, 101 f., 104, 117, 119, 124 f., 147, 159, 166, 172, 210
verwandeln 47, 54, 124, 134, 158, 170
Verzicht 35, 80
Vision 41, 53, 56, 144, 214, 216 ff., 221
Visualisierung 41, 133, 140, 149, 193, 213, 217, 222
Vitalität 101, 140, 164, 205
Vorausschau 53

Wachstum 24 f., 98 ff., 107, 117 ff., 123, 135, 202, 224
Wahrheit 37, 67 f., 92, 124 f., 132, 139, 174, 210
Wahrnehmung, Die 44, 88, 129, 132, 139, 159 ff., 164, 167 f., 170, 172, 197

bewußte 170
intuitive 132, 161, 164
körperliche 168
Sinnes- 160
Wambach, Helen 56
Weisheit 14, 23, 124 f., 162, 166, 210
Wendeltreppe 21, 24, 104 f., 127, 130 f., 143
westliche Kultur 156
Widerstand 26, 66, 100, 167, 177, 188, 192 ff., 220, 226 f.
Wirklichkeit 19, 22, 32 f., 36, 42, 46, 49–52, 56 f., 59, 63, 75, 86, 88, 91, 117, 124, 129, 133 f., 159, 170, 185, 203, 213 f., 216–219, 222, 226
Wohlstand 41, 72 ff.
Wordsworth, Chloe 12, 22, 199, 204, 226 f.
Wunde der Liebe (siehe Liebe)
Wunden 26 f., 64, 122 f., 173, 181, 186, 188, 223
Wundologie 26, 28, 60
Wunsch 50, 109, 136, 147, 177, 215

Zentaur 195, 226
Zielsetzung 97, 109, 112, 134, 139 f., 148, 201 f., 209, 213, 216 f., 222